W0389089

Mosaik

Dr. med. Ernst Schrott

DIE KÖSTLICHE KÜCHE DES AYURVEDA

Essen mit Leib und Seele
Über 200 Rezepte
Vollwertig, gesund und einfach zuzubereiten

Mit Rezeptkreationen
von Cynthia Bolen und
Karina Schrott

Mosaik Verlag

Die Mitwirkenden an diesem Buch:

Cynthia Bolen hat in Indien und Europa verschiedene Zweige der vedischen Wissenschaft und ihre praktische Anwendung studiert. Als Spezialistin für die Ganzheitsmedizin des Maharishi Ayur-Veda gibt sie außerhalb ihrer Praxistätigkeit Kurse und Seminare für ganzheitliche ayurvedische Lebensführung und gesunde Ernährung. In ihrem neuen Seminar führt sie in die Kunst der ayurvedischen Küche ein. Für dieses Buch komponierte sie mit Freude, Kreativität und Einfühlungsvermögen eine bunte Welt bezaubernder ayurvedischer Speisen.

Karina Schrott, Inhaberin des Maharishi Ayur-Veda Gesundheitszentrums in Regensburg, fand durch ihre Liebe zu den schönen Dingen im Leben in besonderem Maße auch zur Kunst des Kochens. Seit Jahren befaßt sie sich mit allen Fragen einer gesunden und natürlichen Ernährung. Als Mutter von drei Kindern hat sie die ayurvedische Küche für die Bedürfnisse und Wünsche der Familie erprobt.

Aine McThomais ist die Köchin am Maharishi Ayur-Veda Gesundheitszentrum in Regensburg. Nur wenige Menschen kochen mit so viel Liebe wie »Onja«, und ihre Gerichte sind immer wieder ein Gedicht.

Für weitere Rezepte danken wir **Hildegard Samberger**, **Ingeborg Stangl** und **Willi Kempe** sowie der Redaktion von **»Vegetarisch fit«**.

Ein besonderer Dank gilt **Rajinder Pal** für viele wertvolle Tips und eine Reihe köstlicher Rezepte.

Der Mosaik Verlag ist ein Unternehmen der Verlagsgruppe Bertelsmann

©1995 Mosaik Verlag GmbH, München / 5 4 3 2

Konzeption: Birgit Frohn
Redaktion: Ulrike Erbertseder, Birgit Frohn
Fotos: Matthias Ziegler
Styling: Birgit Frohn
Zeichnung: Elfie Vierck-Petschelt
Umschlaggestaltung: Martina Eisele
Umschlagfoto: Matthias Ziegler
Satz: Filmsatz Schröter GmbH, München
Reproduktion: Artilitho, Trento
Druck und Bindung: Egedsa, Sabadell
Printed in Spain
ISBN 3-576-10512-3

INHALT

DIE AYURVEDISCHE KOCHKUNST

DIE AYURVEDISCHE KOCHKUNST

KULINARISCHE ENTDECKUNGSREISE

Wir möchten Sie mit diesem Kochbuch zu einer kulinarischen Entdeckungsreise durch die Köstlichkeiten der ayurvedischen Küchenwelt einladen. Lassen Sie sich vom Zauber ayurvedischer Kochkunst einfangen, und erleben Sie unmittelbar, wie diese Art zu kochen Sie zufriedenstellt, gesünder und vitaler macht und darüber hinaus auch noch einfach zuzubereiten ist. Ayurvedisches Essen erfreut Herz und Sinne, stärkt Körper und Geist, gibt Energie, Frische und Ausgeglichenheit. Gutes ayurvedisches Essen ist Nahrung für Leib und Seele.

Auch wenn Sie mit den Prinzipien des Maharishi Ayur-Veda noch nicht vertraut sind, können Sie dieses Kochbuch uneingeschränkt einsetzen. Denn die ayurvedische Küche appelliert an Ihr natürliches Empfinden für die passenden Zutaten und gibt Hilfestellung für die bestmögliche, schmackhafteste und bekömmlichste Art der Speisenzubereitung. Doch stellt sie keine starren Regeln auf, die es zu befolgen gilt; Sie bekommen in erster Linie natürliche und bewährte Richtlinien an die Hand: etwa für die Wahl der geeigneten Nahrungsmittel, wann, unter welchen Umständen oder wie sie am besten zu verwenden sind. Lassen Sie sich dabei auch stets von Ihrem natürlichen Empfinden leiten, und versuchen Sie, Ihre eigenen Bedürfnisse und Wünsche zu erkennen. Denn sie sind Ausdruck des Harmoniestrebens komplexer, ganzheitlicher Regelmechanismen in unserem Geist-Körper-System. In der Lehre des Ayurveda werden diese Mechanismen zu drei grundlegenden Wirkkräften, den sogenannten Doshas, zusammengefaßt: Vata, Pitta und Kapha. Bei vielen Rezepten gibt es Hinweise dazu, die Ihnen auch ohne tieferes Hintergrundwissen nützlich sein werden. Ausführlich sind Funktion und Bedeutung der Doshas im Kapitel »Der Ayurveda« (S. 125 ff.) beschrieben. Dort finden Sie auch einen Fragebogen, der es Ihnen erlaubt, sich nach diesen Kriterien einzuordnen und Ihre individuellen Essenswünsche besser zu verstehen. Denn, und das ist oberstes Prinzip im Ayurveda: Essen ist eine sehr persönliche Angelegenheit. Was, wann und wieviel wir essen möchten und sollten, hängt von zahlreichen äußeren und inneren Bedingungen ab. Essen ist in erster Linie Herzens- und Geschmackssache und nicht so sehr eine Angelegenheit des Verstandes.

AYURVEDISCHES MENÜ

Ein ayurvedisches Menü, in Harmonie mit den persönlichen Bedürfnissen zubereitet, lebt von der Kunst der Komposition. Die einzelnen Zutaten und Speisengänge sind in Geschmack, Farbe, Konsistenz und Zubereitungsart gekonnt aufeinander abgestimmt. Das Essen duftet angenehm, regt den Appetit an und enthält alle sechs Geschmacksrichtungen, Rasas, die sich wohldosiert ergänzen. Vor allem ist ein ayurvedisches Menü ausgewogen und in jeder Hinsicht vollwertig. Denn alle notwendigen Bausteine des Lebens sind darin enthalten: Eiweiße, Kohlenhydrate, Fette, Vitamine, Mineralstoffe und Spurenelemente. Durch die Art der Zubereitung und die Speisenkombination ist es besonders bekömmlich und leicht verdaulich. Deshalb werden Sie und Ihre Gäste vielleicht überrascht feststellen, daß Sie sich nach einem ayurvedischen Essen nicht müde, sondern erfrischt und leistungsfähig, angenehm gesättigt und zufrieden fühlen.

Die sechs Geschmacksrichtungen

Besonderen Stellenwert mißt der Ayurveda den sechs Geschmacksrichtungen bei, mit denen wir wichtige Qualitäten

der Speisen erkennen. Nach ayurvedischer Auffassung sind die unterschiedlichen Geschmacksrichtungen die Klangfarben der Nahrungsmittel, die uns die Natur schenkt und die zusammen eine Symphonie ergeben. Aus ihnen erhalten wir die Hauptinformationen für eine ausgewogene Ernährung, denn ein natürliches Verlangen nach einem bestimmten Geschmack zeigt unmißverständlich einen Mangel oder ein körperlich-geistiges Ungleichgewicht an. Aus diesem Grund können wir über den Geschmack der Nahrungsmittel unmittelbar und ganz wesentlich die Balance unserer inneren Regelkräfte beeinflussen. Jeder Geschmack hat dabei seine eigene Wirkung und Bedeutung für die Stimulation der Verdauungssäfte und -organe und somit für unser leiblich-seelisches Wohlbefinden. (Lesen Sie dazu ausführlich im Kapitel »Der Ayurveda«, S. 124ff.)

Süß: anregend auf die Bauchspeicheldrüse, beruhigend
Sauer: anregend und kräftigend auf die Magendrüsen, stimuliert am stärksten die Speichelsekretion, stellt zufrieden
Salzig: appetitanregend und den Wasserhaushalt -beeinflussend, stabilisierend
Scharf: anregend auf den Stoffwechsel, wärmeerzeugend und reinigend, aktivierend
Bitter: reinigend und klärend, stimuliert Leber und Galle, belebt
Herb: zusammenziehend, schleimhautberuhigend, trocknend, belebend

Nach ayurvedischer Auffassung sollen die Geschmacksrichtungen wegen ihrer Wirkungen in einem ausgewogenen Verhältnis zueinander stehen und alle in einer Mahlzeit enthalten sein. Ist dies nicht möglich, sollten die sechs Rasas zumindest über den Tag verteilt über die Nahrung aufgenommen werden.

Komponenten eines vollständigen Menüs

Ein vollständiges ayurvedisches Menü ist vergleichbar mit einem Musikstück, bei dem sich die verschiedenen Sätze harmonisch unterstützen und ergänzen. Dies erreichen Sie, indem Sie um Grundnahrungsmittel wie Reis, Nudeln oder Getreide die verschiedenen Komponenten eines ayurvedischen Menüs gruppieren (siehe Abb.).

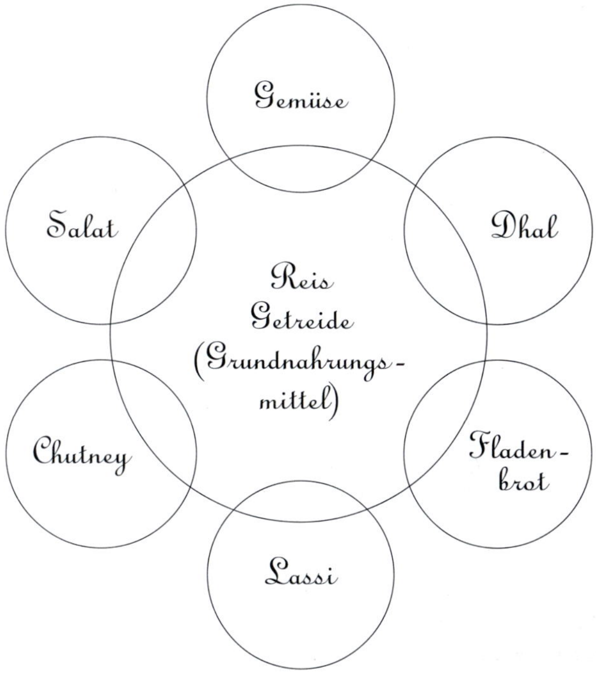

Ein vollständiges ayurvedisches Menü enthält

alle sechs Geschmacksrichtungen:
Süß: Reis, Süßkartoffeln, Fladenbrot, Getreide, Nudeln, Süßspeisen
Sauer: Joghurt, Zitrone, Essig, etwa als Salatmarinade, Lassi
Salzig: alle Salzarten (Ayurveda bevorzugt Steinsalz zum Würzen)
Scharf: alle Küchengewürze, Kräuter und Salate
Bitter: Gemüse, Salate, Gewürze und Kräuter
Herb: Dhals, Hülsenfrüchte, vor allem Mungbohnen, manche Gemüsesorten, unter anderem Spinat, Kohl, Broccoli, Spargel, Auberginen, Wirsing, Rhabarber
alle lebensnotwendigen Nährstoffe:
Eiweiß: Dhal, Getreide und Lassi
Kohlenhydrate: Reis, Getreide und Gemüse
Fett: Ghee, Butter, Sahne und Pflanzenöle
Vitamine, Mineralstoffe, Spurenelemente: Obst, Gemüse, Salat, B-Vitamine im Getreide, Fladenbrot, Lassi

Reis und Getreide

Im Mittelpunkt stehen Grundnahrungsmittel wie Reis, Getreide, Nudeln oder Teigwaren. Sie harmonisieren und verbinden die verschiedenen anderen Speisen und liefern dem Körper und seinen Geweben aufbauende Nährsubstanz. Die weiteren Zutaten umrahmen, ergänzen und unterstützen ihre Verdaulichkeit.

Gemüse

Gemüse wird in der ayurvedischen Küche in aller Vielfalt verwendet, farblich, geschmacklich und in seiner Wirkung auf den Körper abgestimmt sowie schonend und werterhaltend zubereitet. Meist dünstet man es in Ghee oder pflanzlichem Öl, bis es zart und bißfest ist. Gewürze und Kräuter runden das Gemüse geschmacklich ab und bringen seinen Eigengeschmack voll zur Geltung.

Chutneys, Dips und Raitas

Eine köstliche Besonderheit der ayurvedischen Küche sind die vielen verschiedenen Chutneys, Gewürz- und Joghurtsoßen sowie die Raitas zu Reis-, Getreide- und Gemüsegerichten, Salaten und Pakoras. Chutneys sind süß-scharfe Zubereitungen aus Obst und Gewürzen, die unendlich variiert werden können und dem Essen das herzhafte Etwas, den besonderen und erfrischenden Pep verleihen. Mit Raita bezeichnet man appetitanregende Dips oder Tunken aus Joghurt und Kräutern.

Dhals

Die leckeren Dhals, wie diese Gerichte aus Hülsenfrüchten genannt werden, dienen in der vegetarischen ayurvedischen Küche als Haupteiweißlieferanten. Schmackhaft gewürzt, mit frischen Küchenkräutern angereichert und abwechslungsreich zubereitet, sind sie eine ernährungsphysiologisch wertvolle, sättigende und zugleich schmackhafte Beigabe zu den ayurvedischen Gerichten.

Rohkost

Salate der Saison, ideenreich angemacht, mit frischen Kräutern und Gewürzen versehen, befriedigen das Bedürfnis nach Rohkost und Frischem und versorgen den Körper zugleich mit Ballaststoffen und Vitaminen.

Fladenbrote, Chapatis und Puris

Duftende Fladenbrote, würzige Chapatis oder knusprige Puris sind nahrhaft, stärkend und eine hervorragende Ergänzung zu Gemüse und Reis. Außerdem sind sie leicht verdaulich, sättigen, runden ab und versorgen uns mit Kohlenhydraten, Ballaststoffen und B-Vitaminen. Alle Brote der ayurvedischen Küche werden ohne Hefe zubereitet.

Obst

Frisches Obst als Vorspeise oder Dessert vervollständigt das ayurvedische Menü. Leicht verdauliche Früchte wie Äpfel, Birnen oder Pfirsiche runden vitaminreich ab. Schwerere und süße Obstarten wie Bananen, Pflaumen oder Datteln, mit Sahne serviert oder mit Nüssen, Mandeln oder Kokosraspel garniert, eröffnen dagegen den Hauptgang eines ayurvedischen Menüs. Denn der Maharishi Ayur-Veda empfiehlt grundsätzlich, schwer verdauliche, eher süße, saure und gehaltreiche Nahrungsmittel zu Beginn der Mahlzeit einzunehmen und leichter verdauliche, bittere, scharfe oder herbe Speisen erst gegen Ende zu essen. Diese Reihenfolge entspringt einem natürlichen Bedürfnis, nach dem sich Kinder oft noch ganz spontan richten. Bei uns ist es zwar üblich, die Süßspeise als Dessert zu nehmen, in Indien und im Orient wird Süßes jedoch traditionell am Anfang gereicht.

Reifes Obst sollte nicht gekocht werden. Im Gegensatz zur indischen Küche verwenden wir im Maharishi Ayur-Veda auch für Chutneys nur frisches Obst. Aus medizinischen Gründen, beispielsweise während einer Pancha-Karma-Therapie, kann jedoch vorübergehend schonend gedünstetes Obst gereicht werden.

Lassi und andere Getränke

Lassi, ein salzig, süß, lieblich oder scharf gewürztes Joghurtgetränk, ist fester Bestandteil eines ayurvedischen Essens und wird ausnahmslos von Kindern und Erwachsenen gleichermaßen geliebt. Man trinkt es bevorzugt zu oder nach dem Essen. Lassis sind besonders im Sommer köstlich, denn sie erfrischen und kühlen.

Je nach Jahreszeit und Bedarf werden auch frische Obst- oder Gemüsesäfte, gewürzt oder ungewürzt, und natürlich alle Arten von Kräutertees gereicht. Eine zunächst ungewöhnliche, bald jedoch geschätzte »Sitte« im Ayurveda ist heißes Wasser, in kleinen Schlucken zum Essen getrunken. Es unterstützt die Verdaulichkeit und Bekömmlichkeit der

Speisen. Was es damit sonst noch auf sich hat und welche positiven gesundheitlichen Effekte eine Heißwasser-Trinkkur mit sich bringt, erfahren Sie auf Seite 128.
Natürlich ist es nicht notwendig und oft auch nicht möglich, jeden Tag ein komplettes Menü zu kochen. Integrieren Sie anfangs das, was Ihnen besonders gut schmeckt. Kochen Sie ein vollständiges Menü vielmehr als kulinarische Überraschung, wenn Sie Freunde einladen oder bei einem anderen festlichen Anlaß. Wählen Sie für die tägliche Küche dagegen einfache Gerichte. Basmatireis, zwei oder drei Gemüse, dazu Salat, ein Lassi und frisches Obst als Dessert, mit etwas Routine auch ein Dhal sind schnell zubereitet und stellen auch anspruchsvolle Gaumen zufrieden.
Dieses Kochbuch ist so aufgebaut, daß Sie aus den einzelnen Rezeptbausteinen (S. 35 bis 95) eigene Menüs zusammenstellen können. Wir geben Ihnen jedoch unabhängig davon Menüvorschläge zu den verschiedensten Anlässen, die Sie ebenfalls je nach Bedarf variieren können (S. 97 ff., 113 ff.).

Heimische Nahrungsmittel bevorzugen

Ayurveda lehrt, daß wir die Früchte des Landes genießen und deshalb heimische Nahrungsmittel für unsere Ernährung vorziehen sollten. Sie wachsen unter den gleichen klimatischen Bedingungen, die auch unseren Körper, unser Temperament und Verhalten, unseren Lebensstil und Ernährungsgewohnheiten formen. Bei näherer Betrachtung läßt sich jedoch feststellen, daß nur wenige unserer heimischen Nahrungsmittel wirklich angestammt sind. Die bei uns so beliebte Kartoffel wurde beispielsweise erst im 18. Jahrhundert importiert und in großem Umfang angebaut. Ihre ursprüngliche Heimat waren die Kordilleren Perus und Chiles. Ebenso wurden der Kürbis, Tomaten, grüne Bohnen und Zucchinis vom amerikanischen Kontinent eingeführt, während Weizen, Gerste oder die Urform des Roggens aus dem Vorderen Orient stammen. Ebenfalls »eingebürgert« sind fast sämtliche Obstsorten: Pflaumen, Kirschen, Trauben und Birnen sind beispielsweise Früchte des Orients, Aprikosen und Pfirsiche, Rhabarber und Kiwis kommen aus China. Auch so scheinbar typische einheimische Gemüse wie rote Bete, Sellerie und Kopfsalat wuchsen ursprünglich nur in Südeuropa. Der Spargel hat seinen Ursprung im Orient, Gurken und Karotten in Asien und sogar der Hopfen sowie der vermeintlich »bayerische« Rettich wurden importiert. Die meisten der heute in Zentraleuropa wachsenden Obst- und Gemüsearten, Getreide und Hülsenfrüchte waren also ursprünglich in unseren Regionen unbekannt.
Bei vielen Gerichten in diesem Kochbuch verwenden wir, der ayurvedischen Empfehlung entsprechend, dennoch und bewußt landesübliche Gemüse, Kräuter oder Obstsorten, da sie zu unserem Lebensraum passen. Die Gesetzmäßigkeiten und Prinzipien des Ayurveda sind andererseits jedoch universell und nicht auf ein einzelnes Land oder einen bestimmten Erdteil begrenzt. Sie gelten deshalb unter allen klimatischen und geographischen Bedingungen. Um der Vielfalt an Möglichkeiten Ausdruck zu verleihen, stellen wir Ihnen daher auch Speisenfolgen und Gerichte zusammen, die Sie auf dem Tisch der italienischen Hausfrau, im Schatten eines Olivenbaums in Griechenland oder in der Schlemmerküche Frankreichs genießen können. Und natürlich entführen wir Sie in den Zauber indischer, orientalischer oder exotischer Gerichte, allerdings stets streng nach den Richtlinien der ayurvedischen Küche.

Ökonomisch kochen

Die ayurvedische Küche ist einfach, aber vielseitig und erfordert deshalb eine bestimmte Abfolge der verschiedenen Schritte bei der Speisenzubereitung: Dhals werden über

Nacht eingeweicht und beim Kochen als erstes angesetzt, denn sie nehmen bei der Zubereitung die meiste Zeit in Anspruch. Gleich zu Beginn wird auch der Reis eingeweicht und, wenn Sie Fladenbrote backen, der Teig dazu angesetzt. Waschen, säubern und schneiden Sie dann das Gemüse, den Salat und das Obst für Chutneys und Desserts. Bereiten Sie auch jetzt schon aufwendigere Süßspeisen so weit vor, daß Sie vor dem Anrichten dafür nur noch wenig Zeit benötigen, damit die gekochten Speisen möglichst ofenfrisch auf den Tisch kommen. Reis oder Nudeln und Gemüse können danach aufgesetzt und gegart werden – ihre Kochzeit nützen Sie zum Backen von Fladenbrot. Als Letztes widmen Sie sich den Aperitifs und Getränken und mixen unmittelbar vor dem Servieren das Lassi. Und dann kommt natürlich noch der krönende Abschluß beim ayurvedischen Kochen: das Garnieren, Dekorieren und Servieren.

Hier die einzelnen Schritte der Speisenzubereitung auf einen Blick:

1. Dhal, Trockenfrüchte oder Nüsse über Nacht einweichen, Dhal kochen
2. Reis einweichen, Brotteig ansetzen
3. Gemüse und Obst reinigen und vorbereiten
4. Süßspeisen vorbereiten

5. Gewürze rösten, Gemüse dünsten, parallel Reis kochen und Fladenbrote backen
6. Aperitif vorbereiten und Getränke zubereiten
7. Garnieren, Dekorieren und Servieren

Mit etwas Übung und Routine bleibt noch Zeit, zwischendurch Töpfe zu spülen und die Küche in Ordnung zu halten. Sie werden sehen, es macht viel Spaß, ayurvedisch zu kochen, und es ist trotz der Vielfalt einfach, kreativ, vielseitig und ökonomisch.

IMPULSE, DIE DEM LEBEN RICHTUNG GEBEN

Ayurvedisches Kochen ist nicht denkbar ohne ein tiefes Verständnis für drei Grundbegriffe der ayurvedischen Lehre, die sowohl für die Wahl der Nahrungsmittel als auch für die Geisteshaltung beim Kochen von großer Bedeutung sind. Es handelt sich dabei um natürliche Impulse, die die geistigen Eigenschaften des Menschen und die äußeren Einflüsse darauf kennzeichnen und dem Leben unterschiedliche Richtungen geben. Sie heißen Sattva, Rajas und Tamas.

Der geistige Impuls Sattva entspricht dem Wunsch, sich fortzuentwickeln, im Leben voranzuschreiten und die Fülle der eigenen Möglichkeiten geistig wie körperlich zu entfalten. Sattva wird übersetzt mit Reinheit, Tugend und Wahrhaftigkeit. Das Sattva im Menschen verleiht Toleranz und Großzügigkeit. Das Wesen eines sehr »sattvischen« Menschen ist getragen von Liebe und Offenheit, sein Handeln gründet in innerer Ruhe, Gelassenheit und Selbstvertrauen. Sattva ist der geistige Impuls in uns, der das Leben schön, harmonisch, gesund und glücklich gestalten möchte. Sat heißt im vedischen Sanskrit reine Existenz, absolutes Sein.

Die Quelle von Sattva liegt im Ursprung der Gedanken, in der Stille reinen (Bewußt)Seins, die von den vedischen Rishis vor Tausenden von Jahren in tiefer Meditation als letzte innere Wahrheit, als Bereich reinen Wissens geschaut wurde. Diese Seher erkannten, daß in der stillen inneren Bewußtheit das Wissen aller Naturgesetze strukturiert ist, die Grundlage der vedischen Schriften und Lehren. Gedankliche Impulse und Absichten, die dieser inneren Quelle entspringen, sind nach der ayurvedischen Lehre in vollkommenem Einklang mit den Naturgesetzen und führen zu gesunden und lebensfördernden Verhaltensweisen. Sattva ist zugleich

auch der erste und subtilste Impuls für Kreativität und schöpferisches Handeln. Er resultiert aus der spontanen oder meditativen Erfahrung reiner innerer Bewußtheit, die durch geistige Übungen und Meditation gefördert werden kann.
Tamas hat genau entgegengesetzte Eigenschaften zu Sattva. Es kennzeichnet den Wunsch, zu verharren oder zurückzugehen, und birgt das Element der Trägheit in sich. Wenn Tamas in uns überhand nimmt, neigen wir zu geistigem und körperlichem Phlegma, wir wollen lieber auf dem Gegenwärtigen beharren. Selbst wenn es unbefriedigender ist, als den Schritt nach vorne für positive Veränderungen tun, halten wir an eingefahrenen Strukturen fest.
Rajas schließlich steht zwischen den beiden. Während Sattva bejaht, setzt Tamas ein »Nein« entgegen. Als Triebkraft zum Handeln erzwingt Rajas die Entscheidung zwischen den gegensätzlichen Impulsen oder Wünschen von Sattva und Tamas. Übermäßiges Rajas versetzt jedoch in Spannung und kann sich in Gefühlswallungen, Gereiztheit oder Mißmut äußern.
In jedem von uns sind die beschriebenen drei Eigenschaften als Möglichkeit angelegt.
Von Anfang an war es jedoch das höchste und zentrale Anliegen des Ayurveda, die sattvische Grundnatur des Menschen freizulegen und ihn mit der Quelle gesunden Verhaltens in Verbindung zu bringen. Dazu dienen alle ursprünglichen Therapien, Empfehlungen zum Verhalten und zur Lebensführung und vor allem auch die Richtlinien zur Zubereitung und Auswahl von Nahrungsmitteln, die einen ganz entscheidenden Einfluß auf unsere geistigen Eigenschaften haben.

Sattvische Nahrung

Generell kann frisches vollwertiges Essen aus unbelasteten, natürlich gereiften, biologisch angebauten Nahrungsmitteln als sattvisch bezeichnet werden. Als besonders sattvische Nahrungsmittel gelten Reis und andere Getreide wie Dinkel und Weizen sowie frisches Gemüse und Blattsalate, Mungbohnen und Linsen. Auch Mandeln und Nüsse, süße, reife Früchte, frische Säfte, Milch, Ghee und Honig zählen dazu.
Sattvisches Essen ist von der Grundwirkung her süß, leicht verdaulich, bekömmlich, ölig sowie ausgeglichen im Nährstoffgehalt und vegetarisch. Es enthält alle sechs Geschmacksrichtungen und fördert gesunde geistige und körperliche Qualitäten. Insbesondere vermehrt es die Zufriedenheit und Ausgewogenheit des Menschen, schenkt innere Ruhe und Gelassenheit. Gutes sattvisches Essen stärkt auch die Stimme, unterstützt die Entwicklung von Selbstvertrauen, bildet Ojas (S. 128), nährt Körper und Geist und verleiht Stärke.
Um unsere sattvischen Eigenschaften zu fördern, sollten die in der ayurvedischen Küche verwendeten Nahrungsmittel immer frisch zubereitet, frei von chemischen Zusätzen und Konservierungs- oder Farbstoffen sowie naturbelassen sein. Am besten ist es, wenn sie aus biologischem Anbau stammen. Das volle Korn bei Getreiden enthält die ganze Information der Pflanze und wertvolle Nährsubstanzen und sollte deshalb statt Auszugsmehl verwendet werden. Vollwertreis erhält den Vorzug vor gebleichtem, geschältem Reis, denn er besitzt noch sein Silberhäutchen, den vitamin- und mineralreichen Kernanteil. Vollkornreis, der noch die ganze Schale enthält, ist dagegen schwer verdaulich und sollte nur von Personen mit starkem Verdauungsfeuer genossen werden.

Rajasische Nahrung

Zu rajasischen Nahrungsmitteln gehören Lauch, Knoblauch, Zwiebeln, Asaföetida, Essig, Tofu, Erdnüsse, Fisch, salziger Käse, Hähnchen, Konservierungsstoffe, Eingemachtes, Tiefkühlprodukte und Ketchup. Diese Lebensmittel fördern, im Übermaß genossen, emotionale Unausgeglichenheit, Gefühlswallungen, Ärger und Reizbarkeit, Mißgunst, psychische Gereiztheit, Neid und Unwohlsein. Im Ayurveda gilt Nahrung vor allem auch dann als rajasisch, wenn sie zu trocken, zu heiß oder einseitig sauer oder salzig und scharf ist.

Tamasische Nahrung

Hierzu zählen Alkohol, große Mengen an Fleisch, Wurst oder Fisch, Käse und Pilzen sowie Schokolade. Auch verdorbenes, verschimmeltes, aufgewärmtes, geschmackloses, zerkochtes und warm gehaltenes Essen besitzt Tamas-Eigenschaften. Ebenso extrem kalte oder heiße, trockene, schwere, saure oder ungesund süße Speisen.
Tamasische Nahrungsmittel machen Geist und Körper träge, stumpfen ab und fördern die Entstehung ernsthafter Krankheiten.

Ein glücklicher Koch schafft zufriedene Esser

Kochen muß Freude bereiten. Versuchen Sie daher in guter Stimmung zu sein. Ayurveda lehrt, daß die Geisteshaltung beim Zubereiten in die Speisen mit einfließt. Ein mit Liebe gekochtes und in fröhlicher und angenehmer Atmosphäre zubereitetes Essen schmeckt besser, ist gesünder und bekommt. In Indien ist es noch heute in vielen Haushalten Tradition, beim Kochen ein Küchen-Puja zu singen. Der zarten und angenehmen Melodie liegt ein vedischer Vers zugrunde, der durch seinen Klang die Einfühlsamkeit und Inspiration beim Kochen fördert und einen gesunden Einfluß auf Essen und Atmosphäre verbreitet. So schafft ein fröhlicher Koch zufriedene Esser.

Freiraum für eigene Kreativität

Bitte verstehen Sie die Rezeptbeispiele, vor allem auch die Mengenangaben und die Art und Auswahl der verwendeten Gewürze und Kräuter, nur als Anregung und Anhaltspunkt. Die Kunst des Kochens besteht bekanntlich darin, die Zutaten und Gewürze aus dem Bauch heraus und mit Fingerspitzengefühl zu wählen und zu dosieren. Leben ist Wandlung, und kein Tag ist wie der andere – das gilt auch für Rezepte. Denn auch sie wandeln ihre Eigenschaften mit dem Tag der Zubereitung und mit dem Koch.

Ein köstliches Menü, an einem wunderschönen Frühjahrstag zubereitet, inspiriert vom Erwachen der Natur und dem Duft von frischen Kräutern, ist ein kulinarisches Kunstwerk, das aus diesem einen Augenblick heraus entstanden ist. Doch kein Kunstwerk läßt sich schematisch nachvollziehen, sondern bedarf einer neuen Interpretation. Und so trägt auch jedes Essen, selbst wenn es genau nach Rezept zubereitet wurde, unverkennbar die Handschrift der Köchin oder des Kochs. Lassen Sie sich also nicht zu sehr festlegen durch die Dosierungsangaben bei den Rezepten. Es sind Aufzeichnungen eines besonders gelungenen Gerichts, Notizen, um den Rahmen festzuhalten. Kreieren Sie selbst Ihre Köstlichkeiten der ayurvedischen Küche, mit Liebe, Freude und Inspiration. Ayurveda ist die Wissenschaft vom langen und gesunden Leben, von der ganzen Reichweite und Vielfalt des Lebens. Nutzen Sie diese für Ernährung und Gesundheit, die untrennbar miteinander verbunden sind.

DIE FÜNF SINNE

Das knackende und aufspringende Gewürz beim Anrösten in der Pfanne, die Gargeräusche beim Dünsten von Gemüse, das Brutzeln von Fett und, gäbe es noch den offenen Ofen, das Knacken von Holz und das Lodern der Flamme haben anregende Wirkung auf unser Verdauungsfeuer. Die verschiedenen Geräusche in der Küche stimulieren unser Verdauungssystem mehr, als uns meist bewußt ist. Dazu gehören auch angenehme Gespräche und natürlich die Seufzer der Zufriedenheit, wenn ein Essen gut gelungen ist. Hintergrundmusik, auch wenn sie angenehm und beruhigend ist, wird im Ayurveda dagegen nicht empfohlen. Die Sinne sollten ganz natürlich auf das Essen und die Gemeinschaft gerichtet sein. Musik ist für unsere Seele eine sehr attraktive Kunst, die die Aufmerksamkeit stark auf sich zieht.

Neben den Geräuschen ist selbstverständlich auch der Geschmack entscheidend, denn alles, was die Zunge wahrnimmt, regt ebenso unmittelbar und intensiv das gesamte Verdauungssystem an. Alle Geschmacksrichtungen müssen deshalb bei einer Mahlzeit im ausgewogenen Verhältnis zueinander stehen. Und natürlich essen wir auch mit dem Auge. Zur Kunst des Kochens gehört deshalb untrennbar die Kunst des Anrichtens, Garnierens und Dekorierens, um den Tisch für jede Gelegenheit ansprechend und passend zu decken.

Die verschiedenen Farben der Gemüse und Salate, der Obstsorten, Getreide, Dhals oder Desserts wie auch der Gewürze und Kräuter sind selektive Stimulantien für die verschiedenen Agnis, die Verdauungs- oder Stoffwechselaktivitäten auf den verschiedenen Ebenen im Körper. Sie wirken unterschiedlich überall dort, wo Stoffwechsel und Verdauung stattfindet: im Magen-Darmtrakt, auf Leber, Galle und Bauchspeicheldrüse oder auf enzymatische Prozesse in den Zellen, die nicht abgekoppelt von unserem seelisch-körperlichen Befinden ablaufen.

Jede der Spektralfarben und natürlich all die verschiedenen Farbmischungen und -variationen regen die Nervenzentren unterschiedlich an, stimulieren das Verdauungssystem entsprechend und haben vor allem auch Einfluß auf unser seelisches Befinden. So greifen Sie möglicherweise vermeintlich unbewußt zur grünen Avocado, einer Frucht, die kühlende, erdende, Kapha aufbauende Qualitäten hat. Rote Früchte, Gemüse und Gewürze wie Kirschen, Paprika, Tomaten oder Cayennepfeffer enthalten mehr »Feuerenergie« und ver-

mehren ein energetisches Prinzip in unserem Körper, das wir Pitta nennen. Dabei stimulieren sie allein schon durch ihren Anblick.
Sehr wichtig beim Essen ist der Tastsinn. Kinder essen mit Begeisterung mit den Händen, ertasten, befühlen und »begreifen« ihre Nahrung und nehmen so, bevor sie diese zum Mund führen, schon intensiv Kontakt auf und bereiten ihr Verdauungssystem vor. Nahrung, die mit den Händen gegessen wird, schmeckt intensiver – probieren Sie es einmal selbst aus. Nach ayurvedischer Auffassung nehmen wir mit den Händen Prana aus der Nahrung auf, eine feine Lebensenergie, die vor allem das Nervensystem nährt und stärkt. Die Fähigkeit zu Tasten beschränkt sich nach ayurvedischer Vorstellung übrigens nicht nur darauf, die physikalischen Eigenschaften zu erfühlen, also warm-kalt, grob-fein oder flüssig-fest. Der Tastsinn des Menschen kann sehr ausgeprägt sein und dabei auch subtilste und feinste »nichtstoffliche« Reize erspüren.

Ayurvedische Essensregeln

Bitte beachten Sie bei den Ernährungsratschlägen, daß Ayurveda keine strengen Dogmen aufstellt, sondern immer die individuellen Bedürfnisse und Eigenheiten eines Menschen berücksichtigt. Genießen Sie deshalb jede Mahlzeit, und schulen Sie Ihr Unterscheidungsvermögen für das, was Ihnen guttut und richtig für Sie ist.

- Essen Sie in ruhiger Umgebung, und genießen Sie die Speisen. Essen Sie stets im Sitzen, und nehmen Sie die Mahlzeiten regelmäßig, möglichst zur gleichen Zeit ein. Während der Mahlzeit sollten Sie nicht arbeiten, lesen, fernsehen und auch nur wenig sprechen.
- Essen Sie immer erst, wenn Sie hungrig sind und die letzte Mahlzeit vollkommen verdaut ist, also etwa nach drei bis sechs Stunden. Vermeiden Sie Zwischenmahlzeiten.
  Mittags sollten Sie Ihre Hauptmahlzeit einnehmen. Abends ist es besser, nur mehr leichte Kost zu sich zu nehmen und vor allem nicht zu spät zu essen. Nach dem frühen Abendessen und vor dem Einschlafen sollten Sie möglichst nichts mehr essen, denn nachts wird Nahrung nur schlecht verarbeitet und beeinträchtigt den Schlaf.
- Essen Sie in Ruhe, weder zu schnell noch zu langsam, und lassen Sie dem Magen etwas Freiraum für die Verdauungsvorgänge. Sie sollten sich nach der Mahlzeit gestärkt und zufrieden fühlen, nicht schwer und voll.
- Trinken Sie zu den Mahlzeiten etwas heißes Wasser, Kräutertee oder Saft. Milch paßt nicht zu Mahlzeiten mit verschiedenen Geschmacksrichtungen. Trinken Sie sie entweder allein oder nur gemeinsam mit süßen Speisen. Kurz aufgekocht und gewürzt ist sie am bekömmlichsten.
- Die Nahrung sollte ausgewogen sein und wenigstens bei der Mittagsmahlzeit alle sechs Geschmacksrichtungen (S. 9), enthalten. Spezielle Empfehlungen richten sich nach Ihrem Konstitutionstyp (S. 138f.) und nach den Jahreszeiten (S. 136).
- Richten Sie sich auch beim Essen nach Ihren Bedürfnissen. Ihr Körper drückt durch den Appetit auf bestimmte Speisen aus, was er braucht, um wieder ins Gleichgewicht zu kommen. Schädliche Wünsche entstehen durch falsche Angewohnheiten oder wenn Sie aus dem Gleichgewicht geraten sind und deshalb kein Gespür mehr für die Bedürfnisse Ihres Körpers haben.
- Vermeiden Sie Alkohol, Kaffee, kohlensäurehaltige Getränke und Schokolade.
- Essen Sie abends möglichst keine Sauermilchprodukte wie Joghurt, Quark und Käse und auch kein anderes tierisches Eiweiß.
- Kochen und backen Sie nicht mit Honig, denn erhitzter Honig erzeugt Ama (S. 128).
- Vermeiden Sie eiskalte Nahrung und Getränke, da sie die Verdauungskraft schwächen.
- Fertiggekochte Speisen sollten Sie nicht ein zweites Mal aufkochen oder erwärmen. Bereiten Sie Ihr Essen also frisch zu, und achten Sie auf vollwertige, naturbelassene Nahrungsmittel.
- Essen sollte immer schmackhaft, appetitlich angerichtet und eine Freude für das Auge – kurz, Nahrung für alle fünf Sinne sein.
- Bereiten Sie Ihre Speisen in gelöster, fröhlicher und glücklicher Atmosphäre zu. Denn: Ein glücklicher und zufriedener Koch schafft glückliche und zufriedene Esser.

AYURVEDISCHES GEWÜRZLEXIKON

AYURVEDISCHES GEWÜRZLEXIKON

DIE GEWÜRZAPOTHEKE DER AYURVEDISCHEN KÜCHE

Die Kunst des Würzens und das Wissen über die Heilkraft von Kräutern, Blüten, Rinden und Samen ist ein wesentlicher Bestandteil der jahrtausendealten ayurvedischen Heil- und Lebenskunde. In der ayurvedischen Küche spielen Gewürze daher traditionell eine zentrale Rolle.

Gewürze sind das kreative Potential, selbst einfache Gerichte vielfältig zu variieren und geschmacklich zu verzaubern, denn durch sie entfaltet sich die ganze Geschmacksfülle der Speisen. Sie müssen jedoch, und das gilt für alle gehaltvollen Nahrungsmittel, maßvoll und mit Feingefühl eingesetzt werden, um den jeweiligen Eigengeschmack voll zur Geltung zu bringen, abzurunden oder zu ergänzen, aber nie zu überdecken. Denn darin liegt die Kunst des Würzens: in der richtigen Wahl und in der gekonnten Mischung.

Die geschickte Kombination von Gewürzen, die sich untereinander verstärken und ausgleichen, ermöglicht dem Koch zahlreiche Variationen. Auf diese Weise kann ein und dasselbe Gericht, um Nuancen anders gewürzt, zu einem neuen und einmaligen Genuß werden. Entsprechend haben die Masalas, die Gewürzmischungen, in der ayurvedischen Kochkunst einen hohen Stellenwert. Bei indischen Gewürzen mag man zunächst unwillkürlich an den Curry oder richtiger an die Currymischung denken. Die indische Hausfrau wird davon allerdings recht wenig halten, denn ihr Stolz sind eigene Hausrezepte und Mixturen. Der sogenannte Curry ist ein sprachliches Relikt aus den Zeiten der Kolonialherrschaft, als der Kari, die kunstvoll gewürzte Soße indischer Gerichte, englisch ausgesprochen zum »Curry« wurde und so später einen Bedeutungswandel erfuhr.

Die Heilkraft der Kräuter und Gewürze

Der ayurvedische Arzt betrachtet Gewürze und Kräuter als Nahrungsmittel mit besonderen Eigenschaften zur Stärkung und Anregung der Verdauungsorgane und -drüsen. Nach ayurvedischer Auffassung enthalten Gewürze gebündeltes Agni, also gewissermaßen Verdauungskraft in potenzierter Form.

Die Grundgeschmacksrichtung der meisten Gewürze ist durchgehend scharf; mit dieser »Brennkraft« entfachen sie das Feuer der Verdauung. Beinahe alle der besonders scharfen Gewürze wie Pfeffer, Paprika oder Cayennepfeffer enthalten den Wirkstoff Capsicain. Vor allem im Cayennepfeffer ist er sehr konzentriert vorhanden. Daher heißt diese »Feuerpflanze« im Sanskrit, der Sprache der Veden, auch treffend Marichi phalam: Frucht der Sonne.

Die medizinische Wirkung scharfer Gewürze ist bestens erforscht: Sie regen nicht nur den Appetit an und stimulieren die Verdauungssäfte, sondern lösen und verdünnen auch Schleim (etwa bei Bronchitis oder Nasennebenhöhlenentzündung) und aktivieren den Stoffwechsel. Durch scharfe Gewürze kann der Stoffumsatz, die Verbrennungsleistung im Organismus, um fast ein Drittel gesteigert werden. Das Kochen mit scharfen Gewürzen stellt also eine wirkungsvolle Methode dar, um das Körpergewicht zu reduzieren, die Schweißbildung anzuregen und die Körpertemperatur zu erhöhen.

Nach ayurvedischer Auffassung muß das Würzen jedoch immer ausgewogen sein und der eigenen Natur, dem persönlichen Geschmack und der Konstellation der Doshas (S. 125 ff.) entsprechen. Sehr scharfe Gewürze wie beispielsweise Cayennepfeffer sollten deshalb in der heimischen Küche äußerst sparsam verwendet werden. Vor allem für Personen mit empfindlichem Magen oder starker Pitta-Natur (S. 138 f.) ist er nicht geeignet. In Indien und anderen heißen Ländern werden scharfe Gewürze dagegen naturgemäß und traditionell gern verwendet. Das hat einen besonderen Grund: Wegen der großen äußeren Hitze werden die inneren Thermostate niedrig gestellt, um die Stoffwechselaktivitäten und das Verdauungsfeuer zu drosseln. Mit dieser sinnvollen Gegenregulation wird der innere Ofen sozusagen auf Sparflamme gehalten, um übermäßige Wärmebil-

dung zu vermeiden. Diese Maßnahme des Körpers geht allerdings zu Lasten des Verdauungsfeuers, das deshalb mit scharfen Gewürzen angeregt werden muß.

Jedes Kraut hat sein eigenes Wirkspektrum

Oft ist der scharfe Grundgeschmack von Gewürzen und Kräutern kombiniert mit bitter, herb oder auch süß, wie beispielsweise beim Fenchel. Auf diese Weise hat jedes Gewürz ein eigenes spezielles Spektrum an Wirkung und Heilkraft. Allein aufgrund seines Geschmacks, den wir auf der Zunge wahrnehmen, stimuliert und stärkt es die unterschiedlichen Verdauungsdrüsen und -organe. So werden je nach Geschmacksrichtung Magen, Leber, Galle und Bauchspeicheldrüsen angeregt oder die Schleimhäute beruhigt (S. 9).

Die meisten Gewürze wirken verdauungsanregend und appetitsteigernd, regulieren die Darmflora und stimulieren die Verdauungssäfte sowie die Schleimdrüsen. Viele stärken auch die Abwehrkraft und desinfizieren, indem sie antibiotisch und keimtötend wirken, zum Beispiel die Kapuzinerkresse. Andere wiederum sind harntreibend, wie die Petersilie, oder antiallergisch, wie Kurkuma, die Gelbwurz. Gewürzpflanzen enthalten meist eine Vielzahl an Wirk- und Heilstoffen, deren Wirkung in der Volksmedizin seit Jahrhunderten bekannt ist, die von der modernen wissenschaftlichen Medizin jedoch zum Teil noch sehr wenig erforscht sind.

Über unseren Geschmackssinn kommunizieren wir intensiv und unmittelbar mit den drei Doshas. Deshalb lassen sie sich mit Gewürzen und Kräutern sehr wirkungsvoll regulieren. Angeregtem, nervösem Vata steht der Sinn meist nach Süßem, dagegen fühlt sich zuviel Kapha durch reinigende Bitterstoffe wohler. Und nach einer auszehrenden Grippe kommt mit den ersten Kräften auch das typische Verlangen nach etwas Saurem, um Pitta zu beleben und Kapha aufzubauen.

Eine sehr ausgewogene und einfache Art, mit Gewürzen die Doshas auszubalancieren, sind spezielle Kräuter- und Gewürzmischungen, die Churnas. Sie sind nach den Doshas benannt, die sie besänftigen und normalisieren. Kapha-Churna beispielsweise reduziert einen Überschuß an Kapha, der sich in Verschleimung und Müdigkeit oder Schweregefühl nach dem Essen zeigt. Die Churnas finden vielfältige Anwendung: zum Abschmecken, in Salatmarinaden und Soßen oder als Gewürzgrundlage für in Ghee gedünstetes Gemüse. Von besonderem Vorteil ist auch, daß mit den Churnas bei gemeinsamen Mahlzeiten ein individueller Ausgleich der Doshas möglich ist: Jeder kann die für ihn geschmacklich und für seine augenblickliche Situation richtige und ausgleichende Gewürzkombination wählen.

Abgesehen von diesen nützlichen Fertigmischungen sollten Kräuter und Gewürze jedoch vor der Verwendung frisch gemahlen werden, denn ganze Samen, Rinden oder Wurzeln behalten ihr Aroma naturgemäß sehr viel länger als vorgemahlene. Bewahren Sie Ihr Gewürzsortiment deshalb in lichtgeschützten Behältern auf, und mahlen Sie das jeweilige Gewürz möglichst kurz vor seiner Verwendung selbst. Beim Anrösten in Ghee oder Pflanzenöl, eine der typischen Zubereitungsarten der ayurvedischen Küche, gibt man zuerst die ganzen Samen hinzu, bis sie aufspringen. Ihre ganze Vital- und Würzkraft wird dadurch intensiv freigesetzt, wie sich leicht an dem starken aromatischen Geruch erkennen läßt. Gemahlene Gewürze erfordern kürzere Garzeiten und werden nach dem Aufspringen der Samen kurz vor den weiteren Zutaten beigegeben.

DIE GEWÜRZE VON A BIS Z

Anis

Sanskrit: Skatapushpa

Bei uns kennt man den Anis hauptsächlich als Gewürz für Kuchen, Weihnachtsgebäck und Süßspeisen. In der ayurvedischen Küche verwendet man ihn zum Würzen von Chutneys, Süßspeisen und vor allem von Gemüse. Versuchen Sie Anis einmal in Karottengemüse: Sie werden begeistert sein. Wer eine schwache Verdauung hat und zu Blähungen neigt, sollte nach dem Essen Anissamen kauen, denn sie unterstützen Agni und verleihen zudem einen frischen Atem. Auch ein Tee aus Anis hilft gegen Blähungen und beruhigt den Darm.

Wie Fenchel (S. 20) und Kümmel (S. 23) stärkt auch Anis die Nervenkraft, fördert den Schlaf und wirkt schleimlösend.

Asaföetida

Sanskrit: Hingu

Das aus Südostasien stammende Asaföetida wird meist mit Ingwer, Kardamom und Steinsalz kombiniert und ist als Pulver oder Paste erhältlich. In diesem Buch verwenden wir

jedoch nur das Pulver. Asaföetida hat einen intensiven, knoblauchähnlichen Geruch. Wenn Sie also Knoblauch nicht mögen oder ihn wegen seiner Eigenschaften (S. 21) nicht verwenden möchten, dann können Sie ihn bei allen Rezepten ausgezeichnet durch eine Mischung aus Asaföetida, frisch gehacktem Ingwer und etwas Zitronensaft ersetzen. Diese Kombination stillt das Verlangen nach dem intensiven sättigenden Geschmackserleben von Knoblauch, das auch anderen Gewürzen und Pflanzen wie Lauch oder Zwiebeln eigen ist. Verwenden Sie jedoch immer nur sehr wenig (1/4 Messerspitze), denn Asaföetida würzt überaus intensiv.
Bei akuten Magen-Darm-Störungen wie Übelkeit, Brechreiz und Durchfall kann Asaföetida schnell Abhilfe schaffen. Dazu geben Sie 1/4 Messerspitze Asaföetida in ein Glas heißes, zehn Minuten lang abgekochtes Wasser und trinken diese Mixtur in kleinen Schlucken. Aber auch bei einem trägen Darm ist dieses Gewürz angezeigt, denn es regt die Verdauung an und vertreibt Blähungen. Deshalb eignet sich Asaföetida auch hervorragend zum Würzen von Gerichten aus Hülsenfrüchten, Kohl und anderen blähenden Gemüsearten.
Wegen seines starken Geruchs sollten Sie Asaföetida in einem luftdicht verschließbaren Behälter aufbewahren.

Bockshornkleesamen

Sanskrit: Methi

In der deutschen Küche werden sie nur selten verwendet, doch in Indien haben die Methi-Blätter und -Samen im Gewürzregal ihren festen Platz. Wegen ihres strengen und bitteren Geschmacks sollten sie sehr dezent eingesetzt werden. In Nordindien läßt man die Bockshornkleeblätter in der Sonne trocknen oder röstet sie in Ghee oder Pflanzenöl, wodurch das volle Aroma frei wird, und verwendet sie zermahlen als Gewürz für Dhals und Bohnengerichte, Blumenkohl, Kartoffeln oder Kraut. Aus frischen Bockshornkleeblättern läßt sich auch ein ausgezeichnetes Gemüsegericht herstellen. Bockshornkleesamen verfeinern Gemüse, Dhals oder Chutneys und sind auch in Currymischungen enthalten. Um ihren bitteren Geschmack zu mildern, röstet man sie kurz in Ghee.
Die Samen kann man übrigens auch sehr gut keimen lassen; die Sprossen sind ein ebenso schmackhaftes wie wirksames Mittel bei Verdauungsstörungen, Leberschwäche und Leistungsmangel.
Medizinische Anwendung finden die Bockshornkleesamen im Ayurveda als Tonikum bei Schwächezuständen, angegriffenen Nerven und Streß, in der Rekonvaleszenz und Schwangerschaft.
Wenn Sie sich selbst ein solches Kräftigungsmittel zubereiten möchten, geben Sie einen Eßlöffel der leicht bitter schmeckenden Samen in eine Tasse Milch und trinken ein bis zwei Tassen täglich.

Fenchel

Sanskrit: Madhurika

Das ähnlich wie Anis schmeckende Fenchelkraut läßt sich am besten zusammen mit Crème fraîche oder Yoghurt zum Verfeinern von Salatmarinaden oder Gemüsegerichten verwenden. Die Samen findet man oft als Gewürz in Broten und Gebäck.
Ein Tee aus Fenchelsamen hilft hervorragend gegen Blähungen und Darmkrämpfe, stärkt die Nervenkraft und fördert den Schlaf.

Ingwer

Sanskrit: Sunthi

Ein anderer Sanskritname für Ingwer ist Vishabhesaj, »Die universale Medizin«, was bereits darauf hindeutet, welchen

Stellenwert der Ingwer in Indien hat: Er gehört zu den Stammgewürzen der ayurvedischen Küche. Ingwer ist jedoch nicht nur auf dem indischen Subkontinent, sondern generell in ganz Asien beliebt und wurde bereits vor zweitausend Jahren in chinesischen Schriften erwähnt. Auch die alten Römer kannten und schätzen ihn, doch erst im Mittelalter, mit den Arabern, hielt er in den Küchen Europas seinen Einzug.
Frischer Ingwer, gehackt und leicht in Ghee geröstet oder als Saft gepreßt, verleiht Currys, Chutneys und Süßspeisen, aber auch Gemüse- und Fleischgerichten Frische und Pfiff. In der heimischen Küche findet er als Lebkuchengewürz breite Verwendung und gibt Plätzchen oder Kuchen das »gewisse Etwas«. Ingwertee ist besonders in den kalten Wintermonaten zu empfehlen, denn er erwärmt und beugt der Ansammlung von Ama (Schlackenstoffen) vor. In Indien setzt man ihn für den genau entgegengesetzten Zweck ein: Dort wird Ingwer mit Zucker und Ghee gereicht, um in den heißen Jahreszeiten die Körperhitze zu reduzieren und dennoch das Verdauungsfeuer anzuregen.

Um Ingwersaft zu gewinnen, schabt man die Wurzel mit einer Reibe und preßt den Brei am besten mit einer Knoblauchpresse aus. Ingwersaft regt Appetit und Verdauung an und hilft gegen Blähungen und Darmkoliken.

Bei unseren Kochrezepten sollten Sie frischen Ingwer nicht gegen getrockneten austauschen, denn dieser ist schärfer und heißer und hat einen anderen Würzcharakter. Suchen Sie beim Kauf immer eine glatte Wurzel aus; eine runzelige Oberfläche deutet darauf hin, daß der Ingwer bereits alt und ausgetrocknet ist. Bewahren Sie ihn kühl, am besten in Brotpapier eingewickelt auf, und entfernen Sie vor der Verwendung die Wurzelhaut mit einem scharfen Messer.
Übrigens: In Asienläden gibt es oftmals eine extra zarte Züchtung, die eine leicht rosige Farbe hat und noch besser schmeckt.

Kardamom

Sanskrit: Ela

Von den Arabern »Samen des Paradieses« genannt, ist Kardamom auch in der ayurvedischen Küche ein beliebtes Gewürz für Süßspeisen. Meist wird er gemeinsam mit Nelken, Ingwer, Kurkuma und Zimt verwendet. Kardamom ist auch Bestandteil des Garam Masala, einer in der indischen Küche häufig verwendeten Gewürzkombination.
Wenn Sie ganze Kardamomschoten mitkochen, müssen diese natürlich vor dem Servieren entfernt werden. Ansonsten lösen Sie die schwarzen Samen aus den Kapseln heraus und zermahlen sie mit einem Mörser oder in der Kaffeemühle. Frisch gemahlen haben sie ein viel stärkeres Aroma als in Pulverform.
Kardamomsamen nach dem Essen gekaut, sorgen für einen frischen Atem und regen die Verdauung an. Darüber hinaus stimuliert und kräftigt Kardamom das Herz und gilt im Ayurveda als Mittel zur Gedächtnisförderung. Ebenso wie Ingwer verwendet man in Indien auch die Kardamomfrüchte als Aphrodisiakum. Und, nicht zuletzt: In Kaffee untergerührt, verringert Kardamom die schädlichen Effekte von Koffein.

Knoblauch

Sanskrit: Lasuna

Der aus Asien stammende Knoblauch besitzt neben seinem aromatischen, intensiven Geschmack (und Geruch) eine Vielzahl medizinischer Wirkungen: Er senkt Blutdruck wie Cholesterinspiegel und hilft bei Verdauungsbeschwerden, Appetitlosigkeit, Blähungen, aber auch bei Ischiasschmerzen und Rheuma. Der Nachteil von Knoblauch ist jedoch seine fördernde Wirkung auf Rajas, womit er die geistige Entwicklung hemmt und den Geschmackssinn beeinträchtigt.

Der störende Geruch und die Rajas anregende Wirkung können übrigens durch Rösten in Ghee oder Kochen in Milch zum Teil neutralisiert werden.
In diesem Kochbuch verzichten wir aus den genannten Gründen bewußt auf die Verwendung von Knoblauch und Zwiebeln. Wundern Sie sich jedoch nicht, wenn Ihnen ein ayurvedischer Arzt Knoblauch verordnet, denn für Heilzwecke gibt es im Ayurveda eine ganze Reihe von Indikationen.
Wenn Sie Knoblauch trotzdem, ob aus medizinischen oder geschmacklichen Gründen, verwenden möchten, sollten Sie das sehr maßvoll tun, um nicht den Eigengeschmack der Speisen zu überdecken.

Koriander

Sanskrit: Dhanyaka

»Chinese Parsely« oder »Chinesische Petersilie« werden die frischen Korianderblätter auch genannt. Typisch für dieses exotische Kraut ist seine etwas scharf-süße Geschmacksnote: Ein Koriander-Chutney der traditionellen indischen Küche ist für den europäischen Gaumen ein zwar etwas ungewöhnliches, aber äußerst schmackhaftes Erlebnis. Außer in Chutneys findet man Koriander in Currymischungen, im Garam Masala und in Churnas. Er paßt auch ausgezeichnet zu pikanten Tomatengerichten, Gemüse und Suppen, Broten und Lebkuchen.

Sie können die Koriandersamen ganz oder im Mörser zermahlen verwenden. In Ghee oder Öl angeröstet, entfalten die Samen ihr unverwechselbares aromatisches Aroma am besten.
Koriander hat Pitta reduzierende Eigenschaften und hilft deshalb bei allen Entzündungen des Magen-Darm-Systems und der Harnwege. Abgekocht, pur oder kombiniert mit Ingwer und Kreuzkümmel, ist er ein wirksames Mittel gegen fieberhafte Erkrankungen.

Kreuzkümmel

Sanskrit: Jiraka

Kreuzkümmel (auch: Kumin) ist ein klassisches Gewürz der ayurvedischen Küche. Angerösteter Kreuzkümmel und frische Korianderblätter verleihen den ayurvedischen Gerichten ihren unverwechselbaren Duft. Wegen seiner stark entblähenden und Vata reduzierenden Wirkung ist Kreuzkümmel besonders für Gerichte aus Hülsenfrüchten, Kohl und Gemüsen geeignet. Aber auch in Salaten, Raitas, Lassis und Currys sollte er nicht fehlen.
Gemahlenen Kreuzkümmel gibt es zwar in den meisten Lebensmittelgeschäften, besser ist es aber, wenn Sie die Samenkörner selbst mahlen, denn dann entfaltet er sein ganzes Aroma.

Kümmel

Saskrit: Ajaji

Die kleinen, halbmondförmigen Kümmelsamen sind auch in der europäischen Küche ein beliebtes Gewürz für Suppen, Salate, Kartoffelgerichte, Dhals, Gewürzbrote und Gemüsegerichte. Am besten setzt der Kümmel sein Aroma und seine Würzkraft frei, wenn man die Samen kurz in wenig Ghee oder Öl anröstet und dann mit einem Mörser zerstößt. Ein klassischer Verdauungstrunk der indischen Küche mit langer Tradition ist das Kümmel-Lassi. Dazu versetzt man salziges Lassi mit einer Prise frisch gemahlenen Kümmel.

Seine entblähende und verdauungsanregende Wirkung verdankt der Kümmel einem ätherischen Öl, dem Oleum carvi. Es fördert die Darmtätigkeit, hemmt die Gasentwicklung, reduziert Vata und stärkt Agni. Kümmelöl kann auch äußerlich bei Blähungskoliken von Säuglingen angewendet werden. Ein Tee aus Kümmel hilft bei Blähungen, Verdauungsschwäche, Krämpfen in Magen oder Darm und schmerzhafter Periode. Noch wirksamer ist eine Mischung aus Kardamom, Fenchel und Kümmel. Dazu überbrüht man zwei Teelöffel der geriebenen Samen mit einem halben Liter kochendem Wasser, läßt dies zehn Minuten ziehen und trinkt täglich zwei bis drei Tassen davon.

Kurkuma

Sanskrit: Haridra

Keine Currymischung ohne Kurkuma (auch: Gelbwurz, Turmerik), denn dieses aus Bengalen und Bangladesh stammende Gewürz ist es, das dem Curry seine typische Farbe verleiht. Der Safran des armen Mannes, wie der Kurkuma auch genannt wird, darf in Chutneys, Suppen, Dhals, Gemüse, Pakoras und natürlich Currys nicht fehlen; er gibt diesen Speisen die appetitanregende Färbung und die pikante, leicht bittere Schärfe. Sehr beliebt in der ayurvedischen Küche ist Kurkuma auch für Reisgerichte, die er leuchtend goldgelb färbt. Das volle Aroma des Kurkuma entfaltet sich am besten, wenn man ihn mitkocht. Er brennt jedoch leicht an, weshalb Sie vor allem beim Rösten in Ghee ein wenig vorsichtig sein sollten.

Kurkuma zählt im Ayurveda zu den »heißen« Gewürzen, denen eine energiespendende und reinigende Wirkung zugesprochen wird.

Langkornpfeffer

Sanskrit: Pipali

Im Aroma erinnert diese aus Südindien und Sri Lanka stammende Gewürzpflanze ein wenig an Ingwer. Die Pfefferkörner sollten immer frisch – in Pfeffermühle oder Mörser – gemahlen verwendet werden, denn so kommt ihr intensives Aroma voll zur Geltung. Pipali paßt zu vielen Gemüsegerichten, Pickels, Chutneys und besonders zu Salaten mit kühlendem Charakter, wie beispielsweise Gurkensalat.

Langkornpfeffer regt stark die Verdauung an und reduziert Ama, die schädlichen Schlackenstoffe im Körper. Zudem gleicht er Kapha und Vata aus und hilft bei Asthma und Bronchitis, den Schleim zu lösen.

Lorbeerblätter

Sanskrit: Gudatvak

Cinnamonium cassium, der indische Lorbeerbaum, hat seine Heimat in den Höhen des Himalaya. Heimische Lorbeerblätter kommen aus den Mittelmeerländern, vor allem aus Italien, Spanien und Griechenland. Zum Würzen werden die getrockneten, immergrünen Blätter verwendet, die nur dann ihr volles Aroma entfalten, wenn sie grün, trocken, ohne Stil und unzerbrochen sind. Lorbeer hat seinen festen Platz in der ayurvedischen Küche, denn er paßt fast zu allen

Gerichten. Besonders gut macht er sich in Suppen, Gemüse oder Aufläufen. In Dhals, gleich zu Beginn des Kochens dazugegeben, fördert er die Bekömmlichkeit und verleiht eine bitter-aromatische Würze.
Lorbeer ist nicht nur vielseitig, sondern auch überaus gesund: er stärkt die Verdauungskraft, regt den Appetit an und entbläht. Auf Vata und Kapha wirkt er beruhigend, auf Pitta und Agni dagegen anregend. Das Lorbeeröl wird für Salben zur Behandlung von Geschwüren und Geschwülsten oder als Öl zur Massage verwendet.

Mandeln

Sanskrit: Badama

Mandeln sind in der einheimischen wie in der ayurvedischen Küche eine beliebte Zutat für Süßspeisen, Desserts, Kuchen und Gebäck. Doch auch in Salaten und Gemüsegerichten schmecken sie ausgezeichnet. In der Küche wird das Bittermandelöl gerne zum Würzen und Verfeinern verwendet. Da Bittermandeln giftige Blausäure enthalten, sollten Sie das Öl nur sehr sparsam und mit Vorsicht einsetzen.
Mandeln sind eine hervorragende Nervennahrung, denn sie beruhigen Vata und erhöhen die physische und psychische Belastbarkeit. Süßmandelöl wird deshalb im Ayurveda auch für nervenstärkende Massagen verwendet.

Muskat

Sanskrit: Jatiphala

Muskat verfeinert sowohl pikante Gemüse wie auch Desserts und Süßspeisen. Ganz hervorragend paßt er zu Spinatpasteten und Spargel, und eine sahnige Bechamelsoße wäre ohne die obligate kleine Prise Muskat nur halb so gut. Sie sollten ihn stets frisch gemahlen dazugeben, denn nur dann entfaltet er sein volles Aroma.
Muskat ist außerdem eines der besten Mittel zur Beruhigung von Nerven und Geist, denn er dämpft Vata. Wer schlecht schläft, sollte es deshalb einmal mit 1/4 Messerspitze gemahlenem Muskat in warmer Milch versuchen.

Safran

Sanskrit: Nagalkeshara

Safran galt in der Antike als eines der kostbarsten und teuersten Gewürze, und daran hat sich bis heute wenig geändert. Verständlich, wenn man bedenkt, daß für ein Pfund echten Safran etwa siebentausend Blüten benötigt werden.
Echten Safran erkennen Sie daran, daß er auf einem weißen Tuch einen leuchtenden gelben Fleck hinterläßt, falscher färbt dagegen rot oder orange.
Mit seinem edlen, orientalisch anmutenden Geschmack verleiht Safran allen Gerichten einen »Hauch von Tausendundeiner Nacht«. Er ist ein beliebtes Gewürz für Reis, den er

leuchtend gelb färbt, und eignet sich wunderbar zum Verfeinern von Süßspeisen, Tees, Milchgetränken oder Sahne. Unbedingt einen Versuch wert ist Safran in Kheer, einem sahnigen Milchreis-Dessert (S. 87). Damit sich ihre Farbwirkung voll entfalten kann, sollten die Safranfäden etwa eine Stunde in wenig heißem Wasser eingeweicht werden. Das Einweichwasser können Sie gleich für die jeweilige Speise mitverwenden.
Safran mit Mandeln, Milch und Honig ist ein exzellentes Tonikum für Sukra Dhatu, die Keimzellen und Geschlechtsorgane, das die kreative Lebensenergie und Sexualkraft stärkt. Safran gilt in Indien nicht umsonst als hervorragendes Aphrodisiakum, das nebenbei noch eine regulierende Wirkung auf die Periodenblutung hat und auch bei mangelnder Spermienbildung empfohlen wird.

Samen des wilden Selleries

Sanskrit: Ajuwan

Die bitter-scharfen Samen des wilden Selleries wirken sehr appetitanregend und fördern die Verdauung und Bekömmlichkeit der Nahrung. Sie passen deshalb ausgezeichnet zu schwerverdaulichen Speisen, zum Beispiel aus Hülsenfrüchten, zu Getreidebraten und Vollkornbrot sowie zu Wurzelgemüse und Kohl.
Bei Blähungen überbrühen Sie einen Teelöffel der Samen mit heißem Wasser und trinken es oder fügen die gleiche Menge dem Essen bei. Ajuwan hilft dar-über hinaus gegen zuviel Kapha. So ist er bei Erkältungen sehr wirkungsvoll, denn er befreit die Atemwege, erfrischt und löst Schleim und Eiteransammlungen. Sie bekommen Ajuwansamen in türkischen Geschäften oder Asienläden.

Schwarzer Pfeffer

Sanskrit: Maricha

Bereits in den Schriften des Hippokrates wird der schwarze Pfeffer, eines der Hauptgewürze der ayurvedischen wie auch der heimischen Küche, erwähnt. Maricha ist im Sanskrit einer der Namen für Sonne – sehr treffend für die feurige Wirkung des schwarzen Pfeffers. Er gehört zu den am stärksten verdauungsanregenden Gewürzen, das Agni stimuliert und Ama »verbrennt«. Sie sollten ihn jedoch stets maßvoll verwenden, denn im Übermaß regt er Pitta an und kann aufgrund seiner Rajas-Eigenschaften geistige und körperliche Reizzustände hervorrufen.
Über die vielen Einsatzmöglichkeiten des schwarzen Pfeffers muß wahrscheinlich nicht viel gesagt werden. Er ist aus den meisten ayurvedischen Gerichten nicht wegzudenken: ob zu gedämpftem Gemüse mit Ghee oder in den Pappadams, knusprigen, in der Sonne getrockneten Fladen (S. 81) – um nur zwei Beispiele zu nennen.
Zusammen mit anderen Gewürzen, vor allem mit Ingwer und Langkornpfeffer, findet er auch in vielen ayurvedischen Medikamenten Anwendung.

Sternanis

Sanskrit: kein Name bekannt; Hindi: Anasphal

Die Früchte des etwa sechs Meter hohen, immergrünen Sternanisbaumes, der in China heimisch ist, haben ihren Namen wegen der rosetten- oder sternförmigen Anordnung der acht Einzelfrüchte. Sternanis hat einen süßlichen, anisartigen Geruch, ist jedoch stärker, süßer und würziger im Geschmack als Anis. In der ayurvedischen Küche nimmt man ihn gerne für Chutneys, Desserts, Gemüsegerichte und Pilaws. Bei uns kennt man den dekorativen Sternanis vor allem als Gewürz für Weihnachtsgebäck.
Sternanis enthält ebenso wie Anis Anethol, ein ätherisches Öl, und so sind auch seine medizinischen Wirkungen mit denen des Anis vergleichbar.

Trikatu

Aus dem Sanskrit übersetzt bedeutet Trikatu »Die dreifache Schärfe«, was bereits viel über die Zusammensetzung und Wirkung dieser Gewürzkombination aussagt. Trikatu besteht aus den drei scharfen Gewürzen Ingwer, Langkornpfeffer und schwarzer Pfeffer und ist eine wichtige Gewürzmischung im Ayurveda: Sie stimuliert die Verdauung, indem sie Agni anregt, entbläht und wird häufig gegen Erkältungskrankheiten eingesetzt.

Zimt

Sanskrit: Thwak

Die Rinden des auf Ceylon beheimateten Zimtbaumes sind ein beliebtes Gewürz in der ayurvedischen Küche, vor allem für Süßspeisen, aber auch für Fruchsäfte oder Tees. Bei uns wird Zimt vor allem als Gewürz für die Weihnachtsbäckerei, in Glühwein und Punsch, für Süßspeisen und Kompott geschätzt. Zimt ist ein angenehm aromatisches und anregendes Gewürz, das beruhigt und erwärmt, die Harnausscheidung anregt und Schmerzen stillt. Er kräftigt bei Schwächezuständen und regt den Kreislauf an. Vor allem als Tee ist Zimt für Vata-Situationen und für Vata-Typen geeignet. Aber auch bei zuviel Kapha schafft er Abhilfe, entsprechend ist er auch Bestandteil des Kapha-Churnas. Wegen seiner Eigenschaft, Sattva, die reinen Geistesqualitäten im Menschen, zu fördern, hat Zimt einen hohen Stellenwert in der ayurvedischen Küche.

Als Bestandteil der drei Aromatika – Kardamom, Zimt und Lorbeerblätter – ist er in vielen ayurvedischen Rezepturen zu finden. Diese Gewürzkombination stärkt die Verdauungskraft, beruhigt Vata, entbläht und harmonisiert die Darmperistaltik.

Ein weiterer Wirkstoff neben dem Gerbstoff ist Zimtöl, das schmerzlindernd ist und ähnlich wie Nelkenöl bei Zahnschmerzen angewendet wird.

FRISCHE KÜCHENKRÄUTER

Einen festen Platz in der ayurvedischen Küche nehmen frische Küchenkräuter ein. In der Natur gedeihen Pflanzen und Kräuter zur richtigen Zeit, wenn Jahreszeit und Klima besondere Bedingungen herbeiführen. So wachsen im Frühjahr, wenn Kapha-Dosha zunimmt und viele Menschen entsprechend an Frühjahrsmüdigkeit, Schleimhauterkrankungen und beginnender Pollenallergie leiden, bereits die ersten »Arzneien« dagegen in unserem Kräutergarten. Mit seinen Empfehlungen für die gezielte Anwendung bestimmter Gewürzkräuter zu den einzelnen Jahreszeiten vermittelt uns der Ayurveda ein tiefes und umfassendes Verständnis für die Naturzusammenhänge.

Basilikum

Sanskrit: Tulsi

Mit seinem unwiderstehlichen Geschmack der König unter den Gewürzen, ist Basilikum eine der wichtigsten ayurvedischen Heil- und Gewürzpflanzen und wird in Indien als heilig verehrt. Indisches Basilikum ist aromatischer, würzkräftiger, seine typischen Eigenschaften noch intensiver als unser einheimisches. In einigen Gemüse- und Kräuterläden kann man es auch hierzulande erstehen. Bei uns eher unbekannt, jedoch äußerst empfehlenswert ist Basilikumöl, das Sie leicht selbst herstellen, indem Sie die Blätter in Olivenöl einlegen. Das so aromatisierte Öl kann über längere Zeit im Kühlschrank aufbewahrt und zum Verfeinern von Salatmarinaden oder Gemüsegerichten verwendet werden.

Im Ayurveda gilt Basilikum als sattvisch, denn es öffnet das Herz und klärt den Geist. Ein Tee aus Basilikum verleiht geistige Klarheit, macht munter und ist zudem gut bei Erkältungen, denn er senkt das Fieber und beseitigt überschüssiges Kapha.

Dill

Sanskrit: Sthatapushpi

Das einjährige Doldengewächs stammt ursprünglich aus den Mittelmeerländern und Vorderasien und war schon im alten Ägypten bekannt. Auch in der Materia Medica ayurvedischer Heilpflanzen ist es ausgewiesen. Die Würzkraft des Dills ist vor seiner Blütezeit am stärksten. In der Küche wird er vor allem als Dillkraut oder als Dillsalat verwendet. Die leicht bitteren und scharfen Samen nimmt man zum Würzen von Gemüse, Salaten, Suppen und Soßen sowie zur Herstellung von Dillbutter.

Dill beruhigt Vata, gleicht überschüssiges Kapha aus und wirkt auch ein wenig kühlend auf Pitta; wie alle Gewürze stärkt auch er Agni. Er entbläht, ist wassertreibend und beruhigend. Das ätherische Öl des Dills hemmt das Wachstum krankheitserregender Bakterien, die im Darm Gärungsprozesse in Gang setzen. Bei stillenden Müttern regt Dill den Milchfluß an. Gegen Blähungen überbrühen Sie einen Teelöffel Dillsamen mit einer Tasse heißem Wasser, lassen es 15 Minuten ziehen und trinken bei Bedarf mehrmals täglich eine Tasse in kleinen Schlucken. Gegen Schnupfen hat sich folgendes Mittel bewährt: Frischen Dill mit Fenchelkraut kleinschneiden und ohne Zugabe von Fett rösten, auf eine Scheibe trockenes Brot legen und so essen.

Kerbel

Sanskrit: kein Name bekannt

Kerbel ist eines der wichtigsten frischen Küchenkräuter, das im Frühjahr übermäßiges Kapha und angesammeltes Ama des Winters entschlackt. Diese Wirkung ist auch bei uns geschätzt, nicht umsonst ist die Kerbelsuppe seit Großmutters Zeiten ein klassisches Frühjahrsgericht.

Das ursprünglich aus Südostrußland stammende Gewürz verströmt einen zarten Duft und schmeckt, ähnlich wie Anis, süßlich und würzig. Sie sollten das Kraut nie mitkochen, sondern stets vor dem Servieren frisch dazugeben. Sehr lecker und appetitanregend ist frischer Kerbel auf Butterbrot, in Soßen oder Salaten.

Kerbel enthält ätherische Öle, Bitterstoffe, eine Reihe wichtiger Vitamine und Mineralstoffe, stärkt die Verdauungskraft, regt die Nierenfunktion an und reinigt die Haut. Sie können ihn auch als Entschlackungstee einsetzen. Dazu sollten Sie ihn jedoch nicht in heißem Wasser sieden lassen, sondern nur mit warmem Wasser übergießen, da sonst seine Wirkstoffe verlorengehen.

Kresse

Sanskrit: Chandrasura

Frische Kresse ist nicht zuletzt auch wegen ihres Nuß-Geschmacks und ihrer blutreinigenden Wirkung ein beliebtes Gewürz für Salate, Gemüse, Suppen und Dhals.

Kresse enthält Senföl, das gegen eine Vielzahl krankmachender Bakterien wirkt und bei Atemwegserkrankungen, Harnwegsinfekten und grippalen Infekten hilft. Die Gesamtwirkstoffe der Kresse reduzieren Kapha und wirken damit schleimlösend, senken Fieber, steigern die Abwehrkraft und entschlacken.

Majoran

Sanskrit: Marwa

Ursprünglich in Nordafrika beheimatet, wächst Majoran heute auch bei uns fast überall. Oreganum majorana ist ein beliebtes Gewürzkraut für Dhals, Suppen, Gemüse, Kräuterreis und Salate, das Pitta und Agni stärkt, Kapha reduziert und Vata beruhigt.

Majoran enthält ätherische Öle sowie Bitter- und Gerbstoffe, die Schleim lösen, entwässern, den Magen stärken und Krämpfe im Magen-Darm-Trakt lösen. Als Tee ist er hilfreich bei Erkältungskrankheiten und Kapha-Ansammlung in den oberen Luftwegen, bei Krampfhusten, nervösen Beschwerden und Magenkrämpfen. Dazu setzt man zwei Teelöffel Majoran auf eine Tasse Wasser zehn bis zwölf Stunden kalt an, kocht es kurz auf und trinkt eine bis drei Tassen pro Tag. In Kombination mit Fenchel, Kümmel und Anis verstärken sich die oben genannten Wirkungen.

Petersilie

Sanskrit: kein Name bekannt

Wer kennt sie nicht: Ob als Garnitur oder als geschmackliche Verfeinerung bereichert die Petersilie Suppen, Salate, Pasta, Dhals, Gemüse- und Getreidegerichte. Zum Garnieren ist die krause Petersilie natürlich am attraktivsten. Für ein pikantes Petersilien-Chutney eignet sich dagegen besser die geschmacksintensivere flachblättrige Form. Mit den Stengeln der Petersilie läßt sich der Geschmack von Suppen intensivieren, indem man sie zusammengebunden in den Topf hängt.

Petersilie vermehrt Pitta, hilft überschüssiges Kapha abzubauen und beruhigt Vata. Der frisch gepreßte Saft entwässert, löst Darmkrämpfe, reguliert die Menstruation und

kräftigt die Gebärmutter. Pur oder gemischt mit anderen Gemüsesäften ist er zudem erfrischend und belebend. Die muntermachende Wirkung geht nach neuesten wissenschaftlichen Erkenntnissen auf Vitamin C und Apiol zurück, einem natürlichen Wirkstoff, der dem synthetischen Weckmittel Amphetamin gleicht. Neben diesem Stoff enthält die Petersilie noch viele andere Vitamine und Mineralien, vor allem Eisen.

Pfefferminze

Sanskrit: Phudina

Die Pfefferminze ist in Indien wie auch bei uns eine sehr vielseitige Gewürzpflanze – sowohl in medizinischer als auch in geschmacklicher Hinsicht. Minzblätter veredeln viele Gerichte, ob süß oder pikant, ob als Gewürz oder als Garnitur.

Sehr wohlschmeckend und erfrischend ist beispielsweise ein Chai-Gewürztee (S. 119) mit Pfefferminze statt schwarzem Tee. Versuchen Sie einmal ein Minz-Chutney, oder geben Sie die Blätter zu zarten Buttererbsen – ein Kompliment Ihrer Gäste ist Ihnen sicher. Für exotische Früchte verwenden Sie am besten die Sorte »Apfelminze«, die Sie in fast allen Feinkostgeschäften kaufen können.

Pfefferminze wird geschmacklich als kühlend empfunden, ist in der Nachwirkung jedoch, wie die meisten anderen

Gewürze und Kräuter, erwärmend. Sie gehört ebenso wie Basilikum (S. 27) zu den sattvischen Kräutern, die geistig klärend und fördernd wirken.

Bei allen Magen-Darm-Beschwerden ist die Pfefferminze ein hervorragendes Heilmittel. Das aus den Blättern gewonnene Öl wirkt entspannend bei Kopfschmerzen, rheumatischen Beschwerden und Nervenschmerzen. Pfefferminzöl ist auch Bestandteil des ayurvedischen Minzöls, das sowohl innerlich wie äußerlich verwendet werden kann.

Wegen des hohen Gehalts an erfrischenden und belebenden ätherischen Ölen sollten Sie Pfefferminze immer möglichst frisch vor dem Verbrauch pflücken. Auch sollten die Minzblätter immer nur leicht und vorsichtig gewaschen und abgetupft werden, um ihr Aroma zu bewahren.

Die Gewürze und ihre Wirkung auf einen Blick

Vata beruhigend
Alle süßen und wärmenden Gewürze: Anis, Fenchel, Kümmel, Kreuzkümmel, Kardamom, Zimt, Nelken, Süßholz, Eibisch, Alant, Muskat, Thymian, frischer Ingwer, Ajuwan, Bockshornkleesamen, Lorbeerblätter, Galgant, Basilikum

Pitta anregend
Alle scharfen, sauren und erhitzenden Gewürze: Cayennepfeffer, schwarzer Pfeffer, Knoblauch, Meerrettich, Senf, Echter Beifuß, Bohnenkraut, Brunnenkresse, Galgant, Kalmus, Lorbeerblätter, Nelken, Petersilie, Kurkuma, Alant

Kapha anregend
Alle Gewürze mit befeuchtender und schleimlösender Wirkung: Süßholz, Eibisch, Alant, Beinwellwurzel, Irisch Moos, Flachssamen, Salomonsiegel

Kapha reduzierend
Alle Gewürze und Kräuter mit scharfer, bitterer und herber Geschmacksrichtung: Kerbel, Kresse, Basilikum, Majoran, Petersilie, Berberitze, Bockshornkleesamen, Bohnenkraut, Borretsch, Chili, Cayennepfeffer, Dill, Enzian, Estragon, Galgant, Kurkuma, Honig, Ingwer, Kardamom, Lorbeer, Nelken, Paprika, Rosmarin, Pfeffer, Senfsamen, Ysop, Zimt

Zur Stärkung von Agni, ohne dabei Pitta anzuregen
Ingwer, Kardamom, Bockshornkleesamen, Dill, Fenchel, Minze, Safran, Kleine Mensel, Kreuzkümmel, Zimt, grüner Koriander

Zur Regulierung der Darmflora und bei Darmparasiten
Ajuwan, Asaföetida, Nelken, Knoblauch, Thymian, Wermut, Kurkuma, Rainfarn, Kreuzkümmel

Herbe, zusammenziehende, schweiß- und sekretionshemmende Gewürze
Salbei, Brombeerblätter, Himbeerblätter, Enzian, Eichenrinde, Odermennig, Wiesenknöterich, Hibiskus, Hagebutte, Breitwegerich, Brennessel, Kurkuma, Schafgarbe, Storchenschnabel

Schweißtreibende und erhitzende Gewürze
Lindenblüten, Basilikum, Kardamom, Zimt, Nelken, Eukalyptus, Ingwer, Wacholderbeeren, Thymian, Holunderblüten

Schweißtreibende und kühlende Gewürze
Kamille, Koriander, Holunderblüten, Zinnkraut, Pfefferminze, Schafgarbe, Klette

Harntreibende Gewürze
Koriander, Klette, Zinnkraut, Knoblauch, Senf, Petersilie, Zimt, Wacholderbeeren, Brennessel, Liebstöckel, Hauhechel, Ackerschachtelhalm, Goldrute

DIE AYURVEDISCHE MENÜKOMPOSITION

DIE AYURVEDISCHE MENÜKOMPOSITION

GRUNDPRINZIPIEN DES AYURVEDISCHEN KOCHENS

Um ayurvedisch kochen zu können, bedarf es nicht eines Besuchs im Haushaltswarengeschäft, die übliche Küchenausstattung ist völlig ausreichend. Besondere Töpfe der indischen Küche, wie den Karhai, eine doppelgriffige, tiefe Pfanne zum Ausbacken in Fett, oder die Tava, eine gußeiserne Pfanne mit einem Griff für Chapatis oder Parathas, lassen sich problemlos durch eine gußeiserne Bratpfanne mit gleichmäßiger Hitzeverteilung oder durch einen Wok ersetzen. Allerdings werden Sie möglicherweise Ihr Gewürz- und Kräutersortiment ein wenig erweitern müssen.
Auf den Seiten 19 bis 29 finden Sie eine Auswahl der wichtigsten Gewürze, weitere Hinweise bei den einzelnen Rezepten.

Ghee und Pflanzenöle

Eine Besonderheit der ayurvedischen Küche ist die bevorzugte Verwendung von Ghee (Butterreinfett) und pflanzlichen Ölen zum Dünsten von Gemüse, Rösten von Gewürzen oder Herausbacken von Fladenbroten, den Chapatis und Puris.
Butterschmalz gilt in der ayurvedischen Küche als Lebenselixier und Verjüngungsmittel. Es ist leichter verdaulich als Butter und andere Fette. Richtig zubereitet und verwendet, stärkt es die Verdauungsorgane und macht die Speisen bekömmlicher. Es intensiviert ihren Geschmack, der Vitamin- und Vitalstoffgehalt bleibt erhalten. Darüber hinaus ist Ghee ein ideales Transportmedium zur Aufnahme fettlöslicher Vitamine, Mineralstoffe und Spurenelemente im Körper.
Gutes Ghee herzustellen ist einfach, erfordert jedoch Zeit und Aufmerksamkeit. Da es lange haltbar ist, können Sie sich einen größeren Vorrat anlegen. Beginnen Sie aber bei der erstmaligen Zubereitung mit einer kleineren Menge, um die für jeden Herd unterschiedlichen Kochzeiten abzuschätzen.
Und so wird Ghee zubereitet:
Zerteilen Sie 500 g frische Butter (wenn möglich ungesalzen und ungefärbt) in Stücke und spülen Sie sie unter klarem Wasser, bis das Wasser klar bleibt und die Eiweißrückstände entfernt sind. Dann bringen Sie die Butter in einem Topf bei mittlerer Hitze zum Sieden. Wenn sich Schaum an der Oberfläche bildet, auf kleinster Flamme und ohne Deckel weitersieden lassen. Schöpfen Sie von Zeit zu Zeit den Schaum ab. Das während des Siedens entstehende Geräusch zeigt an, daß das Wasser noch nicht verdampft ist. Lassen Sie die flüssige Butter also so lange sieden, bis kein Geräusch mehr zu hören ist. Aufgepaßt: Genau in dem Moment müssen Sie das Ghee sofort vom Herd nehmen, da es sonst anbrennt. Es soll goldgelb sein und nach Nuß-Aroma duften, darf aber nicht einbräunen. Die Kochzeit für 500 g Butter liegt je nach Herdhitze bei 30–60 Minuten, bei 2 Kilogramm jedoch bereits bei 2 Stunden und mehr.
Wenn Sie eine dreistufig schaltbare Herdplatte besitzen, ist die kleinstmögliche Einstellung immer noch zu heiß, so daß sich das Ghee zu schnell erhitzt und anbrennt. Am besten schalten Sie den Herd zwischendurch aus. Durch leichtes Kippen des Topfes können Sie am Bodensatz prüfen, ob sich eine leichte Bräunung zeigt. Dann müssen Sie das Ghee sofort vom Herd nehmen.
Ist das Ghee fertig, gießen Sie es durch ein feines Haarsieb in ein sauberes Einweckglas oder einen Steintopf und lassen es unbedeckt an einem kühlen Platz abkühlen und fest werden. Lagern Sie es kühl und abgedeckt, aber nicht im Kühlschrank. Für den täglichen Gebrauch füllen Sie eine kleinere Menge in ein Glas ab.

Zubereitung von Gemüse

Gemüse wird nach dem gründlichen Säubern meist in einem Topf oder in der Pfanne geschmort oder gedünstet. Es sollte

gerade eben gar und zart, jedoch noch bißfest sein. Achten Sie auch besonders auf die farbliche Abstimmung der unterschiedlichen Gemüsearten und auf ihre »ayurvedischen« Eigenschaften (S. 138 f.), die Sie bald verstehen und einzuordnen lernen, wenn Sie sich mehr in die ayurvedische Lehre vertiefen.

Oft passen gerade die Gemüsearten im Kochtopf gut zueinander, die auch im Garten eine nachbarliche Beziehung haben und sich gegenseitig im Wachstum und Gedeihen unterstützen. So wachsen beispielsweise Mais, Tomaten, Bohnen, Zucchini und Kürbis sowie Gurken und Salat gut in Nachbarschaft. Kümmel im Verbund mit Kartoffeln begünstigt ihr Aroma, fördert ihre Bekömmlichkeit und ist eines der besten Gewürze, die blähenden, Vata vermehrenden Eigenschaften der Kartoffel auszugleichen. Kerbel vertreibt vom Salat die Blattläuse und beugt Mehltau vor, und als würzkräftiges Küchenkraut paßt es auch in der Schüssel hervorragend zum Salat.

Achten Sie bei der Auswahl der Gemüsesorten auf Ausgewogenheit, und vermeiden Sie Einseitigkeit. Mehrere blähende oder schwer verdauliche Gemüsesorten wie etwa Kohl, Kartoffeln und Hülsenfrüchte sollten nicht zugleich auf dem Speiseplan stehen. Gewürze, Kräuter und Würzmittel wie Salz und Zitrone sollen den Eigengeschmack des Gemüses erhalten, jedoch nicht überdecken. Verwenden Sie auch nie zu viele Gewürze auf einmal, auch hier liegt die Kunst im richtigen Maß.

Anrösten von Gewürzen und Verwendung von Kräutern

Vor dem Dünsten von Gemüse werden Gewürze in Ghee oder Pflanzenöl kurz angeröstet. Zuerst röstet man die ganzen Samen, bis sie aufspringen (Vorsicht: Spritzgefahr!), und danach kurz die gemahlenen Gewürze. Im Anschluß gibt man das Gemüse entsprechend der unterschiedlichen Garzeiten nach und nach zu. Während des Kochens kommen die trockenen Kräuter in den Topf und erst zum Schluß, kurz vor dem Servieren, die frischen Küchenkräuter.

Speisesalz und Kala Nimak

Neben dem normalen Speisesalz wird in der ayurvedischen Küche Steinsalz, Kala Nimak, verwendet. Es ist von großer Vitalkraft, stimuliert Agni, das Verdauungsfeuer, und entfaltet eine eigene, ganz besondere Würzkraft. Wegen seines schwefeligen Geruchs wird es nur in sehr geringer Dosis eingesetzt. Wir würzen bevorzugt die Verdauungsdrinks mit Kala Nimak, die dadurch zu regelrechten Heilmitteln für Magen-Darm-Störungen werden.

Aperitif fruchtig-würzig-scharf

1 frischer Ingwer (6 cm lang), geschält, gerieben
Saft von 1/2 Zitrone
2 EL Vollrohrzucker
1 Prise Salz oder Steinsalz
1/4 TL Muskat
1/4 TL Kardamom
2 reife, süße mittelgroße Orangen

Ingwerwurzel mit einer Knoblauchpresse auspressen. Zitronensaft mit Zucker, Steinsalz, Muskat, Kardamom und 4 TL Ingwersaft mischen. In frisch gepreßten Orangensaft unterrühren und als Erfrischungstrunk in vier kleinen Cocktailgläsern servieren.

Ein fruchtiger Aperitif mit gehöriger Schärfe, der die Lebensgeister weckt, die Verdauungsfeuer anregt und besonders bei vermehrtem Kapha, bei träger Verdauungskraft, Ama-Zuständen oder Appetitmangel geeignet ist. Wegen der Schärfe sollten ihn Personen mit empfindlichem Magen nur zurückhaltend genießen.

Basilikumblätter, gefüllt mit pikanter Ingwercreme

1 1/2 EL frischer Ingwer, geschält, fein gerieben
1/8 TL ayurvedischer Mandelpuder
1 Prise Salz
3 TL Rohrzucker
4 Tropfen Zitronensaft
1 Prise Cayennepfeffer
1 TL Crème fraîche oder Frischkäse
1–2 mittelgroße Basilikumblätter pro Person
Granatapfelkerne oder rote Paprikawürfel
Mandelblättchen

Für die Füllung Ingwer, Mandelpuder, Salz, Rohrzucker, Zitronensaft und Cayennepfeffer gut vermischen. Crème fraîche daruntermengen, bis eine feste Creme entsteht.
Vorsichtig etwas Ingwercreme auf die Innenseite eines Basilikumblattes geben und mit einem kleinen roten Granatapfelkern oder roten Paprikawürfel und gerösteten Mandelblättchen garnieren.

Sowohl die zarten, seidigen Basilikumblätter als auch die frische Ingwercreme wirken appetitanregend. Deshalb werden diese köstlichen Häppchen etwa 15 Minuten vor Beginn einer Mahlzeit vorbereitet und gleich serviert. So kommen diese delikaten Blätter, die leicht welk werden, wenn man sie vom Stamm pflückt, frisch und aromatisch auf den Tisch.
Ocimum Basilikum (lat.) oder Königskraut gilt in Indien als heilig. Die besondere Art »Ocimum Sanctum«, auch »heilige Tulsi« genannt, wird sogar in den vedischen Texten erwähnt. Man findet ein Tulsigewächs als Schutz- und Heilpflanze in jedem indischen Haushalt, da sie die Eigenschaft haben soll, die Atmosphäre zu reinigen. Frisches Ocimum Sanctum ist in asiatischen Läden erhältlich. Für unser Rezept eignet sich die hiesige Sorte, die robustere Blätter hat und weniger schnell welkt.
Basilikum hält durch ihre rein sattvische Natur den Geist frisch und stärkt das Nerven- und Immunsystem (siehe Basilikum, S. 27).

Zu den Rezepten

Die Rezepte sind, wenn nicht anders angegeben, für 4 Personen berechnet

Pfeffer	=	immer frisch gemahlen aus der Mühle
Sahne	=	süße Sahne (wenn saure gemeint ist, steht es dabei)
TL	=	Teelöffel
EL	=	Eßlöffel
Msp	=	Messerspitze
gestr.	=	gestrichen
geh.	=	gehäuft
Tasse	=	170 ml

Aromatisierte Granatapfelkerne

1/2 großer, roter Granatapfel
2 EL Naturapfelsaft
1 EL Zitronensaft
1/2 TL Garam Masala
2 EL Vollrohrzucker
1 EL Honig
1 TL Anadarna (getrocknete Granatapfelkerne)
1/4 TL Ghee
1 TL Ahornsirup
1 Tropfen Rosenwasser
1/2 TL Vata-Gewürzmischung
1/2 TL Zimt
1 Prise Muskat
1 Msp Sternanis
1 Prise Salz
1 Karambole (Sternfrucht), in Scheiben geschnitten
Minzblätter
100 g Crème fraîche oder Mascarpone
Kokosflocken

Granatapfelkerne vorsichtig von der weißen Membran trennen, waschen, abtropfen lassen und mit Apfel- und Zitronensaft sowie den Gewürzen vermischen. 5–6 Stunden ziehen lassen.
1/2 TL Kerne auf eine Scheibe frische Karambole-Frucht legen. Mit Minzblättern und 1 TL Crème fraîche auf einem Teller arrangieren. Mit Kokosflocken bestreuen und frisch servieren.

Die saftige Karambole ist sehr dekorativ. Sie wird mit einem scharfen Messer quer in Scheiben geschnitten, damit ihre sternförmige Gestalt erhalten bleibt.

Diese Vorspeise mit Granatapfelkernen wirkt appetitanregend. Granatapfel und Karambole-Frucht haben einen hohen Vitamin C- und Eisengehalt und sind in dieser Kombination besonders gesund.

Der Granatapfel gilt in Persien als der Apfel des Paradieses und wird dort seit über viertausend Jahren angebaut. Das Fruchtfleisch des Granatapfels sind kleine leuchtende Kerne, die an Edelsteine erinnern. Granatapfelkerne gibt es auch in getrockneter Form. Sie besitzen einen süß-säuerlichen Geschmack und werden für Süßspeisen sowie Currys verwendet.
Sowohl das süß-saure Fruchtfleisch mit den Kernen als auch die Fruchtrinde und die intensiv adstringierend-herb schmeckenden Septen werden seit jeher im Ayurveda, aber auch in vielen anderen Kulturen medizinisch verwendet. Die adstringierenden Septen helfen bei Darmstörungen, das Fruchtfleisch enthält unter anderem Fruchtzucker, Glukose, Zitronensäure und Vitamin C: Der Granatapfel ist eine köstliche Heilfrucht, die belebt, erfrischt und Energiemangel sowie Schwächezustände beseitigt. Er wirkt ausgleichend für alle drei Doshas.

Ingwer-Limettenwasser

Ein erfrischendes Getränk, das den Appetit anregt und den Gaumen reinigt. Es kann als kleiner Aperitif bei einem Fest gereicht werden, oder man trinkt es nach einem anstrengenden Tag zur Stärkung des Körpers.

Saft von 1 großen Limone
1 Tasse Tafelwasser ohne Kohlensäure
1 EL frischer Ingwersaft
3 EL Ahornsirup
10 große Minzblätter

Limonensaft, Tafelwasser und Ingwersaft in ein hohes Rührgefäß füllen, Ahornsirup beigeben und gut verrühren. Minzblätter in 2 EL heißem Wasser 10 Minuten einweichen. Mit einem Mörser zerdrücken, um den Geschmack zu intensivieren. Zum Limettenwasser geben und alles etwa 1 Minute schaumig pürieren. In Likörgläser füllen.

In der Feinschmeckerküche wird frisch gepreßter Limettensaft auch für pikante Chutneys, exotische Obstsalate oder zarte Süßspeisen verwendet. Als Variation kann man eine Mischung aus frisch gepreßtem Zitronen- und Limonensaft nehmen.
Ein Tee aus weißen Limettenblüten wirkt entspannend. Und ein aus einer frisch geriebenen, ungespritzten Zitronenschale zubereiteter Tee stärkt das Immunsystem und wirkt Wunder bei Heuschnupfenleiden.
Wenn man eine Zitronenschale gegen das Licht hält und dabei nach innen biegt, sieht man, wie das kostbare ätherische Zitronenöl, das in der Heilkunde verwendet wird, regelrecht aus den Poren platzt.

Artischockenfächer

2 Artischocken
Zitronensaft
Salz
Olivenöl

Artischocken kalt waschen, halbieren und das Heu (Blütenblätter) vorsichtig vom Blütenboden trennen. Mit etwas Zitronensaft beträufeln. Etwa 30 Minuten in Salzwasser dünsten. Nicht zerkochen lassen! Ein Schuß Olivenöl und Zitronensaft ins Kochwasser ergibt ein schönes Aroma.
Artischockenhälfte abtropfen lassen, fächerförmig nach oben auf einem Teller anrichten.

~

Beim Kauf sollte man schöne füllige Artischocken mit festen Knospen aussuchen. Die Blätter dürfen nicht trocken aussehen. Als Vorspeise rechnet man pro Person eine halbe Artischocke.
Zu den frischen Artischocken ist ein Mandelmus-Salatdressing (S. 65) ein absoluter Traum. Die kleine Mulde in der Artischockenhälfte dient dafür als natürliche Schale.
Zum Garnieren eignen sich frische Salatblätter von der Sorte »Lollo Rosso« und dünn geschnittene, rote Paprikaringe.

Gefüllte Weinblätter

Für 6–10 Personen
40 frische junge Weinblätter
50 g Pinienkerne
6 EL Olivenöl
1 Prise Asaföetida
250 g Basmatireis (S. 41)
3 TL Sultaninen, gewaschen
1 TL Minzblätter
3 Safranfäden, eingeweicht
Salz, Pfeffer nach Belieben
Saft von 1–2 Zitronen
Zitronenscheiben
frische Minzblätter

Weinblätter für etwa 1–2 Minuten in kochendes Wasser geben und kochen. Mit kaltem Wasser abschrecken und vorsichtig abtropfen lassen.
Pinienkerne in 3 EL Olivenöl leicht rösten. Asaföetida und den Reis dazugeben und 2 Minuten schwenken. Rosinen, Minzblätter und Safranwasser dazugeben, mit Wasser auffüllen. Reis etwa 15 Minuten garen. Mit Salz und Pfeffer abschmecken.
1 TL Reisfüllung auf jedes Weinblatt geben. Ränder einschlagen und kompakt zusammenrollen. Die Röllchen in einer Pfanne oder einem Topf eng nebeneinander legen.
3 EL Olivenöl mit 2 Tassen Wasser mischen und über die Weinblätter gießen. Pfanne abdecken und bei mäßiger Hitze etwa 60 Minuten garen, bis die Blätter weich sind. Eventuell zwischendurch etwas Wasser nachfüllen.
Die Röllchen abkühlen lassen und kalt stellen. Vor dem Servieren mit frischem Zitronensaft beträufeln.
Die gefüllten Weinblätter auf einer Platte anrichten und mit Zitronenscheiben und frischen Minzblättern garnieren.

~

Sie können Ihrer Phantasie freien Lauf lassen und neue Füllungen kreieren. Falls frische Weinblätter nicht erhältlich sind, eignen sich auch Spinat, Wirsing oder junge, zarte Kohlblätter. Weinblätter gibt es auch konserviert, die Sie abtropfen lassen und unter fließendem, warmem Wasser abspülen, bevor Sie sie verwenden.
Das Rollen der Weinblätter nimmt etwas Zeit in Anspruch. Planen Sie diese Vorbereitungszeit im voraus ein. Doch die Mühe lohnt sich, denn Weinblätter sind eine ausgezeichnete Vorspeise für Ihr festliches Büffet.
Weinblätter sind auch appetitanregend und gesund. Sie wurden bereits von den alten Griechen und Römern in deren Küche verwendet. Wenn auch in der ayurvedischen Küche fast nie Wein verwendet wird, so empfehlen wir diese chlorophyllhaltige Vorspeise aus jungen Weinblättern!

Ingwercocktail

Ein verdauungsstärkender Ingwertrunk zum oder vor dem Essen.

1 Stück frischer Ingwer, geschält, gerieben
1 TL Zitronensaft
1 TL Honig
1 kleine Prise Steinsalz oder Salz

Ingwer mit einer Knoblauchpresse auspressen. Mit den restlichen Zutaten verrühren.

Kiwi-Erfrischungsdrink

Für 2 Personen
2 mittelreife Kiwis, geschält
1–2 Tassen stilles Tafelwasser
Granatapfelkerne
Minzzweige

Kiwis vierteln und mit Tafelwasser im Mixer pürieren. In 2 Gläser füllen und mit ein paar roten Granatapfelkernen und Minzzweigen garnieren.

Die Kiwis dürfen nicht zu reif sein, sonst schmecken sie etwas nach Alkohol. Am besten sucht man beim Einkauf mittelfeste Früchte aus.

Meerrettichsahne in Cocktailtomaten

2 TL Meerrettich, frisch gerieben
2 TL Apfel, frisch gerieben
2 TL Walnußöl
3 TL frischer Ingwer, geschält, gerieben
1/4 TL Garam Masala
1/2 TL Zitronensaft oder geriebene Zitronenschale
2 TL Rohrzucker
2 EL Frischkäse oder Crème fraîche
Salz nach Belieben
12 Cocktailtomaten
frische Petersilie

Alle Zutaten verrühren, in die ausgehöhlten Cocktailtomaten füllen und mit etwas frischer Petersilie garnieren.

Zur Abwechslung schneidet man eine Fleischtomate in Scheiben. Auf jede Tomatenscheibe gibt man eine Portion Meerrettichsahne. Mit gerösteten Mandelblättchen und gehacktem Dill, Basilikum und Petersilie garnieren.

Meerrettich enthält scharfe ätherische Öle, die eine starke Sekretion der Schleimhäute bewirken. Wer die, vor allem in den Alpenländern beliebte Wurzel (dort auch Kren genannt) schneidet, bekommt dies sogleich zu spüren: Die Nase läuft und die Augen tränen unter seinem beißendem Aroma. Gerade wegen seiner Schärfe ist der Meerrettich bestens geeignet, um die Nasennebenhöhlen zu klären. Meerrettich kombiniert mit Honig wirkt heilend bei Bronchialerkrankungen. Außerdem stärkt er das Verdauungsfeuer und wird daher auch traditionell als geschabte Wurzel zu schwer Verdaulichem gereicht.

Denken Sie daran, den frisch geriebenen Rettich sofort zu verwenden, um die stärkste Heilwirkung zu erzielen, denn die ätherischen Öle verflüchtigen sich rasch.

Pflaumensaft

Ein kräftiges, süß-scharfes Getränk, das stärkt und vitalisiert.

500 g Pflaumen, entkernt
1 TL Zitronensaft
2 TL Ingwersaft (aus etwa 5 cm frischem Ingwer)
2 EL Vollrohrzucker
1/2 TL Anispulver
1 Prise Kardamom
1 Prise Salz

Pflaumen im Entsafter auspressen. Mit Zitronen- und Ingwersaft und den Gewürzen mixen.

Knabberdhal

1 Tasse Chana Dhal (Kichererbsen)
2 EL Ghee
1 1/2 TL Kreuzkümmel, gemahlen
etwa 1 TL Salz nach Belieben
1 Prise Cayennepfeffer

Chana Dhal über Nacht einweichen, dann gut abtropfen lassen. Etwa 10 Minuten in Ghee, Kreuzkümmel und Cayennepfeffer rösten, bis er knusprig ist und eine goldgelbe Farbe annimmt. Mit Salz abschmecken.

Dieser Snack ist trocken zubereitet und hat als Grundlage eine Hülsenfrucht. Das sollten vor allem Vata-Typen beachten! Das Ghee gleicht die Trockenheit dieses Dhals allerdings recht gut aus. Für Pitta und Kapha ist die Wirkung kühlend und wasserentziehend.
Auf jeden Fall machen diese Knusperkerne beim Essen sehr viel knackigen Spaß. Sie eignen sich gut zu Reis, Hirse oder Gemüsegerichten, für die Sie einfach eine Handvoll darüberstreuen.
Chana Dhal ist ein guter Proteinlieferant und läßt sich wegen seines feinen, nußartigen Geschmacks ausgezeichnet in Gemüsegerichten aller Art verwenden. Auch in einem frischen Salat schmeckt er lecker.
Chana Dhal sollten Sie mehrmals vor dem Einweichen waschen. Die Kochzeit von über Nacht eingeweichtem Dhal beträgt etwa 1 Stunde, falls Sie ihn für Currys oder als Dhalgericht verwenden möchten.

Rasam

2 TL Ghee
1/2 TL schwarzer Pfeffer
1/2 TL Kreuzkümmelpulver
1/2 TL Kurkuma
1/4 TL Asaföetida
Salz
Saft von 1/2 Zitrone
Zucker

Ghee in einer Pfanne erhitzen, die Gewürze hinzufügen. Beim typischen Geräusch (knackend) 1 Glas Wasser dazugeben und zugedeckt 5 Minuten kochen lassen. Nach Geschmack salzen. Vom Herd nehmen, Zitronensaft und eventuell Zucker nach Geschmack dazugeben.

Ein ideales Getränk zum Abendessen (Suppe), das Agni, Rasa Dhatu (das erste, aus Nahrung aufgebaute Körpergewebe) stärkt und Ama beseitigt.

Yogi-Champagner

400 ml heller Traubensaft
1/2 TL Safranfäden, zerstoßen
3 TL frischer Ingwersaft
1/4 TL ayurvedischer Mandelpuder
1–2 Tropfen Rosenwasser nach Belieben
2 EL Kokosmilchpulver
Minzzweige

Traubensaft, die in 1 EL heißem Wasser eingeweichten Safranfäden, Ingwersaft, Mandelpuder und Rosenwasser in einem Krug verquirlen und kühl stellen. Champagnergläser kühlen, Ränder mit Wasser befeuchten und mit Kokosmilchpulver bestreuen. Mit einem frischen Minzzweig garnieren.

Holunderblütensorbet

4 Dolden Holunderblüten
1 EL Honig
Saft von 1 Zitrone
1 Prise Kardamom
1 Prise Nelken
1 Prise Ingwerpulver
200 ml Mineralwasser

Holunderblüten mit 200 ml kochendem Wasser übergießen, 5 Minuten ziehen lassen und abseihen. Abkühlen lassen, mit Honig süßen und Zitronensaft sowie die Gewürze hinzufügen. Mit Mineralwasser auffüllen und gekühlt als Aperitif servieren.

REIS UND TEIGWAREN

Reis ist die wichtigste Getreideart der Erde und für über 50 Prozent der Weltbevölkerung ein Grundnahrungsmittel. Auch in der ayurvedischen Küche hat Reis eine bedeutende Stellung: Er dient vor allem als harmonisierendes Medium, als ausgleichende Grundlage für die verschiedenen Speisen. Reis ist bei einem ayurvedischen Menü wie eine weiße Geschmacksleinwand, vor der sich die verschiedenen Geschmacksfarben und Nähr- und Wirkstoffe der Nahrungsmittel und Speisen kontrastreich abheben und harmonisch miteinander verbinden. Seine Bedeutung als Vitamin- oder Mineralstoffspender tritt unter diesen Gesichtspunkten mehr in den Hintergrund. Dennoch wird in der ayurvedischen Küche vollwertiger Reis empfohlen, der noch sein »Silberhäutchen« – den vitamin- und mineralstoffreichen Schalenanteil – hat. Brauner Reis und ungeschälter Naturreis dagegen sind schwer verdaulich und nicht so duftig und fein. Er wird nur Personen mit sehr starkem Verdauungsfeuer empfohlen, die schwere Nahrung brauchen, um ihr kräftiges Agni zufriedenzustellen.

Dem Reis kommt der heimische Dinkel am nächsten – weniger im Geschmack als in seiner geistigen und körperlichen Wirkung. Besonders leicht und duftig ist Dinkelreis, bei dem das Korn gespalten wurde und dadurch beim Kochen flockig aufgeht.

Reis gilt in der ayurvedischen Gesundheitslehre als spirituell fördernd. Unter allen Reissorten – allein in Indien sind mehrere Tausend bekannt – nimmt der Basmatireis dabei eine Sonderstellung ein. Er gilt als König aller Reisarten, und seine herausragenden Qualitäten machen ihn zum bevorzugten Reis der ayurvedischen Küche. Ob gekocht, gedämpft oder gebacken: Sein Geschmack ist unvergleichlich und sein Duft fein und mild. Er gleicht alle drei Doshas aus und fördert in besonderem Maße die Qualitäten von Sattva (S. 12 f.).

Wenn Sie einige wesentliche Punkte beachten, ist Basmatireis in allen geschmacklichen Variationen einfach zuzubereiten.

- Verwenden Sie nur gute Qualitäten. Je nach Anbaugebiet erhalten Sie in indischen Läden, Asienshops oder Reformhäusern leicht unterschiedliche Ware. Guter Reis sollte mindestens ein Jahr gelagert sein. Achten Sie dabei auch auf eine zart-gelbe Farbtönung und auf ein feines Aroma, das sich bereits in einer Handvoll Körner entfaltet. Basmatireis wird üblicherweise nicht chemisch gedüngt oder behandelt und ist auf jeden Fall aus garantiert biologischem Anbau erhältlich.
- Im Gegensatz zu abgepacktem amerikanischem oder europäischem Reis ist im Basmatireis auf Unreinheiten, vor allem auf kleine Steine zu achten; er muß daher gründlich gewaschen werden.
- Um Basmatireis duftig und locker zu kochen, muß er vorher 15–30 Minuten eingeweicht werden.

Grundrezept für die Zubereitung von Basmatireis:

- Den Reis unter fließendem kaltem Wasser oder in einer Schüssel mit kaltem Wasser waschen, bis das Wasser klar bleibt und die milchig färbenden Stärkeanteile und Verunreinigungen wie Staub oder Spreu entfernt sind.
- Dann in mildem Salzwasser bis zu 30 Minuten einweichen. Anschließend das Wasser abgießen und den Reis in einem Sieb abtropfen lassen.
- Wasser und Salz zum Kochen bringen und den Reis hineingeben (Menge Reis : Wasser 1:2, also eine Tasse Reis auf zwei Tassen Wasser). Mit einem Holzlöffel einmal kurz umrühren, aufwallen lassen und den Reis bei kleinster Hitze etwa 15–20 Minuten garen lassen. Je nach Anbaugebiet, Lagerungszeit und Ernte ist die Garzeit mitunter unterschiedlich lang. Vor dem Servieren 1 EL Ghee über den Reis geben, nicht umrühren.

Wenn Sie Reis besonders schonend und vitaminerhaltend zubereiten möchten, dann schalten Sie den Herd nach dem Aufkochen ab und lassen den Reis auf der noch heißen Herdplatte im bedeckten Topf etwa 15–20 Minuten zu Ende garen.

Niemals dem kochenden Wasser neues zufügen, da der Reis sonst klebrig wird.

Reis für jede Gelegenheit

Diesen Basisreis können Sie nun durch Gewürze geschmacklich und farblich vielfältig abwandeln, passend zu jedem Gericht und zu jeder Gelegenheit. Geben Sie die gemahlenen Gewürze oder trockenen Kräuter, auch Trockenfrüchte wie Rosinen, Datteln, Feigen oder Kokosraspel dann bei, wenn der Reis anfängt zu kochen. Ganze Samen, zum Beispiel schwarze Senfkörner, Koriander oder Sesam, von denen man jeweils etwa einen gestrichenen Eßlöffel nimmt, werden vorher in Ghee kurz angeröstet. Nüsse und Mandeln dagegen kommen erst zum Schluß rein,

wenn der Reis bereits locker aufgegangen ist und serviert werden kann.
So kreieren Sie Reisgerichte in den verschiedensten Geschmacksrichtungen und Farbgebungen: Koriander-, Sesam- und Kokosreis, Rosinen-Dattelreis oder Reis mit schwarzen Senfkörnern. Gelben Reis erhalten Sie durch Zugabe einer kleinen Menge, maximal eine Messerspitze Kurkuma. Die edelste Variation aber entsteht mit dem kostbarsten Gewürz der Welt: mit Safran. Dazu weicht man 1/2 TL Safranfäden mindestens 1 Stunde in heißem Wasser ein und gibt ihn kurz vor dem Aufkochen zu. Safranreis schmeckt himmlisch und verströmt ein unverkennbar edles feines Aroma.

Basmati-Pilaw

Ein Pilaw ist ein abgerundetes Reis-Gemüsegericht: schnell zuzubereiten, nahrhaft und sättigend und dennoch leicht verdaulich. Es eignet sich daher ideal für eine ausgewogene Abendmahlzeit oder ein schnelles Mittagessen. Durch die Variation von Gemüsen und Gewürzen sind viele Neuschöpfungen möglich, passend für alle Jahreszeiten und für jeden Dosha-Typ. Als Reis verwenden Sie auch hier am besten Basmati, der in Geschmack und Aroma unübertroffen ist.

1 Tasse Basmatireis
500 g Gemüse
evtl. 1/2 Tasse grüne Erbsen
1–2 EL Ghee- oder Pflanzenöl
Gewürze
Salz, Pfeffer
evtl. 1 EL Zitronensaft zum Abschmecken
nach Belieben Rosinen, Nüsse, Mandeln

Den Reis gründlich waschen und einweichen. Die Gemüse waschen, putzen und kleinschneiden. In einer tiefen, beschichteten Pfanne Ghee oder Pflanzenöl erhitzen und die Gewürze darin dunkelbraun rösten. Immer zuerst die ganzen Samen zugeben. Wenn sie springen (Spritzgefahr!), die frischen Wurzeln und geriebenen oder gemahlenen trockenen Gewürze ebenfalls kurz anrösten. Manche Gewürze wie Kurkuma, Salz und Pfeffer und trockene Kräuter werden zur Geschmacksabrundung und -ergänzung erst zusammen mit den Gemüsen hinzugefügt.
Nach dem Anrösten der Gewürze sogleich die vorbereitenden Gemüse (wenn gewünscht auch die Trockenfrüchte und Nüsse) dazugeben, umrühren und bei milder Hitze unter Rühren 5 Minuten anrösten. Grüne Erbsen jetzt zugeben und weitere 2 Minuten garen lassen. Falls das Gemüse zu trocken ist, ein wenig heißes Wasser hinzufügen, dann Hitze zurückschalten, Pfanne zudecken und weitere 8–10 Minuten schmoren. Mit Salz und Pfeffer geschmacklich abrunden.
Den Reis mit Wasser im Verhältnis 1:2 zugeben und alles gut vermengen. Je nach Gemüseart etwa 10 Minuten bei kleiner Hitze weitergaren, anschließend von der Herdplatte nehmen und noch etwa 5 Minuten ziehen lassen. Jetzt reift das Gemüse-Reisgericht erst so richtig aus und entfaltet sein volles Aroma. Nach Bedarf mit Zitronensaft abschmecken.
Auf einer dekorativen flachen Schale oder auf Tellern anrichten. Reichen Sie dazu Minz- oder andere Kräutertees, ein Lassi oder ein süßes Dessert.

Beispiele für Gemüsekombinationen:
Blumenkohl oder Broccoli mit Zucchini und Karotten
Zucchini, Auberginen und Kürbis
Paprika und Tomaten
Stangensellerie und Fenchel

Bunter Reissalat mit Mandelmus-Salatdressing

2 Tassen Basmatireis
Mandelmus-Salatdressing (S. 65)
1 Tomate, enthäutet, fein gewürfelt
1 Stangensellerie, fein gehackt
1/2 gelbe oder grüne Paprika, fein gewürfelt
1/4 Zucchini, fein gewürfelt
1–2 EL ungeschwefelte Rosinen, gewaschen, eingeweicht
1–2 EL Karotten, grob geraspelt
Salz, Pfeffer
1 Schachtel Gartenkresse
4 EL Sesamsamen, geröstet

Reis nach Grundrezept (S. 41) zubereiten und abkühlen lassen. Für die Zubereitung des Salatdressings die doppelte Menge der angegebenen Zutaten verwenden. Die halbe Menge Dressing und die frischen Gemüsewürfel unter den Reis mischen. Mit Salz und Pfeffer abschmecken. Mit frischer Gartenkresse und gerösteten Sesamsamen garnieren. Die zweite Portion Mandelmus-Dressing zum Salat reichen.

Lassen Sie Ihrer Phantasie freien Lauf und kreieren Sie neue Gemüsekombinationen. Doch verwenden Sie zu dem gekochten Reis nie gekochtes Gemüse, sondern nur knackig-frische Rohkost-Gemüsewürfel.

Gefüllte Mangoldblätter

250 g Basmatireis
500 g Mangold
200 g Karotten, mittelfein geraspelt
1 Bund Petersilie, fein gehackt
1 Bund Salbei, fein gehackt
100 g Mozzarella, geraspelt
2 TL Ghee
1 Prise Asafoetida
1 Prise Currymischung
Salz, Pfeffer

Reis in Salzwasser zum Kochen bringen und bei kleiner Hitze 10 Minuten ausquellen lassen. Mangold putzen und waschen. Stiele in feine Scheiben schneiden. Blätter blanchieren, auf einem Küchentuch ausbreiten, harte Blattrippen herausschneiden. Jeweils 2 Blätter übereinander legen.
Karotten mit den Kräutern 10 Minuten in 1/2 l Wasser kochen. Brühe abschmecken und aufheben. Reis und Karotten mit Mozzarella mischen und auf den Mangoldblättern verteilen. Ränder einschlagen und Blätter aufrollen. In einen Topf geben und mit der Brühe bei kleiner Hitze 10 Minuten köcheln lassen. In der Zwischenzeit die Mangoldstiele 5 Minuten dünsten. Ghee mit den Gewürzen erhitzen.
Röllchen auf eine Platte geben. Sud mit den Gewürzen verrühren und mit den Mangoldstielen aufkochen. Mit Salz und Pfeffer abschmecken und zu den Röllchen servieren.

Fernöstlicher Rosenreis

Dieser Reis schmeckt so sattvisch, daß Ihr Herz aufgehen wird, bevor er den Tisch erreicht.

250 g Basmatireis
2 EL ayurvedische Rosenmarmelade
3–4 EL Ghee
1 EL ayurvedischer Mandelpuder
1 Rosenblüte

Reis nach dem Grundrezept (S. 41) zubereiten. Mit Marmelade, Ghee und Mandelpuder mischen. Mit einer Rosenblüte garnieren.

Für eine hitzige Pitta-Natur wirkt er kühlend und für Vata äußerst beruhigend. Auch der Kapha-Typ wird seinen Genuß an dieser einmaligen Kreation haben – am besten in einer dosierten Menge.

Safran-Zimt-Reisring mit Pistazien und Pinienkernen

250 g Basmatireis
1/2 TL Safranfäden
5 EL Ghee
1 Zimtstange, zerstoßen
1/4 TL Kardamomsamen, zerstoßen
4 Nelken
1 TL Salz
2 EL brauner Zucker
1 EL Pistazienkerne, gehackt
1 TL Pinienkerne, gehackt
frische Korianderblätter
Zitronenscheiben

Reis gründlich waschen, 30 Minuten einweichen und abtropfen lassen. Safranfäden in 4 EL heißem Wasser 1 Stunde einweichen. Ghee in einem Topf zerlassen. Zimt, Kardamom und Nelken goldbraun anrösten, Reis hinzufügen und umrühren. Wasser, Salz und Zucker, Safran mit Einweichwasser dazugeben. Reis zum Kochen bringen und bei reduzierter Hitze etwa 20 Minuten garen lassen.
Reis auf einer Platte anrichten und mit gehackten Pistazien- und Pinienkernen bestreuen. Einige Blätter frischer Koriander und Zitronenscheiben geben einen perfekten, kulinarischen Touch.

~

Dieses edle Reisgericht wirkt besonders, wenn man einen Reisring formt. Dazu braucht man eine Ringform, um den Reis zu stürzen. Auf einer Festtafel kann die Mitte auch mit Gemüse gefüllt werden.

Dinkelreis

1 EL Ghee
1 TL schwarze Senfkörner
1/4 TL Kurkuma
1 Prise Asaföetida
200 g Dinkelreis, gewaschen, gut abgetropft

Ghee in einem Topf erhitzen, die Gewürze darin bei mittlerer Hitze kurz anrösten. Dinkelreis zugeben und bei kleiner Hitze 5–7 Minuten dünsten, dabei öfter umrühren. Heißes Wasser (Verhältnis Reis : Wasser: 1 : 2 1/2) zugießen, abdecken und bei reduzierter Hitze 15 Minuten kochen, dann weitere 15 Minuten bei abgeschalteter Heizplatte garen lassen.

~

Dinkelreis ist gespaltener Dinkel, der unter dieser Bezeichnung in Reformhäusern und Naturkostläden erhältlich ist. Richtig zubereitet, geht er locker und duftig auf.

Blumenkohl im Teigmantel (Pakora)

1 mittelgroßer Blumenkohl
225 g Kichererbsenmehl
2 TL Salz
1/2 TL Garam Masala
1/2 TL Asaföetida
2 TL Kurkuma
2 TL Kreuzkümmel, gemahlen
2 TL Koriander, gemahlen
1 EL Kalonjisamen
1–2 l Pflanzenöl oder Ghee zum Fritieren (je nach Topf oder Friteuse)

Blumenkohl waschen, putzen und in gleich große Röschen teilen.
Das Kichererbsenmehl sieben, dann die Gewürze untermengen. 300 ml kaltes Wasser langsam dazugießen und dabei kräftig mit einem Schneebesen schlagen, damit keine Klümpchen entstehen. Der Teil soll dickflüssig sein.
Pflanzenöl oder Ghee erhitzen. Testen Sie, ob das Fett heiß genug ist, indem Sie ein paar Tropfen vom Teig ins heiße Fett geben. Wenn es zischt und der Teig sofort an die Oberfläche aufsteigt, hat das Fett die richtige Temperatur.
Die Blumenkohlröschen in den Teig tauchen, bis sie ganz damit überzogen sind, und anschließend 15–20 Minuten im heißen Fett fritieren. Nicht zuviel Gemüse auf einmal fritieren.
Wenn sich die Gemüsestücke bräunlich verfärben, können Sie die Garprobe machen. Die fertigen Stückchen auf ein Küchenpapier abtropfen lassen und im Backofen bis zum Servieren warm halten.

Buchweizenpfannkuchen

1 1/4 Tassen Weizenvollkornmehl
3/4 Tasse Buchweizenmehl
3 1/2 TL Reis- oder Kichererbsenmehl
1/2 TL Salz
1 1/2 TL Weinsteinpulver
1/4 TL Hausnatron
2 EL Ghee
1 Tasse Buttermilch
1 Tasse Wasser

Alle Zutaten gut verrühren und mindestens 1 Stunde oder über Nacht kühl stellen. In einer gefetteten Pfanne, am besten in einer schweren Gußeisenpfanne 8 dünne Pfannkuchen ausbacken. Wenn der Pfannkuchen kleine Bläschen wirft, wenden und fertigbacken.

Mit Butter und Ahornsirup oder Ingwermarmelade servieren. Zum Festtagsbrunch können auch frische Himbeeren und Schlagsahne dazu gereicht werden.

Cashewnuß-Creme-Nudeln

350 g Vollkornnudeln (Tagliatelle)
1/2 EL Oliven- oder Walnußöl
Salz
2 EL Ghee
4 EL Crème fraîche oder Mascarpone
3 Avocados, geschält, gewürfelt, mit Zitronensaft beträufelt
50 g Cashewnüsse, grob gehackt
1 Bund Basilikum, fein gehackt

Nudeln mit Öl in Salzwasser bißfest kochen und abtropfen lassen. Dann wieder in den Topf geben, Ghee, Crème fraîche, Avocadowürfel und Cashewnüsse untermischen. Mit Salz abschmecken. Mit Basilikum bestreut auf vorgewärmten Tellern servieren.

Diese köstliche Nudelkreation ist besonders bei Vata-Typen sehr beliebt. Die ausgewogenen Zutaten wirken beruhigend und ausgleichend.

Gemüselasagne

2 EL Ghee
1/2 TL Kurkuma
1/4 TL Ingwerpulver
1/4 TL Kreuzkümmel, gemahlen
1 Msp Koriander, gemahlen
1 Prise schwarzer Pfeffer
800 g gemischtes Gemüse, gewürfelt (z. B. Kohlrabi, Karotten, Zucchini, Zuckererbsen oder Blumenkohl, Broccoli, Mais und Karotten)
Salz
12 Lasagneblätter
Muskatnuß, gemahlen
2–3 EL Pistazienkerne, gehackt
Soße:
2 EL Ghee
2 EL Mehl (1050)
250 g Sahne
1/4 TL Kurkuma
1 TL Salz
Pfeffer nach Geschmack

Ghee in einem Topf erhitzen, die Gewürze kurz darin anrösten, das Gemüse dazugeben, salzen und etwa 10 Minuten bei mäßiger Hitze garen. In der Zwischenzeit die Lasagneblätter, falls nötig, in kaltem Wasser einweichen.
Für die Soße das Ghee erhitzen, das Mehl darin anschwitzen, mit Sahne und 1/2 l heißem Wasser unter Rühren ablöschen. Mit den Gewürzen abschmecken.
Eine Auflaufform einfetten und etwas von der Soße hineingeben. Lasagneblätter und Gemüse im Wechsel hineinschichten. Das Gemüse mit Muskat bestreuen. Mit einer Schicht Lasagneblätter aufhören und die Sahnesoße darübergießen, bis alles bedeckt ist. Mit Pistazienkernen bestreuen und 20 Minuten bei 180 °C im Ofen backen.
Nach Belieben kann auch klein gewürfelter Mozarella unter das Gemüse gemischt werden.

Milchreis

500 g Sahne
200 g Milchreis
2 EL Vollrohrzucker
Zimt
Bourbon-Vanille
Kardamom

Sahne mit 3/4 l Wasser zum Kochen bringen. In der Zwischenzeit den Reis unter fließendem Wasser waschen. Reis und Zucker in die kochende Flüssigkeit geben und etwa 20–30 Minuten weich kochen. Dabei öfter umrühren. Vor dem Servieren mit den Gewürzen bestreuen.

Dazu reicht man eine angedickte Fruchtsoße, zum Beispiel eine Holunder-, Johannisbeer- oder Kirschsoße.

Zitronenreis

200 g Basmatireis
1 EL Ghee
1 Zimtstange, in Stücke zerbrochen
1 TL Kreuzkümmel
1/2 TL schwarze Senfkörner
Chilipulver nach Geschmack
Salz
evtl. 1/2 TL Kurkuma
4 EL Zitronensaft
1 Zitrone, geachtelt
Petersilie

Reis waschen, 15–20 Minuten einweichen und abtropfen lassen. Das Ghee in einem Topf auf mittlerer Flamme erhitzen, Zimt, Kümmel und Senfkörner dazugeben. Wenn der Kümmel seine Farbe ändert, das Chilipulver und den Reis hinzufügen und 2–3 Minuten unter ständigem Rühren andünsten. Kochendes Salzwasser dazugießen und alles eine Minute aufkochen lassen. Falls der Reis gelb gefärbt werden soll, kann man mit dem Wasser das Kurkumapulver hinzufügen.
Den Topf bedecken, die Hitze reduzieren und den Reis etwa 15 Minuten köcheln lassen (ohne umzurühren), bis das Wasser verdampft ist. Den Deckel abnehmen, die Zimtstücke herausnehmen und den Zitronensaft unter den Reis mischen. Mit Zitrone und Petersilie garnieren.

Samosa mit Gemüsefüllung

Samosas sind köstliche Snacks, die auch als Vorspeise zu Reisgerichten passen oder nach einer Suppe eine vollständige Abendmahlzeit ergeben.

Teig:
2 Tassen Weizenmehl (1050)
1 TL Salz
1/4 TL Kreuzkümmel
1 Prise Weinsteinpulver
1/4 Tasse Ghee
Pflanzenöl (entfällt beim Backen im Herd)
Gemüsefüllung:
1 EL Ghee
1 EL frischer Ingwer, geschält, geraspelt
1/4 TL Asafoetida
1 TL Koriander, gemahlen oder
1 TL frische Korianderblätter, gehackt
1 Prise Cayennepfeffer (mild) oder
1/2 Chilischote oder
schwarzer Pfeffer
1 Msp Amchur
3 Körner Ajuwan
6 kleine Kartoffeln, geschält, in kleine Würfel geschnitten
4 Karotten, in kleine Würfel geschnitten
1 TL Salz
2 TL Zitronensaft

Mehl, Salz, Kreuzkümmel, Weinsteinpulver und Ghee mit 1 Tasse eiskaltem Wasser vermengen, bis ein fester Teig entsteht. Den Teig in einer Schüssel oder auf einer Steinplatte, nicht auf einem Brett (entzieht Feuchtigkeit) 8–10 Minuten kneten, bis er elastisch und geschmeidig ist. Mit einem feuchten Tuch abdecken und 30 Minuten kalt stellen.
In einem mittleren Topf Ghee erhitzen und die Gewürze 2–3 Minuten anrösten. Das Gemüse zugeben und bei kleiner Flamme unter häufigem Umrühren etwa 15 Minuten bißfest garen. Mit Salz und Zitronensaft abschmecken und in einer Schüssel abkühlen lassen.
Arbeitsplatte mit etwas Mehl bestäuben und den Teig zu etwa walnußgroßen Bällchen kneten. Jede Kugel zu einem Fladen von etwa 6 cm Durchmesser ausrollen und in der Mitte durchschneiden. Die Hälften zu einer Tüte formen. Die überlappenden Teigkanten mit Wasser bestreichen und verschließen. In die Tüte 1 EL Füllung geben und die Oberkante ebenfalls verschließen.
So entstehen gefüllte Teigtaschen. Wenn Sie größere Teigtaschen wollen, in die Mitte der kreisrunden dünnen Fladen von etwa 8–10 cm Durchmesser 2 EL Gemüse geben und einmal falten.
Um eine schöne Bräunung zu erzielen, die Oberfläche mit etwas Sahne bestreichen und bei 200 °C im Rohr etwa 20 Minuten backen.

Spinatpastete

Teig:
2 Tassen Dinkelmehl, fein gemahlen
1/2 TL Salz
2 EL geröstete Sesamsamen
2/3 Tasse gekühlte Butter
Gemüsefüllung:
1 kg zarter Biospinat
2 EL Ghee
Muskat
Salz, Pfeffer
3 TL Garam Masala
250 g Crème fraîche
3–4 EL Weizengrieß
Mandelblätter zum Bestreuen

Für den Teig Mehl, Salz und Sesamsamen in eine Keramikschüssel geben, Butterflocken untermischen. Eventuell die Hände zum Mischen benützen. Zügig arbeiten, damit die Butter nicht warm wird.
5–6 EL kaltes Wasser zugeben und mit einer Gabel weiter verarbeiten. Teig zu einem runden Ball formen und 5–6 Stunden kühl stellen. Teig 15–20 Minuten bei Zimmertemperatur stehen lassen, bevor man ihn auf einer bemehlten Oberfläche längs ausrollt.
In der Zwischenzeit Spinat in Ghee glasig dünsten, bis die Blätter weich sind. Überflüssiges Wasser abgießen und abtropfen lassen. Mit Muskat, Salz, Pfeffer und Garam Masala abschmecken. Crème fraîche untermischen und mit Weizengrieß binden.
Teig vorsichtig in eine gefettete, ofenfeste Keramikform legen, Spinatgemüse darauf verteilen, ein Gitter aus Teig darauf legen. Mit Mandelblättern bestreuen, die Seiten einrollen und im vorgeheizten Backofen bei 180 °C etwa 30–40 Minuten backen.

Gebackener Gemüsereis

2 Tassen Basmatireis
2 Zucchini, in Scheiben geschnitten
500 g Tomaten, in Scheiben geschnitten
200 g Mozzarella, in Scheiben geschnitten
200 g Sahne
Salz
3/4 TL Kurkuma
1/2 TL Ingwerpulver
schwarzer Pfeffer
1 Msp Muskat
2 EL Ghee

Reis nach dem Grundrezept (S. 41) zubereiten. Dann abwechselnd mit Zucchini-, Tomaten- und Mozzarellascheiben in eine gefettete Auflaufform schichten. Sahne mit den Gewürzen verrühren und über den Auflauf gießen. Gheeflöckchen darübergeben und bei 180 °C etwa 20 Minuten backen.

Gelber Reis

1 EL Ghee
1 TL schwarze Senfkörner
1 TL Kurkuma
200 g Basmatireis
1 TL Salz

Ghee in einem Topf erhitzen, Senfkörner darin kurz anrösten, bis sie platzen. Kurkuma beigeben und verrühren. Den Reis zugeben und kurz anbraten. Mit heißem Wasser auffüllen, salzen und bei milder Hitze 10 Minuten garen, anschließend weitere 10 Minuten auf der ausgeschalteten Herdplatte ziehen lassen.

Gebackener Heilkräuterreis

»Kräuter sind wie Mantren, sie haben einen sehr harmonisierenden Einfluß auf den Körper.«
(Maharishi Mahesh Yogi)

250 g Basmatireis
3 EL frische Kräuter, fein gehackt
2 Tomaten, in Scheiben geschnitten
2 EL Haselnüsse, gemahlen, oder Semmelbrösel
2 EL Ghee oder Butter
1 EL frische Petersilie, gehackt

Reis nach dem Grundrezept (S. 41) zubereiten. Mit den Kräutern vermischen, in eine gefettete Auflaufform füllen und mit den Tomatenscheiben belegen. Mit Haselnüssen oder Semmelbröseln bestreuen. Ghee- bzw. Butterflocken darübergeben und bei 180 °C etwa 30 Minuten backen. Mit frischer Petersilie bestreut servieren.

Dieser Heilkräuterreis schmeckt exzellent zu einfachen Gemüsegerichten oder mit einer Mandelsahnesoße.

Auberginen mit Tomatensoße

800 g Auberginen
Salz
1/8 l Sonnenblumenöl
1/4 TL Ingwerpulver
1 Prise schwarzer Pfeffer
1 Prise Asafoetida
1 TL Rosmarin
500 g Tomaten, enthäutet, kleingewürfelt
1 Prise Vollrohrzucker
1/2 TL Oregano
1/4 TL Thymian
1 EL Vollkorndinkelmehl

Auberginen längs in 1 cm dicke Scheiben schneiden, salzen und 10 Minuten ziehen lassen. Mit einem Küchentuch trockentupfen. Öl in einer Pfanne erhitzen, Auberginenscheiben darin goldbraun braten, auf Küchenkrepp überschüssiges Fett abtropfen lassen, warm stellen.
In der gleichen Pfanne im restlichen Öl die Gewürze kurz anrösten, Tomaten, Zucker und Kräuter zufügen und 10 Minuten dünsten. Mehl mit etwas Wasser anrühren und die Soße damit binden. Nochmals kurz aufkochen lassen, mit Salz abschmecken und mit den Auberginenscheiben servieren.
Dazu paßt Basmatireis oder Fladenbrot.

Broccoliröschen mit gerösteten Mandeln

750 g Broccoli, in Röschen geteilt
Salz, Pfeffer
Ghee
1 EL Zitronensaft
50 g geröstete Mandelblättchen

Broccoli dämpfen, bis er gar ist. (Er darf nicht zu weich werden!) Abtropfen lassen, mit Salz und Pfeffer abschmecken und mit Ghee und Zitronensaft beträufeln. Broccoliröschen auf einem Teller oder in einer Flanform dekorativ anrichten. Mit Mandelblättchen bestreuen.

Der Reiz dieses Gerichts liegt in der Einfachheit der Zubereitung und der Klarheit der Zutaten.
Broccoli und andere Kohlarten enthalten wertvolle Substanzen mit vielfältigen Wirkungen: Sie helfen Gewicht reduzieren, senken erhöhten Blutdruck, reduzieren schädliches Cholesterin, wirken sich günstig bei Diabetikern aus und enthalten sogar Stoffe, die nachweislich Krebs verhüten.
Broccoli, der »grüne Spargelkohl«, enthält Sulforaphan, einen Stoff, der in der Leber krebshemmende Substanzen bildet. Die verschiedenen Kohlsorten, besonders Grünkohl, Rotkohl und Broccoli, enthalten außerdem Flavonoide, Pflanzenfarbstoffe, die wirksam sind gegen freie Radikale und somit gegen Entzündungen, Allergien und Infekte und andere häufige Erkrankungen unserer Zeit.
Beachten Sie: Alle Kohlarten vermehren Vata und werden daher in der ayurvedischen Küche Vata ausgleichend gewürzt und zubereitet.

Buttererbsen mit Minzblättern

600 g frische Erbsen, enthülst
2 EL Ghee
1/2 TL Rohrzucker
3–4 Minzzweige
Salz, Pfeffer
Mandelblättchen
Minzzweige

Ghee in einem Topf erhitzen und die Erbsen darin schwenken. Mit Rohrzucker bestreuen. Minzblätter dazugeben und die Erbsen zugedeckt mit wenig Wasser etwa 15 Minuten dämpfen. Vor dem Servieren Minzblätter entfernen. Mit Salz und Pfeffer abschmecken und mit Mandelblättchen und frischen Minzzweigen garnieren.

Currykartoffeln in Rahmsoße

8–10 mittlere Kartoffeln, ungeschält
200 g Sahne
1/8 l vegetarische Gemüsebrühe
1 TL Kurkuma
1 TL Kreuzkümmel, gemahlen
1 TL Ingwerpulver
1/2 TL Koriander, gemahlen
1 Prise Chilipulver
1 Msp Muskat
2 EL Petersilie, gehackt

Kartoffeln etwa 15 Minuten kochen, abgießen, abpellen und in Scheiben geschnitten in eine gefettete Auflaufform legen. Sahne und die Brühe mit den Gewürzen verrühren und über die Kartoffelscheiben gießen. Im Backrohr 20–30 Minuten bei 200 °C backen. Mit Petersilie garniert servieren.

Bunte Frühlingspfanne

6–8 mittlere Kartoffeln, ungeschält
1 EL Ghee
1 EL schwarze Senfkörner
1 kleine Knoblauchzehe (alternativ 1 Scheibe frischer Ingwer und 1 Prise Asaföetida)
1/2 TL Kreuzkümmel, gemahlen
1/4 TL Koriander, gemahlen
1 TL Currymischung
1 Prise schwarzer Pfeffer
Salz
1 Karotte, gestiftelt
1 Kohlrabi, geschält, gewürfelt
1 Zucchini, gewürfelt
1 kleiner Broccoli, in Röschen geteilt
Soße:
1 EL Ghee
2 EL Weizenmehl (1050)
250 g Sahne
Salz, Pfeffer
1/2–1 TL Senfmehl
1/2 vegetarischer Brühwürfel
1 EL geriebener Parmesankäse

Kartoffeln kochen. In der Zwischenzeit Ghee in einem Topf bei kleiner Temperatur erhitzen, die Gewürze darin kurz anrösten und die Karotten und Kohlrabi dazugeben. Etwa 5 Minuten schmoren lassen, dann die Zucchini hinzufügen. Alles bißfest garen.
Die gekochten Kartoffeln abpellen, in Scheiben schneiden und in eine gefettete Bratraine oder Auflaufform geben. Zum Schluß den Broccoli 5 Minuten in Salzwasser kochen, abtropfen lassen und zusammen mit dem übrigen Gemüse über die Kartoffeln verteilen.
Für die Soße das Mehl in Ghee anschwitzen und mit Sahne und 1/4 l Wasser löschen. Salz, Pfeffer, Senfmehl, Brühwürfel und Parmesankäse zugeben und unter Rühren kurz aufwallen lassen. Die Soße über das Gemüse gießen.

~

Zu dieser schnell zuzubereitenden Pfanne passen besonders gut frische Salate, ein Kokos-Lassi, würzige Dhals und als Dessert ein erfrischender Fruchtsalat.

Fenchelgemüse mit Erbsen

1 EL Ghee
1/2 TL Koriander, gemahlen
1/2 TL Kreuzkümmel, gemahlen
1/4 TL Kardamom, gemahlen
1/4 TL Fenchelsamen, gemahlen
1 Msp Asaföetida
1 gestr. TL Kurkuma
1 Prise schwarzer Pfeffer
300 g grüne Erbsen
500 g Fenchel, von Strunken befreit, in Streifen geschnitten
1/2 TL Salz
3 frische Tomaten, enthäutet, gewürfelt

Ghee erhitzen, die Gewürze kurz darin anrösten und das Gemüse dazugeben. Salzen. Das Gemüse nicht anbrennen lassen, eventuell etwas Wasser hinzufügen. Nach etwa 10 Minuten die Tomaten dazugeben und fertig garen.

~

Ein mildes Gemüsegericht, passend zu gelbem Reis mit knusprigen Puris als Beilage, dazu ein würziger Lassi und ein bunter Salat.

Mexikanische Bohnenpfanne

2 EL Ghee
1/4 TL Koriander, gemahlen
1/4 TL Kurkuma, gemahlen
1 TL Paprikapulver
1 Msp Asaföetida
schwarzer Pfeffer
150 g rote Kidneybohnen
1 rote und 2 grüne Paprikaschoten, entkernt, gewürfelt
1 Tasse Maiskörner
6 Tomaten, enthäutet, gewürfelt
1 Pfefferschote, in Streifen geschnitten
1 gestr. TL Salz
1 EL frische Kräuter nach Geschmack, gehackt (z. B. Petersilie, Schnittlauch, Majoran)

Trockenbohnen müssen über Nacht eingeweicht und am nächsten Tag etwa 40 Minuten vorgegart werden. Das sollte ohne Salz geschehen, da die Bohnen dadurch schneller gar und weich werden.
Ghee in einer großen Pfanne erhitzen, die Gewürze ohne das Salz kurz anrösten. Dann die abgetropften Bohnen, Paprikaschoten, Mais, Tomaten und Pfefferschote dazugeben. Alles salzen und 15–20 Minuten in der offenen Pfanne köchelnd garen. Zum Schluß die frischen Kräuter daruntermischen.

~

Dazu schmecken knusprige Tortillas (Rezept S. 83) und ein süßes, kühlendes Lassi.
Wer es feurig-scharf liebt, kann die Pfefferschote durch eine Chilischote ersetzen. Dann ist dieses Gericht für Kinder allerdings nicht genießbar.

Gartenkresse-Gemüseeintopf

1 Zucchini, gewürfelt
2 Karotten, gewürfelt
1 Mangoldblatt, in feine Streifen geschnitten
1 Tomate, enthäutet, gewürfelt
6 EL Polentagrieß
2 TL frischer Ingwer, geschält, gehackt
1/2 TL Bockshornkleeblätter
1 Lorbeerblatt
1/4 TL Zimt
1 TL Pitta-Gewürz
Salz, Pfeffer
1 EL Petersilie, fein gehackt
1/2 Schachtel Gartenkresse

Gemüse in 6–8 Tassen kochendes Wasser geben. Polenta, Ingwer, Lorbeerblatt, Bockshornkleeblätter und Zimt hinzufügen. Hitze reduzieren und Gemüse ziehen lassen, bis es gar ist. Mit Pitta-Gewürz, Salz und Pfeffer abrunden. In vorgewärmte Suppenteller füllen und mit frischer Petersilie und Gartenkresse bestreuen.

Gemüsecurry

1 Aubergine
2 EL Ghee
1 kleine Knoblauchzehe (alternativ ein kleines Stück frischer Ingwer und 1 Prise Asafötida)
1/2 TL Koriander, gemahlen
1/2 TL Kurkuma
1/2 TL Ingwerpulver
1/2–1 TL Kreuzkümmelsamen
schwarzer Pfeffer
Salz
1/2 kleiner Blumenkohl, in kleine Röschen zerlegt
1 rote Paprika, vom Stielansatz und den Kernen befreit, gewürfelt
1–2 Kartoffeln, geschält, gewürfelt
1 Zucchini, gewürfelt
200 g Sahne oder Crème fraîche
frische Gartenkräuter
Zitronensaft

Auberginenwürfel salzen und 10 Minuten ziehen lassen. Ghee in einem Topf erhitzen, zuerst das Knoblauch- oder Ingwerstück und den Koriander, dann die übrigen Gewürze darin anrösten. Die abgetropften Auberginenwürfel darin anbraten. Blumenkohlröschen, Paprika und Kartoffeln dazugeben und bei mittlerer Hitze garen lassen. Nach etwa 10 Minuten die Zucchini beigeben und weitere 10 Minuten im geschlossenen Topf bei kleiner Hitze garen.
Zum Schluß die Sahne oder Crème fraîche unterrühren und die frischen Gartenkräuter hinzufügen. Eventuell mit etwas Zitrone abschmecken.

Marokko-Party-Gemüsemix

Ein Gemüsereigen aus der Savanne

4 EL Olivenöl
1 Prise Asaföetida
1 TL frischer Ingwer, geschält, gehackt
2 TL Sesamsamen
1 Tasse rote Paprikaschoten, gewürfelt
1 Tasse gekochte Kichererbsen
1 Tasse Zucchini, gewürfelt
1/2 Tasse Karotten, halbiert, dünn geschnitten
1 Tasse Broccoliröschen
1/2 Tasse frische Zuckererbsen
1 Tasse Tomaten, enthäutet, gewürfelt
1 Tasse frische Maiskörner, gekocht
Salz
1 EL Garam Masala
Cayennepfeffer
Korianderkraut, gehackt
Petersilie
schwarze Oliven
Zitronenscheiben

Olivenöl erhitzen und Asaföetida, Ingwer und Sesamsamen darin anrösten. Paprika und Kichererbsen dazugeben und 1 Minute rösten. Zucchini, Karotten und Broccoli dazugeben und mit wenig Wasser etwa 15 Minuten köcheln lassen. Zuckererbsen, Tomaten und Maiskörner hinzufügen und weitere 5 Minuten köcheln lassen. Mit Salz, Garam Masala und Cayennepfeffer abschmecken und mit Korianderblättern und Petersilie bestreuen. Mit schwarzen Oliven und Zitronenscheiben garnieren.

Dazu paßt Hirse, Reis oder Couscous. Mit einer Nußsoße ist das Gericht perfekt abgerundet.

Wenn die Hitze in der Savanne steigt, wird Pitta mit dem bunten Gemüsereigen gedämpft.

Indischer Kartoffeltopf

2 EL Ghee
1 TL schwarze Senfkörner
1 gestr. TL Kreuzkümmelsamen
8–10 schwarze Pfefferkörner
2 Nelken
1/2 TL frischer Ingwer, geschält, gerieben
1/2 TL Koriander, gemahlen
1/2 TL Kurkuma
1/2 TL Kreuzkümmel, gemahlen
1/4 TL Fenchelsamen, gemahlen
1 Msp Asafóetida
1 TL Salz
3 Lorbeerblätter
850 g Kartoffeln, geschält, gewürfelt
400 g gemischtes Gemüse (z. B. Erbsen, Mais, Karotten, Blumenkohl), gewürfelt
100 g Crème fraîche
1 Msp Zimt
1 Msp Muskat
1 EL Petersilieblätter

Ghee in einem Topf erhitzen und die Gewürzsamen darin anrösten, bis sie nicht mehr springen. Dann die gemahlenen Gewürze dazugeben und einige Sekunden mitrösten. Das vorbereitete Gemüse hinzufügen und unter Rühren kurz anbraten. Salzen und mit 1/2 l heißem Wasser oder Brühe aufgießen. Im geschlossenen Topf bei kleiner Hitze 20 Minuten fertiggaren, dabei öfter umrühren, da es sehr leicht ansetzt. Zum Schluß Crème fraîche unterrühren, mit Zimt, Muskat und eventuell etwas Salz abschmecken. Einige Minuten auf der ausgeschalteten Herdplatte ziehen lassen. Mit Petersilienblättern bestreut servieren.

Dieses mild-würzige Gericht ist schnell zubereitet und wird auch von Kindern gern gegessen. Die Gewürzkombination macht es bekömmlich, denn sie schwächt die Vata betonende Eigenschaft der Kartoffel ab.

Grüne Bohnen mit Kokosnuß und Pfefferschoten

500 g grüne Bohnen
75 ml Pflanzenöl
1/2 TL Senfkörner oder Kreuzkümmel
2 Pfefferschoten, kleingeschnitten
1 EL Kokosnuß, geraspelt
50 ml Kokosmilch (frisch oder aus Kokosmilchpulver hergestellt)
etwas Salz

Bohnen in 2–3 cm lange Stücke schneiden. Öl erhitzen, Senfkörner bzw. Kreuzkümmel sowie Pfefferschoten kurz darin rösten, bis die Körner springen. Bohnen dazugeben, etwa 7 Minuten schmoren. Kokosflocken und -milch hinzufügen und weitere 10 Minuten köcheln lassen, bis alle Flüssigkeit verdampft ist. Mit Salz abschmecken.

Gemüsetopf

2 EL Ghee
1 TL schwarze Senfkörner
1–2 TL frischer Ingwer, geschält, gerieben
1/2 TL Koriander, gemahlen
1/2 TL Asafóetida
1/2 TL Kurkuma
1/4 TL Kardamom
1/2 TL Kreuzkümmelsamen, gemahlen
2 Lorbeerblätter
1 Blumenkohl, in kleine Röschen geteilt
2 Karotten, gestiftelt
2 Zucchini, in Scheiben geschnitten
1 gestr. TL Salz
schwarzer Pfeffer nach Geschmack (und Schärfe)
1/4 TL Muskat
1/4 TL Mangopulver
400 g Sahne
1 EL frische Petersilie, gehackt

Ghee in einem nicht zu kleinen Topf erhitzen. Senfkörner und Ingwer anrösten, bis die Senfkörner aufhören zu springen. Dann die übrigen Gewürze dazugeben und für einige Sekunden mitrösten. Blumenkohlröschen und Karotten dazugeben und etwa 5 Minuten im geschlossenen Topf garen. Zucchini hinzufügen, mit Salz und Pfeffer würzen. Bei milder Hitze unter gelegentlichem Umrühren im geschlossenen Topf 10–15 Minuten garen.
Zum Schluß die Sahne dazugießen, mit Muskat und Mangopulver abschmecken und einige Minuten auf der ausgeschalteten Herdplatte ziehen lassen. Mit frischer Petersilie bestreut servieren.

Karottentürmchen mit Kresse- oder Alfalfasoße

30 g Ghee
1 Prise Asaföetida, gemahlen
2 Prisen Kümmel
300 g Karotten, kleingewürfelt
100–125 g Crème fraîche
125 g Sahne
Salz, Pfeffer
Vata-Churna
1 TL Zitronensaft
Soße:
1 Schachtel Gartenkresse oder
1 Schachtel Alfalfasprossen (einige zum Garnieren zurückhalten)
75 g Crème fraîche
75 g Sahne
Salz
etwas abgeriebene Schale einer unbehandelten Zitrone

Ghee in einem Topf erhitzen, Asaföetida und Kümmel darin kurz anrösten. Karotten dazugeben und bei mittlerer Hitze 4–5 Minuten anbraten. 5 EL Wasser hinzufügen und etwa 15 Minuten dünsten. (Eventuell noch etwas Flüssigkeit dazugeben).
Die gedünsteten Karotten pürieren. Crème fraîche, Sahne, Salz und Pfeffer, Vata-Churna und Zitronensaft unterrühren. Das Püree in 4 kleine oder 2 große gefettete Auflaufformen füllen und im Herd auf der mittleren Schiene 30–40 Minuten stocken lassen.
Kresse oder Sprossen fein hacken, mit Crème fraîche und Sahne verrühren und mit Salz und Zitronenschale abschmecken.

Mit jungen Kartoffeln oder Kartoffelpüree, gewürzt mit etwas Asaföetida und Currymischung, und einer kleinen Schüssel Salat sowie einem Bananen-Kokos-Lassi ist das eine leichte, aber trotzdem sättigende Mahlzeit.

Mangoldblätter auf Safranreis und Gemüsecurry

1 EL Ghee
1 gestr. EL Senfkörner
1/4 TL Kurkuma
1 Prise schwarzer Pfeffer
1 Prise Pfefferkraut
1 Prise Muskat
1 Prise Asaföetida
2 Prisen Fenchelsamen
2 Prisen Kümmel
Küchenkräuter (Oregano, Majoran oder Thymian)
500 g Mangoldblätter, kleingeschnitten
Salz
50 g Sahne oder
100 g Crème fraîche

Ghee in einem Topf erhitzen und die Senfkörner dazugeben. Sobald sie spritzen, die anderen Gewürze und Küchenkräuter hinzufügen. Bei kleiner Flamme Mangoldblätter dazugeben. Unter ständigem Rühren etwa 20 Minuten köcheln lassen. Mit Salz abschmecken und Sahne oder Crème fraîche unterrühren.

Mit Safranreis und Gemüsecurry servieren und dazu Puris, ein Früchte-Chutney und Lassi anbieten.

Kürbisgemüse

1 EL Ghee
2 TL schwarze Senfkörner
1/2 TL frischer Ingwer, geschält, gehackt
1/2 TL Kurkuma, gemahlen
1/3 TL Kardamon, gemahlen
1/3 TL Fenchelsamen, gemahlen
1 Prise Koriander
1 Prise Muskat
1 Prise Asaföetida
2 Prisen Kümmel
1 TL frischer Thymian
1 TL frisches Basilikum
1 kg Kürbis, geschält, gewürfelt
1/2 Tasse milde Gemüse- oder Kräuterbrühe
250 g Spinat
Salz, Pfeffer

Ghee in einem Topf erhitzen und die Senfkörner darin anrösten. Wenn sie anfangen zu spritzen, die Gewürze und kurz darauf die Kräuter dazugeben. Die Hitze um ein Viertel reduzieren und die Kürbisstücke in den Topf geben. Etwa 15 Minuten garen, dabei öfters umrühren. Kurz vor Schluß die Gemüsebrühe dazugeben. Je nach Geschmack Kürbisstücke ganz lassen oder pürieren.
Spinat waschen und dünsten, mit Salz und Pfeffer abschmecken. Entweder mit dem Kürbis vermengen oder in einer Servierschüssel Kürbiswürfel um den Spinat legen.

Regenbogen-Paprikagemüse

Dieses bunte Gericht ist nicht nur eine Augenweide, es ist auch ein bißchen süß und schafft eine gute Stimmung bei den Gästen.

500 g grüner, gelber und roter Paprika, in Streifen geschnitten
5 EL Ghee
50 g Rosinen, eingeweicht
4 EL Zitronensaft
3 EL Rohrzucker
1 TL frischer Ingwer, geschält, gerieben
1 EL Garam Masala
1 TL Curry
Salz
Pfeffer oder Cayennepfeffer

Paprikastreifen in Ghee anrösten. 1/2–1 Tasse Wasser dazugeben und köcheln lassen, bis die Paprikastreifen gar sind. Die abgetropften Rosinen und die übrigen Zutaten dazugeben. Mit Salz und Pfeffer abschmecken.

Dazu passen Basmatireis oder Hirse.

Sahniger Korianderspargel mit Mandeln

1 kg Spargel, geschält, in Stücke geschnitten
200 g frische Sahne
1 EL Ghee
250 g Crème double
3 EL Koriander, gemahlen
Salz, Pfeffer
Soja- oder Reismehl nach Bedarf
Mandelstifte
Korianderblätter

Spargel in Salzwasser etwa 15–20 Minuten dämpfen. (Ein Schuß Sahne im Spargelwasser macht den Spargel zarter!) Abtropfen lassen. In eine vorgewärmte Schüssel legen.
Sahne, Crème double und Ghee in einem Topf mit soviel Spargelwasser verrühren, daß eine cremige Soße entsteht. Kurz erhitzen und mit den Gewürzen abschmecken. Die Soße eventuell mit Spargelwasser verlängern und bei Bedarf mit Soja- oder Reismehl andicken. Spargelcreme über den Spargel gießen und mit Mandelstiften und Korianderblättern bestreuen.

Spargel gilt als sehr sattvisch und aphrodisierend. Er entwässert den Körper und ist daher bei Kapha-Störungen günstig. Auch Vata und Pitta werden durch Spargel ausgeglichen.

Spinat in Nußsoße

700 g Spinat
2 EL Ghee
1 TL Fenchelsamen
1/4 TL Kreuzkümmel
1 Prise Muskat
1 Prise schwarzer Pfeffer
2 EL Vollkornmehl
2 EL Ananaspüree (ersatzweise naturreiner Ananas- oder Apfelsaft)
200 g Sahne
3 EL Walnüsse, gehackt oder
2 EL Nußmus
Salz

Spinat waschen, grobe Rippen entfernen und die Blätter in feine Streifen schneiden. Ghee erhitzen und die Gewürze darin kurz anrösten, Spinat hinzufügen und etwa 10 Minuten schmoren lassen. Mehl mit dem Ananaspüree verrühren und das Gemüse damit binden, mit der Sahne aufgießen. Nüsse unterrühren und mit Salz abschmecken.

Dieses Rezept eignet sich auch für Mangold oder frische, junge Brennnesseln.

Stangensellerie-Tomatencurry

1 EL Ghee
1 TL schwarze Senfkörner
1 TL Kreuzkümmel, gemahlen
1 TL Fenchelsamen, gemahlen
1 TL Bockshornkleesamen
500 g Stangensellerie, in Scheiben geschnitten
500 g Tomaten, enthäutet, geachtelt
2 TL frischer Thymian, kleingehackt
Crème fraîche

Ghee erhitzen und die Gewürze darin anrösten. Sellerie dazugeben und etwa 15 Minuten bei kleiner Hitze dünsten. Dann die Tomaten dazugeben und weitere 10 Minuten dünsten. Zum Schluß Thymian hinzufügen und mit Crème fraîche abschmecken.

Zucchinigemüse im Tomatensud

2 EL Ghee
1/2 TL Kreuzkümmel, gemahlen
1/2 TL Koriander, gemahlen
1/2 TL Kurkuma
1 kleine Prise Chilipulver
1 Prise schwarzer Pfeffer
1 TL frischer Ingwersaft
1/2 TL Garam Masala
1 große Karotte, in Stifte geschnitten
750 g Zucchini, gewürfelt oder in Scheiben geschnitten
2 TL Tomatenpüree
1/2 TL Salz
2 EL Mandeln, gemahlen
1/2 Tasse Crème fraîche
frische Küchenkräuter

Ghee in einem Topf erhitzen, zuerst den Kreuzkümmel, dann die übrigen Gewürze darin kurz anrösten. Die Gemüse dazugeben und 5 Minuten schmoren lassen. Dann Tomatenpüree, 1 Tasse heißes Wasser und Salz einrühren und weitere 10–15 Minuten garen lassen. Zum Schluß die gemahlenen Mandeln und Crème fraîche unterrühren. Etwas durchziehen lassen und mit frischen Küchenkräutern servieren.

Weißer Reis mit schwarzen Senfkörnern oder Nudeln und gelber Mung-Dhal ergänzen dieses leckere Gemüsegericht. Runden Sie es mit frischem Blattsalat in Zitrone-Öl-Dressing ab.

Zimtkarotten

750 g Karotten, in Stäbchen geschnitten
4 EL Ghee
3–4 EL Kokosnuß, geraspelt
2 EL Rohrzucker
1 1/2 TL Zimt
Salz, Pfeffer

Karotten dämpfen, bis sie weich sind. Abtropfen lassen und das Wasser, falls gewünscht, aufheben. Ghee in einer Pfanne erhitzen. Geraspelte Kokosnuß dazugeben und leicht anbräunen. Karotten darin schwenken. Rohrzucker und Zimt darüberstreuen und die Karotten leicht glasieren. Mit Salz und Pfeffer abschmecken.

Dieses Gericht kann mit Rosinen und Datteln köstlich ergänzt werden.

Zucchini mit Oregano

500 g kleine Zucchini, in dünne Scheiben geschnitten
Salz
100 ml Olivenöl
1/4 TL Asaföetida
1/4 TL Currymischung
1 1/2 TL Oregano
1 Prise schwarzer Pfeffer oder etwas Kresse

Zucchini mit Salz bestreuen und 20 Minuten ziehen lassen. Abgießen und trockentupfen. Öl erhitzen, Asaföetida und Curry kurz anrösten, dann die übrigen Gewürze und die Zucchini dazugeben. In 10–15 Minuten bißfest garen. Öl bis auf etwa 1 EL abgießen und servieren.

Pikante Grillkartoffel mit geröstetem Kumin

1–2 mittelgroße Kartoffeln pro Person, ungeschält
1 EL Kreuzkümmel (Kumin), gemahlen
3/4 Tasse Dinkelpaniermehl
1 TL Salz nach Belieben
Ghee
frische Petersilie, gehackt

Kartoffeln waschen und halbieren. Kreuzkümmel in einer Pfanne trocken anrösten. Dinkelmehl, Kreuzkümmel und Salz vermischen. Kartoffelhälften mit zerlassenem Ghee überziehen und in der Paniermischung rollen. Auf einem Backblech 40–50 Minuten backen, bis die Kartoffeln innen gar sind. Auf jede Kartoffel eine Prise Salz und Petersilie streuen und warm oder kalt servieren.

Dazu passen ein pikantes Tomaten-Chutney, Kräuterbutter oder auch viele der frischen Kräuter-Chutneys. Verschiedene Kräuter wie Rosmarin, Thymian oder Fenchelsamen können zusätzlich als Paniergewürz benutzt werden. Entwickeln Sie eigene Ideen und Kreationen. So verleihen auch Sesamsamen eine besondere Note, wenn sie zu der Paniermischung dazugegeben werden.

DHALS

In der ayurvedischen Küche werden alle Hülsenfruchtarten und die Gerichte daraus als Dhals bezeichnet. Sie sind ein unverzichtbarer Bestandteil des klassischen ayurvedischen Menüs, eine der wichtigsten Proteinquellen bei einer vegetarischen Ernährung und ein bedeutender Lieferant für Eisen und B-Vitamine. Dhals haben die wertvolle Eigenschaft, mit anderen eiweißreichen Nahrungsmitteln wie Milchprodukten, Getreide und Nüssen geschmacklich und ernährungsphysiologisch besonders gut zu harmonieren.

Die indische Hausfrau kennt über fünfzig verschiedene Dhalsorten für die unterschiedlichsten Gerichte und Zubereitungsarten. In der ayurvedischen Küche bevorzugen wir aber nur einige wenige davon, die sich vor allem durch ihre Bekömmlichkeit und ihren delikaten Geschmack auszeichnen. Das sind vor allem Dhals aus Mungbohnen, roten Linsen und Kichererbsen.

Mungbohnen sind die kleinen grünen Samen der in Indien heimischen Pflanze. Geschält haben sie eine gold-gelbe Farbe, meist werden sie gespalten angeboten. Sie garen besonders schnell, schmecken mild und fein. Geschälten Mung erhalten sie in Asienläden.

Mung-Dhal zusammen mit Reis als dünne Suppe gekocht, wird als Kitchery bezeichnet und dient bei ayurvedischen Behandlungen auch als ausleitende Fastensuppe. Mungbohnen können Sie auch keimen lassen und als Sprossen zu frischen Salaten verwenden. Aus dem Mehl der Bohnen lassen sich leckere Brote und Süßspeisen zubereiten.

Chana-Dhal ist die in Indien und im Ayurveda beliebteste Kichererbsensorte. Die Erbsen sind gelblich rund und größer als Mungbohnen. Sie schmecken leicht süßlich und etwas herb, und sie sind schwerer verdaulich als Mungbohnen. Ihre Kochzeit ist ebenfalls länger.

Als Gram-Dhal bezeichnet man die halben, ebenfalls gelben, aber deutlich kleineren Hülsenfrüchte aus der Kichererbsenfamilie, die ebenfalls für wohlschmeckende Gerichte verwendet werden können.

Rote Linsen entfachen mehr Pitta als andere Hülsenfrüchte. Sie sind vielseitig verwendbar, besonders schmackhaft als Suppe und geben als Beilage von Reis und Gemüsegerichten einen kräftig gelb-orangen Farbkontrast. Linsen wurden bereits im alten Ägypten angebaut und waren möglicherweise das Hauptnahrungsmittel der Pyramidenerbauer. Darauf deutet der Name der im Nildelta gelegenen Stadt Phacussa – die Linsenstadt – hin.

Generell regen alle Hülsenfrüchte Vata leicht an und führen daher auch schnell zu Blähungen. Die richtige Zubereitung ist deshalb besonders wichtig. Durch langes Einweichen und Kochen und durch den großzügigen und gekonnten Einsatz von Gewürzen und Kräutern werden Dhals hochwertige, delikate und bekömmliche Beispeisen. Bei Mungbohnen und roten Linsen ist die Vata anregende Wirkung übrigens geringer als bei anderen Hülsenfrüchten.

Basmatireis und Mungbohnen ergänzen sich besonders gut, sie sind in dieser Kombination bei unseren Menüs häufig zu finden. Was dem Reis an Vitaminen und Nährstoffen fehlt, hat der Mung-Dhal und umgekehrt. Außerdem regulieren sie das Körpergewicht in beide Richtungen: Untergewichtige nehmen zu, Übergewichtige können überschüssige Pfunde verlieren.

Dhals sind vielseitig verwendbar und werden auf unterschiedliche Arten zubereitet. Als dicke Pürees mit hohem Nähr- und Sättigungswert nimmt man sie als Ergänzung zu Reis- und Gemüsegerichten – meist nicht mehr als 1–3 Eßlöffel. Flüssig, in Form leicht verdaulicher Suppen, sind sie auch eine hervorragende Vorspeise oder, wie erwähnt, eine sättigende, aber leicht verdauliche Fastenspeise. Leckere Pfannkuchen oder Waffeln lassen sich auch aus Hülsenfrüchten backen, und als Sprossen liefern sie knackige und vitalreiche Salate.

Die verschiedenen Dhalsorten gibt es ungeschält und ganz, geschält und halbiert. Letztere werden beim Kochen schneller gar und sind beim Verzehr bekömmlicher.

Alle Dhals sollten vor dem Kochen mindestens 6 Stunden, am besten über Nacht, in Wasser eingeweicht werden. Bei geschälten, halbierten (gelben) Mungbohnen reicht auch eine Einweichzeit von 2–3 Stunden (wenn es einmal schnell gehen soll).

Im Gegensatz zu Reis, Nudeln oder Gemüsen werden Hülsenfrüchte nur in salzfreiem Wasser gekocht, so garen sie schneller. Die Kochzeiten der einzelnen Sorten sind unterschiedlich: Für gut eingeweichte Mungbohnen, rote Linsen oder Kichererbsen beträgt sie etwa 20, 30 oder 60 Minuten.

Grundrezept für die Zubereitung von gekochtem Dhal:

- Dhal verlesen, da er oft mit Steinchen verunreinigt ist. Gründlich unter fließendem kaltem Wasser waschen und in klarem Wasser einweichen.
- Vor dem Zubereiten das Einweichwasser wegschütten, Dhal im Sieb nochmals kalt spülen, um die beim Einweichen entstandenen Schaumreste und losgelösten Unreinheiten zu entfernen. Sie können Dhal nun auf zwei Arten zubereiten:

- Hülsenfrüchte, Gewürze und Samen in einen Topf geben. Je nach gewünschter Konsistenz bis einen Finger breit darüber mit Wasser auffüllen und bei milder Hitze unbedeckt kochen. Nicht salzen! Gelegentlich mit einem Holzlöffel umrühren und bei Bedarf heißes Wasser zugießen. Während des Kochens die getrockneten Kräuter dazugeben. Der Dhal ist fertig, wenn er eine breiige Konsistenz annimmt. Jedoch nicht zu lange kochen, da er sonst zerfällt. Nach Bedarf pürieren, salzen und frische Kräuter hinzufügen.

- Ghee in einem Topf erhitzen. Zuerst die ganzen Samen, dann die geriebenen Gewürze kurz anrösten. Den Topf vom Herd nehmen und gewaschenen Dhal vorsichtig einfüllen (Vorsicht: Spritzgefahr!). Mit Wasser auffüllen und bei milder Hitze wie oben beschrieben kochen.

Gebackener Dhal mit Spinat

200 g Spinat, kleingehackt
1 l Brühe oder Wasser
1/2 EL Ghee
1 TL Senfkörner
250 g Mungbohnen
1/2 TL Kurkuma
1 Prise schwarzer Pfeffer
1 Prise Pfefferkraut
1 Prise Ingwerpulver
1/2 TL Majoran
2 Prisen Muskat
1 Prise Asafötida
1 1/2 TL Vata-Churna
3 Lorbeerblätter
Salz
je 1 EL frische Petersilie und Basilikum, fein gehackt

Spinat in wenig Brühe bzw. Wasser kurz blanchieren. Senfkörner in Ghee erhitzen. Spinat mit den eingeweichten Mungbohnen (S. 57), der restlichen Brühe/Wasser und den Gewürzen in eine gefettete feuerfeste Form geben. Im vorgeheizten Backofen bei 200 °C zugedeckt 1 1/2–2 Stunden backen. Mit den gehackten frischen Kräutern bestreuen und servieren.

Gelber Dhal (fettfrei)

250 g Mungbohnen
1/2 TL Kurkuma
2 Lorbeerblätter
1 Msp Zimt
1/4 TL Ingwerpulver
1/4 TL Kreuzkümmel, gemahlen
Salz
1 EL frische Petersilie, gehackt

Die eingeweichten Bohnen mit den Gewürzen in 1/2 l Wasser aufsetzen und etwa 30 Minuten weich kochen. Mit Salz abschmecken und mit Petersilie bestreuen.

Kräuter-Dhal

200 g gelbe Mungbohnen
2 Lorbeerblätter
1 EL Ghee
1 Prise Asafötida
1 Prise Kurkuma
1 Prise Kreuzkümmel
1 Prise Ingwerpulver
1 Prise Curry, Tandoori oder Chinagewürz
Salz, Pfeffer
1 Bund frische Kräuter, gehackt
2 EL Sahne

Eingeweichte Mungbohnen und Lorbeerblätter 20 Minuten in 1/2 l Wasser weich kochen. Lorbeerblätter entfernen. Ghee erhitzen und die Gewürze darin kurz anrösten. Bohnen dazugeben und pürieren. Mit Salz und Pfeffer abschmecken. Kräuter zum Dhal geben und mit Sahne servieren.

Karotten-Dhal

250 g rote Linsen
1 l Brühe oder Wasser
2–3 Lorbeerblätter
250 g Karotten, geraspelt
1/2 EL Ghee
1 TL Kurkuma
1 kleine Prise schwarzer Pfeffer
1 kleine Prise Ingwerpulver
1 Prise Muskat
2 Prisen Asafötida
1 TL Vata-Churna
je 1 EL frische Petersilie und Basilikum, fein gehackt
Salz, Pfeffer
4 EL Sahne

Die eingeweichten Linsen mit 3/4 l Brühe oder Wasser, Lorbeerblättern und der Hälfte der Karotten aufsetzen und zugedeckt 1 Stunde kochen. Eventuell etwas Flüssigkeit nachgießen. Die restlichen Karotten in 1/4 l Brühe etwa 7 Minuten dünsten, warm stellen. Ghee erhitzen und die Gewürze darin kurz anrösten. Mit dem gekochten Dhal vermengen.
Lorbeerblätter entfernen und den Dhal pürieren. Mit Karotten und Kräutern (etwas zurückbehalten) mischen und mit Salz und Pfeffer abschmecken. In eine Schüssel füllen, mit den restlichen Kräutern bestreuen und mit geschlagener Sahne servieren.

Kichererbsen in pikanter Tomatensoße

2 EL Ghee
2 ½ TL Kreuzkümmel, gemahlen
1 TL Koriander, gemahlen
1 mittelgroße, rote Pfefferschote, fein gehackt
3 TL frischer Ingwer, geschält, fein gehackt
1 TL Kurkuma
3 TL grober Rohrzucker
1 Tasse frische Tomaten, enthäutet, fein gehackt
1 Lorbeerblatt
250 g Kichererbsen, eingeweicht
1 ½ TL Garam Masala
1 TL Limetten- und Zitronensaft
1 TL Salz
1 Prise Cayennepfeffer
½ TL Kichererbsenmehl nach Bedarf
frische Korianderblätter oder Petersilie

Ghee in einem Topf erhitzen. Kreuzkümmel und Koriander darin anrösten. Pfefferschote, Ingwer, Kurkuma und Rohrzucker dazugeben. Tomaten und das Lorbeerblatt zu den Gewürzen geben und gut durchmischen.
Die eingeweichten Kichererbsen mit ¼ l Wasser in den Topf geben und etwa 30 Minuten bei mittlerer Hitze köcheln lassen. Garam Masala und Limetten- oder Zitronensaft hinzufügen. Mit Salz und Pfeffer abschmecken und weitere 2 Minuten köcheln lassen. Falls gewünscht, die Soße mit ½ TL Kichererbsenmehl binden. Mit frischen Korianderblättern oder Petersilie bestreuen und warm servieren.

Bereiten Sie dieses Gericht im voraus zu, denn der Geschmack wird intensiver, je länger man es ziehen läßt.

Gelber Mung-Dhal

1 EL Ghee
1 TL schwarze Senfkörner
1 TL Kreuzkümmelsamen
1 TL frischer Ingwer, geschält, gerieben
½ TL Kurkuma
1 Prise schwarzer Pfeffer
1 Msp Asafötida
300 g gelbe Mungbohnen
1 TL Salz

Ghee erhitzen und die Gewürze darin anrösten. Asaföetida und die eingeweichten Mungbohnen dazugeben und kurz mitrösten. Mit heißem Wasser aufgießen, so daß die Bohnen knapp bedeckt sind. Etwa 20 Minuten gar kochen und mit Salz abschmecken.

Rote-Linsen-Dhal

2 EL Ghee
2 TL schwarze Senfkörner
1 TL Kreuzkümmelsamen
250 g rote Linsen
1 TL Koriander, gemahlen
1 TL Ingwerpulver
1 TL Kurkuma
2 TL Bockshornkleesamen
1 Msp Asaföetida
½ frischer grüner Chili
1–2 TL Salz

Ghee erhitzen, Senfkörner und Kreuzkümmelsamen darin anrösten und die eingeweichten Linsen dazugeben. Die restlichen Gewürze kurz mitrösten. Mit ½ l heißem Wasser aufgießen und bei kleiner Hitze gar kochen, bis die Flüssigkeit verdampft ist. Zum Schluß mit Salz abschmecken.

Kapha-Dhal

1 EL Ghee
1–2 TL Vollrohrzucker
1 Tasse rote Linsen
½ TL Zimt, gemahlen
1 TL Kurkuma
1 Prise schwarzer Pfeffer
½ TL Kreuzkümmel, gemahlen
Salz

Ghee erhitzen, Zucker und die eingeweichten Linsen darin kurz anrösten. Die Gewürze dazugeben, mit ½ l heißem Wasser aufgießen und weich kochen. Zum Schluß mit Salz abschmecken.

Zur weiteren Steigerung von Kapha und als interessante Geschmacksvariante können Sie 1–2 EL Kokosmilchpulver dazugeben.
Diese Dhal-Spezialität läßt sich gut mit gelbem Mung-Dhal oder Grüne-Erbsen-Dhal mischen.

Grüne-Erbsen-Dhal

3 EL Ghee
2 TL schwarze Senfkörner
1 1/2 TL Kreuzkümmelsamen
300 g getrocknete grüne Erbsen
1 TL Koriander, gemahlen
1 TL Kreuzkümmel, gemahlen
1 TL Ingwerpulver
1 TL Kurkuma
2 TL Salz

Ghee erhitzen, Senfkörner und Kreuzkümmelsamen darin anrösten, dann die eingeweichten Erbsen dazugeben und etwa drei Minuten mitrösten. Mit 600 ml heißem Wasser aufgießen, die restlichen Gewürze unterrühren und etwa 20 Minuten zu einem Brei kochen. Mit Salz abschmecken.

Tomaten in Mung-Dhal

75 g Ghee
1/2 TL Senfkörner
3 Lorbeerblätter
1/2 TL frischer Ingwer, geschält, gehackt
1 TL Kurkuma
2 Prisen Asafötida
1/3 TL edelsüßes Paprikapulver
1 1/2 TL Oregano
100 g gedünsteter Spinat, kleingehackt
250 g eingeweichte Mungbohnen
1 l Gemüsebrühe
8 Tomaten, enthäutet, kleingewürfelt
frische Kräuter

Ghee erhitzen und die Gewürze darin kurz anrösten. Alle Zutaten (bis auf die frischen Kräuter) in eine gefettete, feuerfeste Form geben und etwas umrühren. Zudecken und im vorgeheizten Backofen 60 Minuten bei 200 °C, dann weitere 30 Minuten bei 100 °C backen.
Mit frischen Kräutern bestreuen und servieren.

Würziger Mung-Dhal

1 EL Ghee
1 TL schwarze Senfkörner
1 TL Kreuzkümmelsamen
1 TL Amchur
1 TL Ingwerpulver
1 TL Kurkuma, gemahlen
1 Zimtstange oder 1 TL Zimtpulver
1 frische grüne Chili
250 g gelbe Mungbohnen
1 TL Salz
Vollrohrzucker

Ghee erhitzen und die Gewürze darin anrösten. Die eingeweichten Bohnen dazugeben und mit 1/2 l heißem Wasser aufgießen. Etwa 20 Minuten kochen und mit Salz und Zucker abschmecken.

Sellerie-Dhal

200 g gelbe Mungbohnen
2 Lorbeerblätter
1 1/2 EL Ghee
1 Prise Kreuzkümmel
1 Prise Kurkuma
2 Prisen Asafötida
1 Prise Ingwerpulver
1 kleine Stangensellerie, gewürfelt
Salz, Pfeffer
1 kleines Stück Knollensellerie, geschält, kleingewürfelt
3 EL Sahne
1 Prise Selleriesalz

Eingeweichte Mungbohnen mit den Lorbeerblättern 20 Minuten in 1/2 l Wasser weich kochen. Lorbeerblatt entfernen. Gewürze und Stangensellerie in 1 EL Ghee kurz anrösten, mit dem Dhal ablöschen und pürieren. Mit Salz und Pfeffer abschmecken. Knollensellerie im restlichen Ghee anbraten und zum Dhal geben. Sahne mit Selleriesalz steifschlagen, auf den Dhal geben und servieren.

Du-Puy-Dhal

100 g Du-Puy-Linsen
1 EL Ghee
1 TL Senfkörner
1/2 TL Kreuzkümmel, gemahlen
1/4 TL Koriander, gemahlen
1/4 TL Kurkuma
1 Prise Ingwerpulver
1 Msp Asafötida
1 Selleriestange, kleingeschnitten
1 Tomate, enthäutet, kleingeschnitten
1/2 l Gemüsebrühe
1/2 TL Rosmarin
1/2 TL Liebstöckl
Salz
1 Prise schwarzer Pfeffer oder
1 grüne Pfefferschote

Ghee in einem Topf erhitzen, Senfkörner dazugeben und erhitzen, bis sie springen. Die restlichen Gewürze kurz darin anrösten, Linsen und das Gemüse dazugeben. Mit heißer Gemüsebrühe ablöschen, Kräuter hinzufügen und weich kochen. Mit Salz und Pfeffer bzw. Pfefferschote abschmecken.

CHUTNEYS, SOSSEN, RAITA

Ananas-Bananen-Chutney

Herzerfrischend, appetitanregend, würzig-süß und sehr sattvisch.

1 EL Ghee
1 TL frischer Ingwer, geschält, kleingehackt
2 Prisen Zimt
1 Prise Nelken
1 Prise Bourbon-Vanille
1/3 TL Sternanis, gemahlen
1 Prise Chilipulver
1–2 EL Jaggery oder Vollrohrzucker
50 g getrocknete Aprikosen, kleingehackt
1 große Banane, kleingewürfelt
150 g frische Ananas, kleingewürfelt

Ghee in einem kleinen Topf erhitzen und den Ingwer darin kurz anschmoren, die restlichen Gewürze dazugeben und verrühren. Alles bei kleiner Flamme leicht anrösten, zum Schluß den Zucker beimengen.
Getrocknete Aprikosen in den Topf geben und alles gut mischen. Den Topf verschließen und bei geringer Hitze 15–20 Minuten gar kochen. Zwischendurch umrühren. Den Topf vom Herd nehmen, Bananen- und Ananaswürfel unterrühren und alles noch einige Minuten ziehen lassen.

Apfel-Walnuß-Chutney

2 Äpfel, geschält, entkernt, kleingeschnitten
1/4 TL Salz
2 TL Rohrzucker
1/2 TL Zitronensaft
1 1/4 TL rote Pfefferschote, fein gehackt
1 TL gerösteter Kreuzkümmel, zerstoßen
7 EL Tafelwasser, ohne Kohlensäure
1/2 TL Garam Masala
1 1/2 TL Walnüsse, gehackt
Korianderblätter oder frische Minzblätter

Alle Zutaten im Mixer pürieren. Etwa 2 Stunden kalt stellen. In eine Schale füllen, mit gehackten Walnüssen und Korianderblättern oder frischen Pfefferminzblättern garnieren.
Für dieses Rezept verwendet man am besten schöne Boskopäpfel.

Aprikosen-Chutney

1 EL Ghee
1 TL frischer Ingwer, geschält, kleingehackt
1 Prise Zimt
1 Prise Sternanis
1 Prise Nelken
1 kleine Prise Chili oder Currymischung
100 g getrocknete Aprikosen, gewürfelt
3/4 EL brauner Zucker
1 Apfel, geschält, entkernt, kleingeschnitten
1 Banane, kleingeschnitten

Ghee erhitzen und Ingwer kurz anrösten, dann die restlichen Gewürze dazugeben. Aprikosen und Zucker hinzufügen und etwa 5 Minuten dünsten. Topf vom Herd nehmen und Apfel- und Bananenstückchen unterheben.

Cashew-Petersilien-Chutney

Dieses Chutney mit seinem nußartigen Geschmack ist ein smaragdgrüner Juwel der ayurvedischen Küche, vitaminreich und geschmacksintensiv.

1/2 Tasse Cashewnüsse, gehackt oder
3–4 EL Cashewnußmus
2 Tassen frische glatte Petersilie, fein gehackt
1/4 EL frischer Ingwer, geschält, gehackt oder gepreßt
2 EL Bioghurt
1/2 TL Salz
3 EL Rohrzucker
2 EL Zitronen- oder Limettensaft
Cayennepfeffer nach Belieben

Alle Zutaten im Mixer pürieren. Um eine pikantere Version zu erhalten, kann nach Belieben bis zu 1 TL Cayennepfeffer dazugegeben werden.

Petersilie hat die Eigenschaft, Vata und Kapha zu reduzieren und Pitta zu harmonisieren. In der europäischen Küche ist sie eines der meist verwendeten Kräuter (S. 28). Ihre Heilwirkung ist vielfältig: Sie regt die Verdauungssäfte an, reinigt den Verdauungstrakt, wirkt entwässernd und sorgt für eine schöne Haut. Petersilie hat einen hohen Vitamin-C-Gehalt und kann auch als Tee, zum Beispiel bei Erkältungen, zubereitet werden.
Übrigens: Römische Gladiatoren aßen regelmäßig Petersilie. Sie glaubten, ihre Kraft und ihren Mut damit zu vervielfachen.

Sahnesoße einfach

2 EL Ghee
1/4 TL Ingwerpulver
1 Msp Kreuzkümmel, gemahlen
1 TL Kurkuma
1 EL Mehl (1050)
250 g Sahne
Salz, Pfeffer
etwas Zitronensaft

Ghee in einem Topf erhitzen, die Gewürze kurz anrösten und das Mehl darin anschwitzen. Mit Sahne und etwas heißem Wasser löschen und mit Salz, Pfeffer und Zitrone abschmecken.

Eine Basissoße für Gemüse-, Getreide- und Nudelgerichte, die durch die Variation der Gewürze farblich und geschmacklich unterschiedlichen Gerichten angepaßt werden kann.

Buttersoße »Bianca«

200 g Butter
1 Handvoll frische Kräuter (Basilikum, Koriander, Pfefferminze oder Dill)

Butter in einem kleinen Topf schmelzen und die Kräuter dazugeben. Die Soße sofort über bereits fertig gegarte Nudeln gießen und servieren.

Mango-Chutney

1 große Mango, geschält, kleingeschnitten
1 grüne Pfefferschote
1/2 TL frischer Ingwer, geschält, fein gehackt
1 TL Salz
1 TL Crème double
etwa 1 TL Vollrohrzucker oder nach Belieben
3 EL frische Kokosraspel
frische Kokosraspel
Minzblätter, gehackt

Mango vorbereiten, indem man den Stein sauber abschabt. Fruchtfleisch mit den anderen Zutaten im Mixer pürieren. Den Brei in eine Schale füllen und mit frischen Kokosraspeln und gehackten Minzblättern bestreuen.
Ganz lecker schmecken die Kokosraspel, wenn sie trocken leicht angeröstet werden.

Wenn die Mango eine ausreichende natürliche Süße hat, kann man die Menge des Zuckers reduzieren oder ganz darauf verzichten. Am besten schmecken die kleineren, indischen Mangos und grüne Mangos, die eine leicht rote Schattierung haben.
Übrigens: Mangos zu schneiden ist eine Kunst, die gelernt sein will: Um möglichst viel Fruchtfleisch zu gewinnen, schälen Sie zuerst die Mango mit einem Schäler oder einem scharfen Küchenmesser. Dann schneiden Sie die Frucht bis zum Kern der Länge nach und in Querrichtung ein, so daß kleine Würfel entstehen. Die Würfel lassen sich nun vom Kern trennen, indem Sie sie mit dem Messer abschaben.

Rote Gewürzsoße

Besonders geeignet für Nudelgerichte.

1 EL Ghee
1/4 TL Ingwerpulver
1 Prise Asaföetida
1/4 TL Salz
1/4 TL schwarzer Pfeffer
1/4 TL Chinagewürzmischung
1/4 TL Kräutersalz
2 EL Vollkornweizenmehl, fein gemahlen
1/2 l vegetarische Brühe
1 EL Tomatenmark
1 kleines Stück Rote Bete, geschält, geraspelt

Ghee in einem kleinen Topf erhitzen und die Gewürze kurz darin anrösten. Das Mehl anschwitzen und mit der Brühe löschen. Aufkochen, Tomatenmark und Rote Bete unterrühren. Bei milder Hitze garen.

Tomaten-Chutney I

Dieses Chutney entwickelt erst nach einiger Zeit sein volles Aroma und kann daher gut vorbereitet werden.

3 EL Ghee
2 EL frischer Ingwer, geschält, gehackt
1 TL geröstete Kreuzkümmelsamen, zerstoßen
3 Tassen reife Tomaten, enthäutet, zerkleinert
3 TL Rohrzucker
1 EL Pitta-Churna
6 EL Wasser
1 Msp Nelken
1 Zimtstange oder 1/2 TL Zimtpulver
6 Kardamomschoten
1/2 TL Salz
1 TL Garam Masala
frische Petersilie

Ghee in einer Pfanne erhitzen und Ingwer und Kreuzkümmel 2–3 Minuten anrösten. Mit den restlichen Zutaten (bis auf Garam Masala) etwa 30 Minuten bei kleiner Flamme köcheln lassen, bis die Tomaten weich sind. 10 Minuten ohne Deckel ziehen lassen. Mit Garam Masala abrunden. Abgekühlt in eine Schale füllen und mit frischer Petersilie garnieren.

Die Haut der Tomaten gilt in der ayurvedischen Küche als schwer verdaulich. Tomaten können leicht enthäutet werden, wenn man sie in kochendem Wasser einige Minuten ziehen läßt und die Haut mit einem spitzen Messer abzieht.
Tomaten sind im Geschmack etwas süß, vor allem aber sauer, und ihre Nachwirkung im Verdauungsvorgang ist ebenfalls säuernd. Als Nachtschattengewächs können sie daher Pitta-Störungen verstärken. In diesem Rezept wird dies durch das Pitta-Churna und die Zubereitung mit Ghee ausgeglichen.

Tomaten-Chutney II

3 EL Ghee
2 EL frischer Ingwer, geschält, gehackt
2 TL Kreuzkümmelsamen
3 Tassen reife Tomaten, enthäutet, zerkleinert
2 Msp Nelken
1 EL Vata-Churna
1/2 TL Zimt
1 Lorbeerblatt
2 EL Rosinen
2 1/2 EL Rohrzucker
1/4 TL Cayennepfeffer
1 EL Zitronensaft
1/2 TL Salz

Zubereitung wie Rezept »Tomaten-Chutney I«

Vata-Churna und Rosinen geben diesem Tomaten-Chutney einen mehr süßen Charakter: eine andere Möglichkeit, die Pitta-Eigenschaften der Tomaten und schärferen Gewürze abzumildern oder gar auszugleichen.

Frisches Apfel-Chutney

1 TL Kreuzkümmel
2 Äpfel, geschält, entkernt, kleingeschnitten
1 grüne Pfefferschote
1/4 TL Salz
1 TL Vollrohrzucker
Saft von 1/2 Zitrone
8 EL Wasser
Minzblätter
Walnüsse, gehackt

Kreuzkümmel in einer Pfanne kurz anrösten, um sein Aroma zu entfalten. Äpfel und die anderen Zutaten im Mixer pürieren. Kreuzkümmel dazugeben und gut vermischen. 1 Stunde kalt stellen. In eine Schale füllen und mit frischen Minzblättern und gehackten Walnüssen garnieren.

Mandelmus-Salatdressing

2 EL helles Mandelmus
1/4 Tasse Sahnewasser
1 EL Mandel- oder Walnußöl
3 TL Zitronensaft
1 TL ayurvedischer Mandelpuder
Salz und Pfeffer oder
eine kleine Prise Cayennepfeffer nach Belieben

Alle Zutaten in eine Schüssel geben und mit dem Schneebesen glattrühren.

Dieses Dressing eignet sich ideal für Reissalat oder zu verschiedenen Gemüsespeisen.

Kokosnuß-Chutney

2 Tassen frische Kokosnuß, fein geraspelt
1 Prise Salz
1/2–1 EL Vollrohrzucker
1 TL ayurvedischer Mandelpuder
Saft von 1/2 Zitrone
4 EL Kokosmilch
4 EL Bioghurt
1 kleine Prise Cayennepfeffer

Alle Zutaten im Mixer pürieren, bis eine cremige Konsistenz entsteht.

Kokosnuß-Chutney gehört zu den traditionell süß-scharfen Beilagen der indischen und ayurvedischen Küche. Für ein geschmackvolles Chutney brauchen Sie eine Kokosnuß von guter Qualität. Sie sollten die Kokosmilch plätschern hören, wenn Sie die Nuß schütteln. Die Kokosnuß darf nicht ranzig riechen und keine Schimmelflecken haben. Wenn Ihre Kokosnuß diesen Test bestanden hat, kann sie für dieses leckere, kühlende Chutney verwendet werden.

Die Milch der Kokosnuß schmeckt in der Regel sehr süß. Schmeckt sie nicht frisch oder gar sauer, ist sie verdorben und kann nicht mehr verwendet werden.

Als Variation gibt es Kokosnuß-Chutney mit frischen Korianderblättern. Probieren Sie diese Alternative, um ein ungewöhnliches Geschmackserlebnis zu erfahren.

Rosen-Sandel-Rosinen

Ein sanftes Tonikum zur Beruhigung des Gemüts und zum Öffnen des Herzens.

1/8 TL Sandelholzpulver
1 Tasse ungeschwefelte Rosinen, gewaschen
1 1/2 Tassen stilles Tafelwasser
1 EL milder Honig (Pinien- oder Orangenblütenhonig)
einige Tropfen Rosenwasser nach Belieben

Sandelholzpulver über Nacht in wenig Tafelwasser einweichen. Rosinen im Tafelwasser 30 Minuten köcheln und dann abkühlen lassen. Sandelholzwasser und Honig dazurühren. Mit Rosenwasser abrunden. In eine schöne Schale füllen und etwa 2 Stunden ziehen lassen. Zum festlichen Anlaß mit einer einzelnen Rosenknospe garnieren.

Rosen-Sandel-Rosinen werden zu Pikantem oder zu Puris oder Chapatis gereicht. Sie eignen sich gut bei Unruhe und kühlen bei innerer Hitze.

Rosinen sind in der ayurvedischen Naturheilkunde für ihre harmonisierende Wirkung bekannt. Sie dienen als Tonikum für Herz und Nerven. Bemerkenswert und für Vegetarier von Bedeutung ist auch ihr hoher Eisengehalt. Rosinen sollten Sie stets vor dem Gebrauch einweichen oder – wie bei unserem Rezept – köcheln. So werden sie bekömmlicher, entfalten ihre vollen Qualitäten, sind gut zu verdauen und gleichen Vata aus, während sonst Trockenfrüchte, besonders bei Vata-Typen, unter Umständen Blähungen verursachen.

Achten Sie darauf, daß die Rosinen ungeschwefelt sind. Das zur Konservierung verwendete Schwefeldioxyd verhindert zwar das Verderben der Frucht, verändert aber den Geschmack und verursacht Rajas-Störungen.

Das Trocknen durch die Sonne ist eine der natürlichsten und ältesten Methoden der Menschheit, Nahrung vorzubereiten. Nach ayurvedischer Auffassung konserviert die Frucht beim Trocknen die Kraft der Sonne und stärkt so beim Verzehr Körper und Geist. Getrocknete Früchte sind länger haltbar, wenn Sie sie in einem luftdichten Glas aufbewahren.

Himbeersoße

400 g frische Himbeeren
1/3 Tasse Tafelwasser
7 TL Rohrzucker
Rosenwasser nach Belieben

Himbeeren durch ein Sieb streichen, um die Kerne zu entfernen. Wasser und Zucker zum Kochen bringen und abkühlen lassen. Pürierte Himbeeren dazugeben. Mit einem Schuß Rosenwasser verfeinern.

Himbeeren haben einen ausgesprochen feinen Geschmack. Sie besitzen einen hohen Anteil an Ballaststoffen. Dieses Rezept schmeckt wunderbar zu einem frischen Obstsalat.
Himbeersaft erfrischt und stärkt Körper und Geist. Außerdem regt er den Appetit an, reinigt das Blut und führt ab.

Koriandercreme

1 1/2 Tassen frisches Korianderkraut, gehackt
3 EL frischer Ingwer, geschält, gehackt
1 EL frischer Zitronensaft
1/4 Tasse Minzblätter
2 EL Rohrzucker
3 EL Bioghurt
3 EL frische Kokosnuß, geraspelt
Salz nach Belieben
1 TL Rohrzucker
rote Paprikaschoten, fein gehackt

Alle Zutaten im Mixer pürieren, bis eine glatte Creme entsteht. Mit Salz abschmecken. In eine dekorative Schale füllen, mit roten Paprikaschoten garnieren und zu Puris, Papadams oder Pakoras servieren.

Koriander, ein beliebtes ayurvedisches Gewürz (S. 22), zeichnet sich besonders durch seine Pitta kühlende Qualität aus. Die hier vorgestellte Creme behält aufgrund der überwiegend kühlenden Zutaten diese Eigenschaft und kann daher als Kontrast zu scharfen, heißen und Pitta anregenden Speisen gereicht werden.

Kräutersoße Allerlei

5 EL frische Kräuter, kleingehackt (Petersilie, Basilikum, Fenchel, Selleriekraut, Oregano, Majoran)
3/4 l Gemüsebrühe
1 EL Ghee
1/4 TL Ingwerpulver
1/4 TL Kurkuma
1 Prise schwarzer Pfeffer
2 Prisen Pfefferkraut
2 Prisen Kreuzkümmel
2 Prisen Asafoetida
1/4 TL Fenchelsamen
2 EL Mehlmischung (Kichererbsenmehl und Weizenmehl im Verhältnis 2:1)
Vata-Churna
Salz
100 g Sahne oder Crème fraîche

Mindestens drei Sorten Kräuter in der Gemüsebrühe 5 Minuten kochen (etwas Brühe zurückbehalten). Ghee erhitzen und die Gewürze kurz anrösten. Topf vom Herd nehmen und das Mehl unterrühren. Die Kräuterbrühe unter Rühren hinzufügen, bei kleiner Flamme aufkochen lassen. Mit Vata-Churna und Salz abschmecken und nach Wunsch mit Sahne oder Crème fraîche verfeinern. Mit frischen Kräutern bestreut servieren.

Sauce Bolognese

50 g Sojahack
1/2 TL Ingwerpulver
1/4 TL Kreuzkümmel, gemahlen
1/2 TL Oregano
100 ml Gemüsebrühe
2 EL Ghee
50 g Weizen, grob geschrotet
2 EL Nüsse, gemahlen
1 kleine Karotte, gerieben
6 große Tomaten, enthäutet
1 TL Paprikapulver
Salz, Pfeffer

Sojahack mit den Gewürzen in der heißen Gemüsebrühe etwa 10 Minuten einweichen. Ghee im Topf erhitzen und das Sojahack, Weizen, Nüsse und Karotte darin anbraten. Wenn nötig, etwas Wasser dazugießen, um ein Anbrennen zu vermeiden. Mit Paprika, Salz und Pfeffer abschmecken.

Tandoori-Sahnesoße

1 EL Ghee
1/4 TL Kurkuma
1 Prise Muskat
1/4 TL Tandoori
1 EL Weizenmehl (1050)
250 g Sahne (oder Sahne und Wasser in beliebigem Verhältnis)
Salz
1 Prise schwarzer Pfeffer
etwas Zitronensaft

Ghee in einem Topf erhitzen, die Gewürze einige Sekunden anrösten und das Mehl darin anschwitzen. Mit Sahne und/oder Wasser löschen, kurz aufwallen lassen und mit Salz, Pfeffer und Zitrone abschmecken.

Der Tandoor ist sowohl ein Lehmofen als auch ein vasenförmiger Topf aus Ton, in dem die indische Hausfrau Gemüse und andere Gerichte zubereitet. Eine traditionelle Gewürzmischung dazu ist Tandoori, das dieser Soße einen anregenden aromatisch-pikanten Geschmack verleiht und es für alle Gemüse- und Getreidegerichte geeignet macht.

Pfefferminz-Gurken-Raita

250 g Bioghurt
1 frische Gurke, geraspelt
frische Minzblätter, gehackt
1 TL gerösteter Kreuzkümmelsamen, zerstoßen
1 TL Salz
schwarzer Pfeffer nach Belieben
1 Prise Cayennepfeffer
Minzblätter

Joghurt in eine Schüssel geben und mit dem Schneebesen schaumig schlagen. Gurke, Minze, Kreuzkümmel, Salz und Pfeffer dazugeben, gut vermengen. In eine Servierschale füllen und mit einer Prise Cayennepfeffer bestreuen. Mit Minzblättern garnieren.

Raitas sind kühlende Beilagen zu pikanten Vorspeisen oder Gemüsegerichten. Sie werden in unzähligen Variationen zubereitet: zum Beispiel mit frisch geraspelten Karotten, gewürfelten Kartoffeln oder Auberginen.

Beliebt ist das Bananen- oder Cashewnuß-Raita. Apart schmeckt auch das Raita mit frischer Brunnenkresse. Wie sie das Raita auch vorbereiten mögen, immer ist die Basis ein cremiger Bioghurt. Die verschiedenen wärmenden Gewürze wie Kreuzkümmel und Cayennepfeffer gleichen die kühlende Wirkung des Joghurts aus und fördern die Verdauung. In der ayurvedischen Gesundheitslehre wird Cayennepfeffer eingesetzt, um die Verdauung von Ama oder Fett zu unterstützen. Bekannt ist auch seine heilende Wirkung bei Erkältungen. Cayennepfeffer ist sehr ausgleichend und hilft bei der Assimilation und der Verdauung von Rohkost. Kreuzkümmel ist weniger heiß und hat den Vorteil, daß es Kapha und Vata vermindert, ohne Pitta übermäßig zu reizen. Cayennepfeffer und Kreuzkümmel sind bei schweren Kartoffel-, Kohl- und Bohnengerichten wichtig. Auch bei Joghurt oder Käse unterstützt Cayennepfeffer gut. Verwenden Sie ihn aber äußerst sparsam, da er bereits in kleinsten Mengen eine außergewöhnliche Schärfe entwickelt.

Tomaten-Tamarinden-Chutney

500 g Tomaten
50 ml Zitronensaft
1/2 EL Ghee
1–2 cm Ingwerwurzel, geschält, fein gehackt
1/4 TL Chilipulver
1/4 TL Zimt
1 TL Asafötida
50 ml Tamarindensaft (aus etwa 30 g eingeweichter Tamarinde)
2 EL Vollrohrzucker
2 EL Rosinen

Tomaten mit Zitronensaft zum Kochen bringen und die Tomaten mit einem Holzlöffel zerdrücken. Etwa 30 Minuten kochen lassen. Ghee erhitzen, Gewürze darin anrösten und mit dem Tamarindensaft zur Tomatenmischung geben. Zucker und Rosinen unterrühren und weitere 30 Minuten kochen lassen.

Studentenparmesan

Diese pikante Streumischung paßt ideal zu knackig frischem Salat.

2 EL Meerrettich, gerieben
1 EL Mandeln, fein gemahlen
1 EL frische Kokosnuß, gerieben
Rohrzucker
1 Prise Salz

Alle Zutaten in einer Schüssel gut vermengen und zu frischem Salat reichen.

Meerrettich bringt Schwung in den Geist – er rüttelt auf, macht wach und pustet verstopfte Kanäle frei. Dieses Rezept ist ideal für Studenten, die lange Stunden über Büchern sitzen müssen – daher auch sein Name. Am besten bereitet man ihn frisch zu, um die stärkste Heilwirkung der im Meerrettich enthaltenen ätherischen Öle zu nutzen.

Zitronenmelisse-Chutney

Dieses Chutney schmeckt köstlich zu Reis, Grillkartoffeln oder Reissalat.

1 Tasse Zitronenmelisse, kleingeschnitten
1 EL Zitronensaft
1 EL Rohrzucker oder Honig
1/2 TL Salz nach Belieben
2 EL Bioghurt
1 TL Kokosflocken zum Bestreuen
1 TL Sesamsamen zum Bestreuen

Alle Zutaten mit 1 EL Wasser im Mixer pürieren. In eine kleine Schale füllen und mit Kokosflocken und Sesamsamen bestreuen.

Zitronenmelisse wird auch Bienenkraut oder Honigblume genannt, denn besonders die Bienen lieben dieses sattvische und duftende Kraut mit seinem Zitronenaroma. (Melissa ist der griechische Name der Biene.)
Melisse wird für viele Heilkräutermischungen benutzt, zum Beispiel für den bekannten Melissengeist. In der ayurvedischen Heilkunde findet die Zitronenmelisse seit Tausenden von Jahren Verwendung, ebenso in der europäischen Volksmedizin: bei nervösen Herzbeschwerden, Blähungen und Verdauungsstörungen, Brechreiz bei Magen- oder Gallebeschwerden. Eine Tasse Melissentee fördert den Schlaf, entkrampft und lindert Winde. Die Melisse ist also eine Vata beruhigende Heilpflanze. Ihre Hauptwirkstoffe sind ätherische Öle, besonders das Zitronellöl, die für die beruhigenden und krampflösenden Eigenschaften verantwortlich sind.

Spaghettisoße Italia

4 EL Olivenöl
1 Karotte, sehr klein gewürfelt
1 rote Paprika, von Stielansatz und Kernen befreit, sehr klein gewürfelt
1 Zucchini, sehr klein gewürfelt
3 Tomaten, enthäutet
250 g Tomatenpüree
je 1/4–1/2 TL Basilikum, Majoran, Thymian, Oregano
1 TL Paprikagewürz
Kräutersalz
schwarzer Pfeffer

Olivenöl in einem Topf erhitzen, darin das Gemüse kurz anbraten. Dann die Tomaten, das Tomatenpüree, Wasser und die Gewürze dazugeben. Mit Salz und Pfeffer abschmecken und etwa 20 Minuten bei mäßiger Hitze im offenen Topf einkochen lassen.

Diese vollrote, kräftig-würzige und appetitanregende Soße ist eine köstliche Alternative für Sauce Bolognaise und begeistert Erwachsene und Kinder gleichermaßen. Ihre Grundwirkung ist Pitta, passend zum Kapha von Spaghettis, gut zu ergänzen durch Vata von knackigem gemischten Salat und durch ein süßes Lassi.

Currysuppe

1 EL Ghee
1 TL schwarze Senfkörner
1/4 TL Ingwerpulver
1/2 TL Kurkuma
1/4 TL Currypulver
1/4 TL Kreuzkümmel, gemahlen
1 Karotte, gewürfelt
1 kleine Zucchini, gewürfelt
1 l Gemüsebrühe/Wasser
100 g Nudeln ohne Ei

Ghee in einem Topf erhitzen, die Senfkörner und gemahlenen Gewürze kurz anrösten. Das kleingeschnittene Gemüse dazugeben und mit heißer Brühe oder Wasser aufgießen. Die Nudeln hineingeben und 10–20 Minuten garen, dabei gelegentlich umrühren.

Entfacht das Verdauungsfeuer, macht warm und ist daher gut für kühle Tage.

Cremige Rote-Bete-Suppe

Mit Brot und Kräuterbutter eine leckere, mild-gewürzte Suppe für abends.

2 EL Ghee
1 TL Kreuzkümmelsamen
1 Msp Kardamom
1 TL Ingwerpulver
1/2 TL Koriander, gemahlen
1 Msp Muskat
1 Prise Zimt
1 Prise Nelken
750 g Rote Bete
1–2 TL Salz
schwarzer Pfeffer
100 g Crème fraîche oder Sauerrahm
2 EL Zitronensaft
frische Kräuter

Ghee in einem Topf erhitzen. Zuerst die Kreuzkümmelsamen darin kurz anrösten, bis sie aufplatzen (Achtung: Spritzgefahr!), dann die gemahlenen Gewürze und die Rote Bete dazugeben, umrühren und kurz anbraten. Salz, Pfeffer und 1 l heißes Wasser zugeben, alles einmal aufkochen, im geschlossenen Topf bei kleiner Hitze in etwa 20 Minuten fertiggaren.
Pürieren und mit Crème fraîche oder Sauerrahm und Zitrone abschmecken. Mit den gehackten Kräutern bestreut servieren.

Gemüsecremesuppe

Eine milde Suppe mit abgerundetem Geschmack für jede Jahreszeit.

1–2 Karotten, gewürfelt
1 Sellerie, geschält, gewürfelt
1–2 Zucchini, gewürfelt
1 l Gemüsebrühe
1 Prise Pfeffer
1 Msp Ingwerpulver
1 Prise Muskat
1 Msp Kreuzkümmel, gemahlen
2 EL Maismehl
100 g Sahne
frische Kräuter

Das zerkleinerte Gemüse und die Gewürze in der Brühe aufkochen und etwa 20 Minuten bei kleiner Flamme im geschlossenen Topf fertiggaren. Alles pürieren, Maismehl mit der Sahne verrühren und unter Rühren in die kochende Suppe geben. Einmal kurz aufwallen lassen und mit frischen Kräutern bestreut servieren.

Natürlich können Sie weitere Gemüsekombinationen kreieren.

Grießsuppe mit glasiertem Gemüse

Diese Suppe, die vor allem Vata ausgleicht, können Sie rasch und einfach zubereiten.

1 EL Ghee
1 Karotte (etwa 100 g), in dünne Stifte geschnitten
1 Schwarzwurzel (etwa 100 g), geschält, in dünne Scheiben geschnitten
2 TL Rohrzucker
50 g Rauke, grob gehackt
3/4 l stilles Mineralwasser
1/2 TL Bertram
1/2 TL Fenchelpulver
1 Prise Galgant
1/4 TL Liebstöckel
40 g Dinkelvollkorngrieß
100 g Sahne
1/2 TL Salz
1 Bund frische Petersilie, fein gehackt

Ghee erhitzen, Karotte und Schwarzwurzel darin anbraten, Zucker dazugeben und bei schwacher Hitze karamelisieren lassen, zum Schluß die Rauke kurz mitbraten. Warm stellen.
Wasser mit den Gewürzen aufkochen, Grieß unter Rühren einstreuen und 5 Minuten köcheln lassen. Sahne dazugießen und nochmals erhitzen, aber nicht mehr zum Kochen bringen. Mit Salz abschmecken. Die Suppe in Teller füllen, das Gemüse und die fein gehackte Petersilie darauf verteilen.

Das süß-glasierte Gemüse schafft einen raffinierten Kontrast zu der herzhaft-würzigen Brühe.
Bertram ist ein Hildegard-Gewürz mit herb-strenger Geschmacksrichtung, daher sparsam verwenden.

Grüne Spargelcremesuppe

500 g grüner Spargel, in 3 cm lange Stücke geschnitten
20 g Ghee
20 g Mehl (1050)
1/2 TL Garam Masala
125 g Sahne
Salz, Pfeffer
Zitronensaft
1 EL frische Petersilie, gehackt

Spargel in 1/2 l Salzwasser 10–15 Minuten gar kochen. 1/3 des gekochten Spargels mit einem Schaumlöffel herausnehmen und beiseite stellen. Den restlichen Spargel in dem Sud pürieren. Ghee in einem Topf erhitzen, das Mehl darin anschwitzen und mit dem pürierten Sud löschen. Kurz aufkochen lassen, Garam Masala, Sahne und Spargelstückchen unterrühren. Mit Salz, Pfeffer und einigen Tropfen Zitronensaft abschmecken und vor dem Servieren mit der Petersilie bestreuen.

Karottensuppe mit Begleitung

400–500 g Karotten
1 Bund frische Petersilie
3/4 l Gemüsebrühe
2 EL Kokosmilchpulver
1 Prise Koriander
Salz, Pfeffer
1 Prise Vata-Churna
1/2 EL Ghee
2 Prisen Ingwerpulver
1 Prise Asafötida
1 Prise Pfefferkraut
etwas frischer Thymian
200 g Vollkorntoastbrot, leicht geröstet
4 EL Sahne

Karotten mit den Petersiliestengeln in der Brühe dünsten. Kokosmilchpulver unterrühren und pürieren. Mit Koriander, Salz, Pfeffer und Vata-Churna abschmecken. Ingwer, Asaföetida und Pfefferkraut in Ghee erhitzen. Thymian und 1 EL gehackte Petersilieblätter dazugeben. Die leicht getoasteten Brotwürfel bei mittlerer Hitze anbraten. Suppe in Teller füllen, mit der steifgeschlagenen Sahne, den Brotwürfeln und der restlichen Petersilie garniert servieren.

Kartoffelsuppe

1 EL Ghee
1 TL schwarze Senfkörner
1/2 TL Kreuzkümmel, gemahlen
1/2 TL Koriander, gemahlen
1 Msp schwarzer Pfeffer
1/2 TL Ingwerpulver
1/2 TL Bockshornkleeblätter
1 kleine Karotte, in Scheiben geschnitten
500 g Kartoffeln, geschält, gewürfelt
1 l Gemüsebrühe
Salz

Ghee in einem Topf erhitzen, zuerst die Senfkörner, dann die gemahlenen Gewürze und die Bockshornkleeblätter anrösten. Das Gemüse zugeben und mit der heißen Gemüsebrühe aufgießen. 15–20 Minuten bei kleiner Hitze im geschlossenen Topf fertiggaren. Zum Schluß pürieren und eventuell mit Salz abschmecken.

~

Verwenden Sie Bockshornklee wohldosiert, er entfaltet einen sehr intensiven bitter-herben Eigengeschmack.

Klare Zucchini-Karotten-Suppe

Ein schmackhaftes Gericht, das auch Kinder gerne essen. Geeignet für eine leichte Abendmahlzeit mit geröstetem Brot und Ghee als Beilage, besonders an kalten Winterabenden.

1 Zucchini, kleingewürfelt
2 kleine Karotten, gewürfelt
1 kleines Stück Sellerieknolle, geschält, gewürfelt
3 EL Basmatireis
1 l Gemüsebrühe
1 TL Currymischung
1 Msp Kardamom
1 TL frischer Ingwer, geschält, gerieben
Salz
schwarzer Pfeffer
1 geh. EL frische Petersilie, gehackt

Das Gemüse, eingeweichten Reis, Gemüsebrühe und Gewürze etwa 20 Minuten garen lassen. Mit Salz und Pfeffer abschmecken und mit Petersilie bestreuen.

~

Statt Reis können auch Quinoa, Graupen oder Nudeln verwendet werden.

Kürbis-Curry-Suppe

Diese exotische Suppe wird bei festlichen Anlässen in einer geschnitzten Kürbisschale mit dekorativen Ranken aus echten Efeublättern serviert und bildet den attraktiven Mittelpunkt einer Festtafel.

1 Gartenkürbis
2–3 TL Ghee
1/2 TL Ingwerpulver
1/2 TL mildes Currypulver
2 Tassen Sahne
3 EL Rohrzucker
1/2 TL Zimt
1/2 TL Salz
schwarzer Pfeffer
1 TL Garam Masala nach Belieben

Gartenkürbis halbieren und aushöhlen. Schale auswaschen und die Ränder mit einem scharfen Küchenmesser in einem Zackenmuster einschneiden. Kerne entfernen und das Fleisch würfeln.
Ghee erhitzen. Darin Ingwer- und Currypulver leicht anrösten. Kürbisfleisch hinzufügen und weitere 3–5 Minuten braten. Mit wenig Wasser etwa 20 Minuten schmoren lassen, bis der Kürbis gar ist.
3 Tassen Kürbismus, Sahne, Rohrzucker und Zimt im Mixer pürieren. In einen Topf geben und 2 Minuten köcheln lassen. Mit Salz, Pfeffer und nach Belieben Garam Masala abschmecken. Falls nötig, kann die Suppe mit etwas Wasser verlängert werden.

Kürbis gibt es in allen möglichen Variationen. Für unser Rezept eignet sich am besten der schöne, orangefarbene Gartenkürbis.
Kürbis enthält Karotin, Ballaststoffe und viel Vitamin A. Die Kerne sind bekannt für ihren krampflösenden und entzündungshemmenden Einfluß. Da sie eine ausgesprochen harntreibende Wirkung haben, sind sie unter anderem bei Schwellungen nützlich, außerdem stärken sie die Blasenmuskulatur.

Zuckererbsensuppe

600 g Zuckererbsen
1/2 TL Koriander, gemahlen
1/4 TL schwarzer Pfeffer
1 TL Fenchelsamen
2 EL Ghee
2 EL Dinkelvollkornmehl, fein gemahlen
je 1/2 TL frisches Basilikum, Oregano, Majoran, kleingehackt
1/4 TL Thymian, kleingehackt
2 EL Kokosmilchpulver
Salz

Erbsen, Koriander und Pfeffer/Fenchelsamen in 3/8 l Wasser etwa 20 Minuten kochen, bis sie weich sind. Dann pürieren und noch mal 3/8 l Wasser aufgießen. Ghee und Dinkelmehl in einer kleinen Schüssel vermischen und in die Suppe rühren. Zum Schluß Kräuter und Kokosmilchpulver dazugeben und mit Salz abschmecken.

Die Suppe schmeckt frisch, ist sättigend und nährend und doch leicht und bekömmlich. Sie reduziert Pitta.

Leichte Brunnenkressesuppe

Salz
1 Bund frisches Suppengrün, gebunden oder
Gemüsebrühe aus dem Reformhaus
1/2 Karotte, grob geraspelt
1 Zitronengrasblatt nach Belieben
1 Bund Brunnenkresse, entstielt
1 EL Vollrohrzucker
1/4 TL schwarzer Pfeffer
4 EL Crème fraîche
1 Bund Petersilie, gehackt

1,5 l Wasser mit Salz zum Kochen bringen. Suppengrün oder Gemüsebrühe sowie Karotten und Zitronenblatt dazugeben und etwa 15 Minuten köcheln lassen, bis die Karotten weich sind. Suppengrün entfernen.
Brunnenkresse erst kurz vor dem Servieren dazugeben. Mit Zucker, Salz und Pfeffer abschmecken. In vorgewärmte Teller füllen und mit Crème fraîche und Petersilie garnieren.

Diese leichte Suppe eignet sich besonders gut für eine Frühjahrsreduktionskur. Eine besondere exotische Note wird durch ein einzelnes Zitronengrasblatt (erhältlich in Asienläden) erzielt. Lassen Sie Ihrer Phantasie freien Lauf: Verwenden Sie statt der Brunnenkresse Sauerampfer oder frische Kräuter nach Ihrer Wahl. Gartenkresse macht diese Suppe milder und lieblicher.

Paprikacremesuppe

1 große gelbe und 2 große rote Paprikaschoten, von Stielansatz und Kernen befreit, geschnitten
1/2 vegetarischer Brühwürfel
1/2 TL Asafötida
1/2 TL Kurkuma, gemahlen
1/4 TL Fenchelsamen, gemahlen
1/2 TL Oregano
1/4 TL Ingwerpulver
1/4 TL Amchur
Salz
1 Prise schwarzer Pfeffer
1 Prise Cayennepfeffer
125 g Sahne
1 EL Maismehl
1 TL Zitronensaft
frische Kräuter

Paprika mit den Gewürzen in 1 l Wasser aufkochen und bei kleiner Hitze im geschlossenen Topf fertiggaren. Anschließend pürieren, durch ein Sieb passieren und im Topf zum Kochen bringen.
Sahne mit Maismehl verrühren und unter Rühren in die Suppe geben. Kurz aufwallen lassen, mit Zitronensaft abschmecken und mit den frischen Kräutern bestreuen.

Seien Sie sehr vorsichtig mit Cayennepfeffer, da er eine außerordentliche Schärfe entfaltet. Bei sparsamer Dosierung schmeckt diese Suppe mild, aber anregend und leuchtet in kräftiger oranger Farbe.

Ufosuppe

1 großer Ufo, entkernt, gewürfelt
1 vegetarischer Gemüsebrühwürfel
1 Prise schwarzer Pfeffer
1/2 TL Kurkuma
1/4 TL Kreuzkümmel, gemahlen
1/4 TL Ingwerpulver
250 g Sahne
frische Kräuter

Ufo, Brühwürfel und Gewürze in 3/4 l Wasser etwa 20 Minuten bei kleiner Flamme weich kochen. Pürieren, Sahne unterrühren und mit den Kräutern bestreut servieren.

Der Ufo – auch Squash genannt – ist wie die Zucchini eine Kürbisart. Sein Fleisch schmeckt zart und mild. Die hellhäutige Frucht erinnert wegen ihrer tellerartigen Form an eine fliegende Untertasse, von der sie ihren Namen bezieht.
Statt Ufo können Sie auch Zucchini verwenden.

Tomatensuppe

5–6 reife Fleischtomaten, enthäutet, in Stücke geschnitten
1 Lorbeerblatt
1/2 TL Kurkuma
1 TL Vollrohrzucker
1 TL Paprikapulver
1 TL frischen Ingwer, geschält, geraspelt
1 TL frische oder 1/2 TL getrocknete Oreganoblätter, gehackt
5 Pfefferkörner
1 Prise Asafötida
1 Prise Salz
1 EL Ghee
2 EL Vollkornmehl
125 g Sahne, geschlagen
1 EL frische Kräuter, gehackt (z. B. Oregano, Petersilie, Basilikum, Schnittlauch)

Tomaten mit den Gewürzen in 1/2 l Wasser etwa 10 Minuten weich dünsten, dann durch ein Sieb passieren. Ghee in einem Topf erhitzen, das Vollkornmehl einrühren, anschwitzen und die passierte Tomatenbrühe dazugeben. Eventuell mit Salz und Pfeffer abschmecken. Mit Sahnetupfen und frisch gehackten Kräutern servieren.

Eine mild-säuerliche, appetitanregende Gewürzsuppe mit knusprigem Fladenbrot für abends oder als Vorspeise für das Mittagsmenü.

Rote-Linsen-Suppe

Eine kräftige und nahrhafte Suppe für die kalte Jahreszeit.

2 EL Ghee
2 TL schwarze Senfkörner
1 TL Kreuzkümmelsamen
1/4 TL Koriander, gemahlen
1/2 TL Ingwerpulver
1 TL Kurkuma
1 Msp Asafötida
200 g rote Linsen
2 Lorbeerblätter
Salz
frische Kräuter nach Belieben

Ghee in einem Topf erhitzen, zuerst Senfkörner und Kreuzkümmelsamen, dann die gemahlenen Gewürze kurz anrösten (Vorsicht: Spritzgefahr!). Die eingeweichten Linsen (S. 57) dazugeben, mit 1 l heißem Wasser auffüllen, kurz aufwallen lassen und mit den Lorbeerblättern bei milder Hitze im geschlossenen Topf etwa 20 Minuten gar kochen. Suppe pürieren, mit Salz abschmecken und mit frischen Kräutern bestreut servieren.

Spinatcremesuppe

500 g Blattspinat
2 EL Ghee
4 EL Mandelstifte
1–2 Prisen Currymischung
1 Prise Muskat
2 EL Mandeln, gemahlen
1/2 l Gemüsebrühe
Salz, Pfeffer
125–150 g Crème fraîche
1 unbehandelte Zitrone

Den Spinat gründlich waschen und verlesen, die groben Stiele abbrechen. Ghee in einem Topf zerlassen und die Mandelstifte darin goldbraun anbraten. Herausnehmen und das Fett im Topf lassen. Currymischung, Muskat und Pfeffer in den Topf geben, kurz umrühren und die gemahlenen Mandeln dazugeben. Unter Rühren leicht bräunen lassen. Mit der warmen Brühe ablöschen und den Spinat hineingeben. Mit Salz und Pfeffer würzen und zugedeckt 5 Minuten köcheln lassen.
Die Mischung im Topf pürieren. Crème fraîche einrühren und kurz kräftig durchkochen, dann mit etwas abgeriebener Zitronenschale und Zitronensaft abschmecken. Vier Schälchen mit Spinatsuppe auffüllen und mit den gerösteten Mandelstiften bestreut servieren.
Statt der Mandelstifte kann man die Suppe entweder mit 100 g grob geraspelten Karotten bestreuen oder 4 Scheiben Toastbrot würfeln, in Ghee mit Asafötida rösten und ebenfalls darüberstreuen.
Das Rezept eignet sich auch für die Zubereitung einer Soße. Verwenden Sie dann nur 1/4 l Gemüsebrühe.

Reis-Gemüse-Suppe

1 Stück Sellerie, geschält
1 Karotte, gewürfelt
1 Zucchini, gewürfelt
1 l Gemüsebrühe
1 Tasse Basmatireis
1/2 TL Ingwerpulver
1/2 TL Kreuzkümmel, gemahlen
1 Prise schwarzer Pfeffer
1 Msp Bockshornkleesamen, gemahlen
1/2 TL Oregano
Kräutersalz
1 Prise Muskat
1 EL Ghee

Die Gemüse in der Gemüsebrühe etwa 10 Minuten garen, dann den eingeweichten Reis und Gewürze dazugeben und bei kleiner Flamme im geschlossenen Topf weitere 10 Minuten garen. Zum Schluß mit Ghee abrunden.

Etwas dicker zubereitet und mit geröstetem Brot und Kräuterbutteraufstrich als Beilage ist diese Suppe ein leicht verdauliches und bekömmliches Abendgericht.

SALATE

Apfel-Rohkostsalat

150 g Radieschen
200 g Knollenfenchel oder
300 g Chicorée
1/2–1 Zitrone
350 g säuerliche Äpfel
1 TL Pflanzenöl
Saft und Schale von 1 Orange
1 Prise Sternanis
1 Prise Nelken
1 EL flüssiger Honig
etwas schwarzer Pfeffer
Salz
Fenchelkraut oder Minzblätter

Gemüse in feine Stifte schneiden, mit Zitronensaft beträufeln. Äpfel vierteln, entkernen und in feine Scheiben schneiden. Mit dem Gemüse vermengen. Die restlichen Zutaten zu einer Marinade verrühren, und mit der Rohkost vermischen. Mit Fenchelkraut oder Minzblättern garnieren.

Karottensalat

8 EL Sahne
2 EL Zitronensaft
2 EL Mandeln, gerieben
1 EL Leinöl
500 g Karotten, geraspelt

Sahne mit Zitronensaft, Öl und Mandeln verrühren und die geraspelten Karotten untermengen.

Zarter Feldsalat mit Ringelblumenblüten und Walnuß-Ingwer-Dressing

500 g Feldsalat
3 EL Ringelblumenblüten
1 EL Walnüsse, fein gehackt
Dressing:
1/2 TL frischer Ingwer, geschält, fein gehackt
4 EL Walnußöl
2 TL Limonensaft
1 TL Rohrzucker
2 EL Walnüsse, fein gehackt
Salz
schwarzer Pfeffer

Feldsalat in Schalen anrichten, mit frischen Ringelblumenblüten und gehackten Walnüssen bestreuen. Mit dem Dressing servieren.

Beim Einkauf achten Sie bitte darauf, daß der Feldsalat nicht welk ist. Um dem Salat die nötige Frische zu verleihen, wäscht man ihn am besten unter kaltem Wasser. Anschließend mit einem Küchentuch vorsichtig abtrocknen.
Feldsalat enthält viel Vitamin A, Eisen und Kalzium. Er regt den Appetit an, seine stark chlorophyllhaltigen Blätter bringen Prana (die feine Körperenergie) in die Zellen und schützt so vor Krankheiten.

Gemischter Salat mit Joghurtdressing

150 g Bioghurt oder saure Sahne
Salz
2 Msp bunter Pfeffer
2 EL Sonnenblumenöl
1 EL frische Kräuter (Petersilie, Schnittlauch usw.), gehackt
1 kleiner Eisbergsalat, in schmale Streifen geschnitten
4 Radieschen, in Scheiben geschnitten
1 rote Paprikaschote, von Stielansatz und Kernen befreit, kleingewürfelt
2 Tomaten, in dünne Spalten geschnitten
1/2 Tasse Maiskörner, gekocht

Die Salatsoße herstellen, würzig abschmecken und mit dem Gemüse vermengen. Sofort servieren.

Grüner Salat mit Zitronendressing

3 EL Olivenöl
1 EL Zitronensaft
1–2 TL Ahornsirup
1 Prise Ingwerpulver
1 Msp schwarzer Pfeffer
Salz
1 Kopfsalat, in kleine Stücke zerpflückt
1 EL Petersilie, gehackt

Öl mit Zitronensaft, Ahornsirup und den Gewürzen mischen. Über den Salat gießen und mit Petersilie bestreut servieren.

Chinakohlsalat

Ein appetitanregender Salat für Herbst und Winter.

3 EL Sauerrahm
3 EL Öl nach Wahl
6 EL Wasser
1 gestr. TL Kräutersalz
2 EL frische Kräuter
1/2 Avocado, geschält, gewürfelt
4 Tomaten, in Scheiben geschnitten
1 kleiner Chinakohl, von Strunk befreit, in schmale Streifen geschnitten
1–2 EL Cashewkerne, zerkleinert

Sauerrahm, Öl, Wasser, Salz und frische Kräuter zu einer Marinade verrühren. Avocadowürfel sofort unterrühren, damit sie nicht braun werden. Zum Schluß Tomaten und Chinakohl untermengen. Mit Cashewkernen bestreuen und servieren.
Statt Chinakohl können Sie auch einen anderen Blattsalat verwenden.

Sprossensalat mit Walnüssen

4 Tassen Sojasprossen
1 Karotte, grob geraspelt
1 Zucchini, grob geraspelt
1/2 Tasse Walnüsse, gehackt
Walnuß-Ingwer-Dressing (siehe Rezept »Zarter Feldsalat mit Ringelblumenblüten«, S. 77)

Sojasprossen in heißem Wasser 3 Minuten blanchieren. Abtropfen und abkühlen lassen. Karotten, Zucchini und Walnüsse daruntermischen. Walnuß-Ingwer-Dressing über den Salat gießen.

Rohkost mit Curry-Oliven-Dip

150 g Oliven, entsteint
3 EL Zitronensaft
200 g Doppelrahm-Frischkäse
2 Prisen Asaföetida
1 Bund Petersilie
Salz
1 Prise weißer Pfeffer
1 TL Currymischung
2 kleine Karotten, in Stifte geschnitten
4 Stangen Sellerie, in 10 cm lange Stücke geschnitten
2 kleine Paprikaschoten, in Streifen geschnitten

Oliven mit Zitronensaft und Frischkäse pürieren. Mit Asaföetida, Petersilie (etwas zurückbehalten), Salz, Pfeffer und Curry mischen. 30 Minuten kühl stellen. Gemüse auf einen Teller anrichten und die Frischkäse-Mischung mit Petersilie bestreuen und getrennt dazu servieren.

Dieser Dip schmeckt wunderbar als Brotaufstrich und auf Crackers.

Pikanter Radieschen-Zucchini-Salat

3 EL Walnußöl
2 TL Zitronensaft
2 TL Vollrohrzucker
3 EL Bioghurt
1/2 TL Fenchelsamen, grob zerstoßen
Salz
schwarzer Pfeffer
1 Bund Radieschen, in Scheiben geschnitten
1 Zucchini, grob geraspelt
2 EL krause Petersilie, gehackt

Für das Dressing Öl, Zitronensaft, Zucker, Bioghurt und Gewürze mischen. Zum Gemüse geben und 2–3 Stunden ziehen lassen. Mit der Petersilie bestreut servieren.

Portulaksalat

200 g Portulak
2 EL Mungbohnen (gekeimt)
1 EL Alfalfasamen (gekeimt)
4 EL Sauerrahm
2 EL Pflanzenöl
etwas Zitronensaft
Vollrohrzucker
Salz, Pfeffer
frische Kräuter, kleingehackt

Portulak mit den gekeimten Sprossen mischen. Sauerrahm mit Öl verrühren, mit Zitronensaft, Zucker, Salz und Pfeffer abschmecken. Marinade über den Salat gießen und mit den Kräutern bestreut servieren.

Tomatensalat mit Rettich

3 EL Sonnenblumen- oder Olivenöl
1 TL Zitronensaft
2–4 EL frisches Basilikum, in Streifen geschnitten
1 Prise schwarzer Pfeffer nach Geschmack
1/4 TL Salz
6 Tomaten, in Scheiben geschnitten
1 weißer Rettich, geschält, in Streifen geschnitten
1 EL geröstete Sonnenblumenkerne

Öl, Zitronensaft und Gewürze verrühren. Tomatenscheiben und Rettichstreifen unterheben. Die gerösteten Sonnenblumenkerne über den Salat streuen.

Lollo-Rosso-Salat mit Kräuterdressing

5 EL Olivenöl
1 TL Cashewmus
1 EL Zitronensaft
1/2 TL Salz
schwarzer Pfeffer nach Geschmack
1 EL frisches Basilikum, fein gehackt
je 1 TL frischer Majoran und Schnittlauch, fein gehackt
4 Tomaten, geachtelt
1 Lollo Rosso

Öl mit Cashewmus und Zitronensaft cremig rühren. Die Gewürze und Kräuter dazugeben und abschmecken. Die Tomatenstückchen unterrühren und vor dem Servieren die Salatblätter unterheben.

Zucchini-Avocado-Salat

2 kleine Avocados
4 EL Zitronensaft
1 EL Tamarinde
1 EL Apfelsaft
Salz, Pfeffer
2 Prisen Chilipulver
1/4 l Gemüsebrühe
2 Zucchini (etwa 500 g)
4 EL Olivenöl
50 g geröstete Pinienkerne

Avocados entsteinen und das Fruchtfleisch mit Zitronensaft pürieren. Tamarinde im Apfelsaft auflösen und passieren. Mit den Gewürzen zum Fruchtfleisch geben, mit soviel Gemüsebrühe vermengen, bis eine dicke Creme entsteht.
1 Zucchini raspeln, Öl daruntermengen und mit Salz und Pfeffer abschmecken. 1 Zucchini halbieren und in schräge dünne Scheiben schneiden. Kranzförmig auf 4 Teller verteilen. Avocadocreme in die Mitte der Teller geben und die Zucchiniraspel darauf verteilen. Pfeffer und Pinienkerne darüberstreuen.

Zucchini und Karotten auf Löwenzahnsalat

250 g kleine, junge Karotten
250 g dünne Zucchini, halbiert
200 g Löwenzahn
150 g Radieschen, in Scheiben geschnitten

Marinade:
1 EL Apfelsaft
1 EL Zitronensaft
1 Msp Meerrettich
Salz, Pfeffer
2 EL Oliven- oder Sonnenblumenöl
1 TL frischer Thymian

Salatdressing:
250 g Joghurt
3 EL Crème fraîche
3 EL Zitronensaft
Salz
1 Prise Cayennepfeffer
1 TL Vollrohrzucker

Karotten 10 Minuten weich dünsten. Zucchini mit Salz bestreuen. Den geputzten und gewaschenen Löwenzahn trockenschleudern. Einige Radieschenblätter waschen, trocken tupfen und in Streifen schneiden, zum Garnieren beiseitelegen.
Für die Marinade alle Zutaten verrühren und das Gemüse darin einlegen. Für das Dressing alle Zutaten verrühren und getrennt zum Salat servieren. Salat in einer Schüssel anrichten und mit den Radieschenblättern bestreuen.

FLADEN UND BROTE

Rotis, wie die indischen Brote heißen, sind einfach zuzubereiten. Sie werden aus feingemahlenem Vollkornmehl und ungesäuertem Teig hergestellt und mit Kräutern und Samen gewürzt. Wir verwenden keine Hefe, als Backtriebmittel wird Hausnatron oder natürlicher Weinstein benützt. Wenn Sie die Brote in einem Brotbackofen herausbacken, können Sie auf diese Triebmittel sogar ganz verzichten. Vorausgesetzt, der Teig ist ausreichend lange, das heißt mindestens 30–60 Minuten »gegangen«.

Im Backofen zubereitetes Nahn, ein duftiges Fladenbrot, geht nur dann locker auf, wenn Sie zuvor auf maximale Hitze vorgeheizt haben. Es wird in Indien traditionell im Tandoor, einem vasenförmigen, ummauerten oder eingegrabenen Lehmofen, gebacken. Er gehört zur Ausstattung indischer Restaurants wie der Pizzaofen zur italienischen Küche. In der Regel wird er mit Holz beheizt – von der ärmeren Bevölkerung auch mit getrockneten Kuhfladen, die eine längere und mildere Glut erzeugen.

Im Inneren des Ofens werden bei großer und konstanter Gluthitze die schmackhaften Fladenbrote gebacken. Der ohne Hefe geknetete, an der Luft gereifte und zu dünnen Fladen ausgezogene Teig wird an die Ofeninnenwand gedrückt und gebacken. Kurz bevor der Teig herunterfällt (das ist der Augenblick, wenn das Brot fertig gebacken ist), nimmt man es mit einem Haken heraus. Durch die konstante Gluthitze gehen die Brote wunderbar auf und schmecken ofenfrisch locker, duftig und leicht.

Den Tandoor gibt es in Deutschland auch für den Hausgebrauch zu kaufen. Allerdings sind diese Heimöfen elektrisch beheizt. Feuer und Glut aus natürlichem Material haben ihren besonderen Wert und entfalten in der Zubereitung von Speisen eigene Qualitäten.

Die bekanntesten indischen Brote unterscheiden sich vor allem in der Zubereitungsart und Beschaffenheit:

Puris: hauchdünn und knusprig, schwimmend im Fett herausgebacken

Chapati: weiches, pfannkuchenförmiges Brot, fettfrei in der Pfanne herausgebacken

Parathas: ebenfalls fettfrei in der Pfanne herausgebacken, mit Gemüse gefüllt und mit Butter bestrichen

Nahn: duftiges Fladenbrot, das im Brotbackofen gebacken wird

Pappadams: cräckerartige Fladen aus Kichererbsenmehl, papierdünn oder puffreisartig, meist pikant gewürzt

Chapatis

1 Tasse Weizenvollkornmehl (1050)
3/4 Tasse weißes Mehl
1/2 TL Salz
3–4 EL Ghee

Mehl und Salz in einer Schüssel vermischen und gründlich Butter bzw. Ghee einarbeiten. Soviel Wasser (etwa 1/2 Tasse) hinzufügen, daß ein weicher Teig entsteht. Den Teig mindestens 10 Minuten gründlich durchkneten. Mit einem feuchten Tuch bedecken und 1 Stunde ruhen lassen.

Danach erneut kräftig kneten. 8–10 walnußgroße Bällchen formen und auf der reichlich mit Mehl bestäubten Arbeitsfläche pfannkuchengroß ausrollen. Mit Küchenpapier bedecken.

Eine schwere Pfanne bei starker Hitze sehr heiß werden lassen (3–5 Minuten), Hitze reduzieren und die Chapatis nach und nach herausbacken, bis sie leicht gebräunt, aber noch weich sind. Dabei dreht man am besten das Chapati alle 45 Sekunden um. Mit einem sauberen Küchentuch die Ränder eindrücken, so daß sich das Chapati aufbläst. Nach jedem Chapati die Pfanne mit einem Küchentuch auswischen. Chapatis noch heiß mit Butter bestrichen servieren.

Spezielles Chapati-Weizenmehl erhalten Sie in indischen Lebensmittelgeschäften. Die Fladen werden dadurch noch feiner.

Sie können Chapatis allerdings auch aus Graham-, Gersten-, Hafer- oder Reismehl herstellen.

Frühstücks-Chapatis

Chapatis nach dem Grundrezept vorbereiten und mit einem Tuch warm halten. Mit hellem Mandelmus und ayurvedischer Rosenmarmelade dünn bestreichen. Zusammenklappen oder -rollen und auf einem vorgewärmten Teller anrichten. Warm servieren.

Fladenbrot

125 g Mehl (1050)
125 g Vollkornmehl
2 TL Weinsteinpulver
1/2 TL Kreuzkümmel, gemahlen
1 TL Salz
3 EL Sonnenblumenöl
etwa 175 ml kohlensäurehaltiges Mineralwasser
1 EL Sesam- und Kalonjisamen zum Bestreuen
1 EL Ghee zum Bestreichen

Aus den Zutaten einen Teig herstellen und etwa 30 Minuten ruhen lassen. Der Teig kann ruhig etwas klebrig sein. 1,5 cm dick ausrollen, auf ein gefettetes Backblech legen. Mit Wasser bestreichen und nach Geschmack mit Sesam- und Kalonjisamen bestreuen. Etwa 10 Minuten im vorgeheizten Backofen bei 250 °C backen. Dabei 1 Tasse heißes Wasser auf das Backblech stellen. Das Fladenbrot noch warm mit zerlassenem Ghee bestreichen und sofort servieren.

Gewürzbrötchen

250 g Weizenvollkornmehl
1 TL Weinsteinpulver
1 TL Salz
3 EL Öl oder 50 g Butter
1/4 TL Kümmel, ganz oder gemahlen
1/4 TL Fenchelsamen, ganz oder gemahlen
1/4 TL Koriander, gemahlen
1/4 TL Majoran
2 EL Sahne zum Bestreichen

Aus den Zutaten einen Knetteig herstellen. Nach und nach Wasser zugeben, bis der Teig weich, aber nicht mehr klebrig ist. Teig 30 Minuten ruhen lassen. Mit 2 Teelöffeln kleine Häufchen auf ein gefettetes Backblech setzen und mit Sahne bestreichen.
Im vorgeheizten Backofen etwa 20 Minuten bei 180–200 °C backen.

Party-Pakoras

Pakoras (Sanskrit Pushpa: Blume), pikante Gemüsehappen in Teigtaschen eignen sich ideal für ein Festessen. Die Art, diese Köstlichkeiten als Teigtaschen zu falten, erinnert an kleine Blumen. Sie können sie in allen möglichen Variationen herstellen, hier sind der Kreativität und Phantasie des Kochs oder der Köchin keine Grenzen gesetzt. Als Füllung eignen sich besonders Würfel aus Bananen, Auberginen, Gurken, Broccoli- oder Blumenkohlröschen sowie Paprika und Karotten.

Verschiedenes Gemüse und Obst, in Würfel geschnitten
Teig für etwa 12 Stück:
1 1/2 Tassen Kichererbsenmehl
1 TL Kurkuma
1/2 TL Cayennepfeffer
2 TL Kreuzkümmel, gemahlen
1 1/2 TL Koriander
1–1 1/4 TL Salz
1/4 TL Weinsteinpulver
Ghee

Gemüse halbgar kochen und das Gemüsewasser aufheben. (Bananen, Auberginen und Gurken müssen nicht vorher gekocht werden.) Kichererbsenmehl, Kurkuma, Cayennepfeffer, Kreuzkümmel, Koriander, Salz und 1 Tasse Wasser zu einem dickflüssigen Teig verrühren; es dürfen keine Klumpen entstehen. 30 Minuten ruhen lassen. Weinsteinpulver erst kurz vor dem Fritiervorgang in den Teig rühren. Ghee in einer tiefen Pfanne erhitzen. Die Gemüse- oder Obstwürfel in den Teig tauchen und goldbraun in dem Ghee fritieren.

Stellen Sie Ihren Gästen eine Auswahl an Pakoras auf den Tisch und lassen Sie sie raten, was in dem Teig sein könnte. Ein Überraschungseffekt, der gute Partystimmung schafft.
Besonders köstlich schmecken Pakoras mit verschiedenen frischen Chutneys.

Puris

100 g Weizenvollkornmehl
100 g weißes Mehl
1/2 TL Salz
1 Prise Weinsteinpulver
Pflanzenfett

Mehl mit Salz vermengen und so lange warmes Wasser dazugeben, bis ein elastischer Teig entsteht. Den Teig mit einem feuchten Tuch bedeckt etwa 30 Minuten ruhen lassen. Walnußgroße Bällchen formen und zu dünnen Fladen ausrollen. Fladen in einer Friteuse oder in einer Pfanne schwimmend in heißem Fett nacheinander herausbacken.

Die Puris gehen besonders schön auf, wenn sie mit einer Gabel untergetaucht werden. Sie sollten hauchdünn und knusprig sein.

Tortillas

150 g Mehl (1050)
150 g Maismehl
2 1/2 EL Pflanzenöl
1 TL Salz
Ghee

Aus den Zutaten einen geschmeidigen Teig herstellen. Soviel Wasser hinzufügen, daß er nicht klebt oder rissig ist. Teig 30 Minuten unter einer Schüssel ruhen lassen. Dann walnußgroße Kugeln formen und auf wenig Mehl vorsichtig ausrollen. Da der Teig durch den Zusatz von Maismehl nicht soviel Kleieanteile enthält, nur kleine Fladen ausrollen, die leichter zu verarbeiten sind.
Fladen entweder in einer Friteuse ausbacken oder soviel Ghee in einer Pfanne erhitzen, daß diese zur Hälfte gefüllt ist. Zischt es, wenn Sie einen Tropfen Wasser aufs Fett spritzen, hat es die richtige Temperatur. Einen Fladen hineingeben und backen, bis sich die Ränder leicht braun färben (je nach Fladendicke nur ein paar Sekunden). Dann wenden.
Die fertigen Fladen werden auf einen Teller gestapelt und im Backofen warm gehalten.

Würzige Mungwaffeln

150 g gelbe Mungbohnen
1 EL Weizen-, Dinkel- oder Sojavollkornmehl
1/2 TL Kreuzkümmel, gemahlen
1/2 TL Anissamen
1/4 TL Ingwerpulver
Salz
Ghee

Das Einweichwasser der Mungbohnen bis auf den Bodensatz abgießen. Bohnen pürieren und mit Mehl andicken. Gewürze dazugeben und zu einem pfannkuchenartigen Teig verrühren. Waffeleisen mit Ghee einfetten und die Waffeln darin goldbraun ausbacken.

~

Würzig, appetitanregend, nahrhaft und leicht verdaulich. Als eiweißreiche Beilage zu Suppen, Gemüse oder Reisgerichten und besonders beliebt bei Kindern, die Dhals sonst oft nicht so gerne mögen.

Sesamcräcker

250 g Vollkornmehl, fein gemahlen
40 g Sesam
75 ml Öl
1/8 l Wasser
1/2 TL Salz

Aus den Zutaten einen Knetteig herstellen und 1 Stunde ruhen lassen. Auf einem gefetteten Backblech sehr dünn ausrollen. Im vorgeheizten Backofen bei etwa 180 °C 10 Minuten nicht zu dunkel backen. Noch warm in Streifen oder Quadrate schneiden.

Zucchini-Haselnuß-Brot

1/4 Tasse Ghee
2 Tassen Zucchini, geraspelt
1 Tasse Rohrzucker
1 TL Zimt
2 1/4 Tassen Dinkelmehl, fein gemahlen
2 TL Weinsteinpulver
1 TL Hausnatron
1/2 TL Salz
3 EL Kichererbsenmehl
1/2 Tasse Haselnüsse, fein gehackt
1 1/2 EL Sonnenblumenkerne
2 TL Garam Masala
1/4 Tasse Sahnewasser (1 Teil Sahne, 1 Teil Wasser)

Ghee in einem Topf erhitzen, Zucchini, Zucker und Zimt dazugeben und umrühren. Die übrigen Zutaten (nicht das Sahnewasser) in einer Rührschüssel mischen. Zucchini-Mischung hineinrühren und zuletzt das Sahnewasser hinzufügen. Zu einem Teig verarbeiten, in eine gefettete Backform geben und 50–60 Minuten bei 180 °C backen.
Das Brot ist erst dann fertig, wenn Sie mit einem vorgewärmten Küchenmesser hineinstechen und dabei kein Teig am Messer hängenbleibt. Falls das Brot den Test nicht besteht, lassen Sie es ein paar Minuten länger im Ofen.

Ananas-Ingwer-Dessert in Orangen-Königskronenschale

Eine exotische Augenweide zum Frühstücksbüffet oder zu einem festlichen Anlaß.

1 kleine reife Ananas, kleingewürfelt
1 Tasse frische Kokosnußraspel
1/2 Tasse frische Erdbeeren, gewürfelt
1–2 EL Mandeln, gemahlen, oder ayurvedischer Mandelpuder
Ahornsirup
1 TL frischer Ingwer, geschält, sehr fein gehackt
1/2 TL Kardamom, gemahlen
1/2 ungespritzte Orange pro Person
Schlagsahne
Erdbeeren zum Garnieren

Ananas, Kokosraspel, frische Erdbeeren und Mandeln mischen. Mit Ahornsirup, Kardamom und Ingwer abschmecken. Einen Schuß frischen Orangensaft dazugeben.
Orange halbieren und den Saft auspressen (eventuell für einen leckeren Orangen-Lassi verwenden). Die Innenhaut mit einem kleinen Löffel oder einem Küchenmesser auskratzen. Orange sauber auswaschen und trocknen. Den Rand der Orange mit einem Zackenmuster einschneiden.
In jede Hälfte etwas Ananasdessert geben. Mit Schlagsahne und einer kleinen, knallroten Erdbeere garnieren.

Bananen-Sahnecreme mit Rosenblütenmarmelade

300 g Crème fraîche
200 g frische Sahne
3 EL ayurvedischer Mandelpuder
1 TL Blütenhonig nach Geschmack
1 Schuß Rosenwasser nach Belieben
2 Bananen, fein gewürfelt
1 1/4 TL ayurvedische Rosenblütenmarmelade

Crème fraîche, Sahne, Mandelpuder, Honig und Rosenwasser gut mischen, bis eine glatte Creme entsteht. Bananen dazugeben und gut vermengen. Creme in Schalen füllen, 1/2 TL Rosenblütenmarmelade pro Portion auf die Creme verteilen und eventuell mit Schlagsahne verzieren.

Diese Creme ist sehr sättigend und vermehrt leicht Kapha. Sie stillt so richtig das Verlangen nach Cremig-süßem, so daß vor allem Vata- und Pitta-Typen davon schwärmen. Man genießt sie in sehr kleinen Portionen als Nachtisch, als ayurvedische Vorspeise oder zum Frühstücksbrunch. Nach ayurvedischer Sitte kann man ein Stück frischen Ingwer vorweg zu sich nehmen oder eine Prise Ingwerpulver dazumischen, um die Verdauungssäfte richtig anzuregen. Bananen sind ein besonders nahrhaftes, stärkendes Obst und auch als Bestandteil von Kinder- und Babynahrung beliebt. Bei Schwächezuständen oder Anämie unterstützen Bananen die Rekonvaleszenz und die Blutbildung. Bananen schmecken zwar zunächst süß, ihr Vipaka, die Geschmackswirkung nach der Verdauung, ist jedoch sauer. Sie vermehren daher nicht nur Kapha-Dosha, sondern erhöhen in größeren Mengen auch Pitta. Bei Magen- oder Zwölffingerdarmgeschwüren oder anderen Pitta-Störungen sollten sie deshalb nicht in zu großen Mengen gegessen werden.

Dattel-Orangen-Salat

4 unbehandelte Orangen
2 EL flüssiger Honig
1/2 TL Bourbon-Vanille
2 EL Vollrohrzucker
1/2 TL Zimt
2 Prisen Anis
200 g Datteln, entsteint, in Streifen geschnitten
100 g Doppelrahm-Frischkäse (z. B. Mascarpone)

Orangen heiß waschen, etwas Schale abreiben, eine Orange auspressen. Saft, Schale, Honig, Vanille, Zucker und Gewürze verrühren und die Datteln 1 Stunde darin marinieren.
Die restlichen Orangen schälen, quer halbieren und in Scheiben schneiden, etwas Schale in ganz dünne Streifen schneiden oder mit einem Julienne-gerät abziehen.
Orangen auf 4 Desserttellern anrichten und die abgetropften Datteln darauflegen. Marinade und Frischkäse glattrühren und auf die Mitte der Teller geben. Mit den Orangenstreifen bestreuen.

Feine Dattel-Vanillecreme

8 kleine Datteln, halbiert, entkernt
1 Prise Kardamom
1/4 TL Zimt
2 1/2 EL Maismehl
250 g Sahne
1 TL Palmzucker
1 Prise Bourbon-Vanille

Datteln mit den Gewürzen in 1/4 l Wasser aufkochen, bis sie weich sind, dann pürieren. Maismehl mit Wasser anrühren und in das kochende Dattelmus geben, nochmals kurz aufkochen, dann beiseite stellen und abkühlen lassen. Kurz vor dem Erkalten die geschlagene Sahne unterrühren und kühl stellen. Etwa 2 EL der Sahne zum Dekorieren zurückbehalten.
In kleine Dessertteller füllen und mit Sahnetupfen und Dattelstreifen garnieren. Etwas Vanille über die Sahne streuen.

Ein sahnig-süßes, sehr leckeres Dessert, das besonders auch Kinder mögen.

Bananensalat

4 Bananen, in Scheiben geschnitten
2 EL Sahne
1 Prise Zimt
1 EL Vollrohrzucker
2 EL Pistazienkerne, fein gehackt

Bananenscheiben auf einem großen weißen Teller mosaikartig anordnen. Mit Sahne, Zimt und Zucker einen Sirup herstellen und über die Bananen gießen. Mit den grünen Pistazienkernen farblich garnieren.

Die Zutaten heben den süßen Originalgeschmack der Bananen besonders wirkungsvoll hervor. Ein leckeres, besonders auch bei Kindern beliebtes Dessert.

Gemischter Fruchtsalat mit Mandel-Limonen-Soße

1 Banane geschält, in Scheiben geschnitten
2 Kiwi, geschält, in Scheiben geschnitten
1 mittelgroßer Apfel, entkernt, kleingewürfelt
100 g Weintrauben, halbiert
2 EL flüssiger Honig
1 EL Mandeln, gehackt
Saft von 1 Limone
4 Minzzweige

Bananen- und Kiwischeiben abwechselnd auf einem großen weißen Teller zu einem Kreis anordnen. Das Kreisinnere mit Apfel- und Weintraubenstückchen füllen. Honig, Mandeln und Limonensaft zu einer Soße vermischen und über den Fruchtsalat verteilen. Mit feinen Minzblättern garnieren.

Gefüllte Ananasschale

Eine tropische Obstsalatkreation

1 große Ananas, halbiert, ausgehöhlt
1 Banane, gewürfelt
1 kleiner Apfel, geschält, gewürfelt
1/2 Tasse Himbeeren
1/2 Tasse kernlose Trauben, halbiert
1/4 Honigmelone, gewürfelt
1 Kiwi, geschält, in Scheiben geschnitten
Zitronensaft
1/4 TL Kardamom
1/4 TL Zimt
Rosenwasser nach Belieben
1 EL Mandelblättchen
1 EL leicht geröstete Kokosraspel
1 EL Minzblätter, gehackt

Das Fruchtfleisch der Ananas würfeln. Mit den übrigen Früchten mischen und mit Zitronensaft beträufeln. Kardamom mit etwas Zimt und Rosenwasser untermischen. Früchte in eine Ananashälfte füllen. Mit Mandelblättchen und Kokosnuß bestreuen und mit Minzblättern garnieren.
Dazu eine Himbeersoße reichen – schmeckt köstlich!

Bei diesem Rezept ist Ihre Phantasie gefragt. Wählen Sie Früchte und ihre Kombination frei nach Saison und Ihren Wünschen.

Kheer
Safran-Rosenwasser-Dessert

1/2 TL Safranfäden
1/4 Tasse Basmatireis
2 1/2 Tassen Sahne
1 1/4 Tassen Milch
1 TL Kardamom, gemahlen oder
2–3 ganze Kardamomschoten, ungeschält
1 Tasse Rohrzucker
1 TL Rosenwasser
Rosenblüten zum Garnieren

Safranfäden in 4 EL heißem Wasser etwa 1 Stunde einweichen. Ebenso den gewaschenen Basmatireis 5–6 Stunden einweichen.
5 EL Wasser in einen Topf geben (so besteht wenig Gefahr, daß die Milch anbrennt), Sahne und Milch aufkochen und dabei ständig umrühren. Safran (mit Einweichwasser), Kardamom und Reis dazugeben. Bei kleiner Hitze 20–30 Minuten weiter kochen, bis der Reis eine leicht puddingartige Konsistenz annimmt. Umrühren nicht vergessen! Rohrzucker hineinrühren.
Reispudding abkühlen lassen (eventuell Kardamomschote entfernen) und mit Rosenwasser verfeinern. In einer Schale, garniert mit echten Rosenblüten, servieren.

~

Seien Sie bei dieser Speise ruhig großzügig mit dem Safran, denn sein göttliches Aroma macht diese traditionelle Süßspeise zu einem unvergeßlichen Erlebnis. Für das kleine Portemonnaie läßt sich das Dessert auch ohne Safran zubereiten. Allein das Rosenwasser macht dieses Kheer sehr lecker. Kheer ist ein wunderbarer Abschluß eines vielfältigen Menüs. Besonders mit pikanten Gemüsevariationen ist es sehr besänftigend.

Feines Mandelgebäck

200 g Weizenvollkornmehl, fein gemahlen
200 g Mehl (1050)
250 g Mandeln, ungeschält, gerieben
140 g Vollrohrzucker
350 g Butter

Aus allen Zutaten einen geschmeidigen Teig kneten und zugedeckt im Kühlschrank mindestens 1 Stunde ruhen lassen. Dann daumendicke Rollen in 2 cm dicke Scheiben schneiden. Zu Kugeln formen, auf ein gefettetes Backblech legen und etwa 1/2 cm dick flachdrücken. Im vorgeheizten Backofen bei 180–200 °C etwa 10 Minuten backen.

~

Diese Plätzchen können mit verschiedensten Gewürzen eine andere Geschmacksnote bekommen (zum Beispiel Zimt, Vanille, Nelken usw.).

Granatapfelsalat

1 Granatapfel, längs halbiert
1 TL Zitronensaft
2 Mandarinen, geschält, kleingewürfelt
1 Prise Zimt
1 TL flüssiger Honig
4 Melissenzweige

Granatapfelhälften mit der Hand brechen und die Kerne herauslösen. Darauf achten, daß die Septumstücke entfernt werden, da sie sehr bitter und herb schmecken. Mit Zitronensaft übergießen. Mandarinenwürfel vorsichtig untermischen. Auf einem großen weißen Teller anrichten und mit Melissenblättern garnieren.

~

Dieser Salat schmeckt nicht nur fruchtig, erfrischend und belebend. Er sieht wegen seiner intensiven Farbe (blutrote Granatapfelkerne, orange Mandarinenstückchen, grüne Melissenblätter) auch sehr dekorativ und appetitanregend aus.

Honigmelonensalat

Ein erfrischender Obstsalat mit typisch orientalischem Geschmack.

1 mittelgroße Honigmelone, geschält, halbiert
1 EL flüssiger Honig
1 EL Sahne
1 TL Zitronensaft
50 g Walnußkerne, fein gehackt
4 Melissen- oder Minzzweige

Melone entkernen, in Würfel schneiden und auf einem großen weißen Teller dekorativ anordnen. Honig, Sahne und Zitronensaft vermischen und den Sirup über die Melone gießen. Walnußkerne darüberstreuen und mit Melissen- oder Minzblättern farblich garnieren.

Kokos-Mandel-Halvah

Dieses Dessert schmeckt sowohl warm als auch kalt.

4 EL Ghee
1 Tasse Weizengrieß
1/2 Tasse ungeschwefelte Rosinen
3 TL Kardamom
1/2 TL Ingwerpulver
1/2 TL Zimt
1 Tasse Rohrzucker
1 Tropfen Rosenwasser
2–3 EL Kokosflocken
1 EL Mandelstifte
2 EL ayurvedischer Mandelpuder

Ghee in einem Topf erhitzen. Grieß dazugeben und unter ständigem Rühren (am besten mit einem Holzlöffel) anrösten. Dieser Vorgang benötigt Ihre volle Aufmerksamkeit, denn wie bei den Laddus (S. 89) kann die Masse sehr schnell anbrennen.
Wenn der Grieß goldbraun ist, zwei Tassen kochendes Wasser langsam unter ständigem Rühren hinzufügen. Die Masse wird schnell fest. Die eingeweichten Rosinen gut abtropfen lassen, Kardamom, Ingwer und Zimt dazugeben. Etwa 5 Minuten weiterrühren. Zucker dazustreuen. Grieß bei minimaler Hitze zugedeckt aufquellen lassen. Rosenwasser daruntermischen. Vom Herd nehmen und in eine Schale füllen. Kühl stellen, dann vorsichtig auf eine Servierplatte stürzen. Mit Kokosflocken und Mandelstiften bestreuen. Mandelpuder über das Halvah sieben.
Auch gehackte ungesalzene Pistazienkerne eignen sich gut zum Garnieren.

Kokosbällchen

1 EL Ghee
150 g Maisgrieß
50 g Maismehl
2 geh. EL Palmzucker
4 Datteln, entkernt
50 g geröstete Mandeln, gemahlen
1/4 TL Zimt
1 Msp Ingwerpulver
1 Msp Kardamom
1 TL Bourbon-Vanille
1 Prise Salz
2 EL Kokosmilchpulver
Kokosraspel

Ghee erhitzen, Maisgrieß und -mehl hineingeben und unter ständigem Rühren etwas anbräunen, bis es angenehm duftet. 400 ml Wasser und Palmzucker hinzufügen und gut umrühren.
In der Zwischenzeit die Datteln in wenig Wasser weichdünsten. Anschließend pürieren und mit den restlichen Zutaten zum Maisbrei geben. Aus dem Teig kleine Bällchen oder Würfel formen und in Kokosraspel wälzen.

Spitzenkragen-Kantalupe mit Erdbeeren

1 reife Kantalupe (Melone)
1 Schale frische Erdbeeren, nach Geschmack leicht gezuckert
Schlagsahne
Ahornsirup
frische Minzzweige

Die Melone mit einem scharfen Küchenmesser in der Mitte zackenartig einschneiden. Die beiden Hälften vorsichtig trennen. Kerne entfernen. Halbierte Erdbeeren auf die Melone verteilen, mit Sahnehaube verzieren. Ein bißchen Ahornsirup darübergießen und mit frischen Minzzweigen garnieren.

Die Kantalupe wirkt kühlend und enthält besonders viel Vitamin A. Sie ist süß und eignet sich ideal für einen heißen Sommertag. Für Pitta-Konstitutionen servieren Sie die Kantalupe leicht gekühlt.

Süße Mungwaffeln

Mungwaffeln sind sättigend, nahrhaft, aber nicht belastend, reich an Eiweiß und besonders beliebt bei kleinen Kindern.

Für 3 Waffeln:
150 g gelbe Mungbohnen
3–5 EL Milch
1 EL Vollrohrzucker
1 EL Sojamehl
1/4 TL Zimt
1 Prise Kardamom
1/4 TL Bourbon-Vanille
1 Prise Anis
1 Prise Ingwerpulver

Das Einweichwasser der Mungbohnen bis auf den Bodensatz abgießen. Bohnen pürieren und so lange Milch dazugießen, bis ein pfannkuchenartiger Teig entsteht. Sojamehl dazurühren, mit Zucker und Gewürzen abschmecken. Waffeleisen mit Ghee einfetten und die Waffeln darin goldbraun ausbacken.

Lotoskern-Mandelsahne

Ein köstliches nordindisches Dessert mit einem delikaten Blütenaroma.

3/4 l Milch
200 g Sahne
3 1/2 EL Ghee
1 Tasse getrocknete Lotoskerne
7–10 Kardamomschoten
2 EL Vollrohrzucker
1 EL Ahornsirup
1 EL ayurvedischer Mandelpuder
3 EL leicht geröstete Mandelblättchen
3 EL leicht geröstete Kokosraspel

Milch, Sahne und Ghee zum Kochen bringen. Die über Nacht eingeweichten Lotoskerne und die Samen der Kardamomschoten dazugeben. Mindestens 1 Stunde bei kleiner Hitze köcheln lassen. Öfters umrühren, um das Anbrennen zu vermeiden. Die Milch nimmt nach einer Stunde eine puddingartige Konsistenz an. Fügen Sie dann Zucker, Ahornsirup und Mandelpuder dazu. Weitere 10 Minuten bei ständigem Umrühren kochen.
Das Dessert in eine dekorative Schale füllen. Darauf einen Kreis aus Mandelblättchen, in der Mitte gefüllt mit Kokosraspel, anordnen und mit einer schönen Rosenknospe garnieren.

Lotos, die Blüte des erweckten Bewußtseins, gilt mit ihrer vielfältigen Blumenpracht als Symbol für die spirituelle Entfaltung des erwachten Geistes. Als eine der heiligsten Pflanzen Indiens ist sie der Göttin der erhaltenden Kräfte in der Natur, Lakshmi, gewidmet. In den alten vedischen Überlieferungen steht Lakshmi auf einer herrlichen, aus dem Wasser emporsteigenden Lotosblüte. Aus ihren Händen fließen die Schätze des materiellen und spirituellen Reichtums auf die Erde nieder.
Seit Jahrtausenden werden in der ayurvedischen Naturheilkunst Lotossamen und Lotoswurzeln verwendet. Lotossamen sind süß, adstringierend und kühlend. Erst mit Zucker, Ghee und einigen Gewürzen werden sie für Vata-Konstitutionen zuträglich. Sie sind sehr nahrhaft, und um sie zu verdauen, braucht man ein gesundes, starkes Agni oder Verdauungsfeuer.
Lotossamen haben einen beruhigenden Effekt auf die Nerven. Sie wirken außerdem als Aphrodisiakum und tonisieren Sukra Dhatu (das feinste Fortpflanzungsgewebe des Körpers). Bei Unfruchtbarkeit werden sie daher auch medizinisch eingesetzt.

Vanillekipferl

100 g Weizenvollkornmehl, sehr fein gemahlen
70 g Mehl (1050)
125 g Mandeln, fein gemahlen
125 g Butter
1 geh. TL Bourbon-Vanille
70 g Vollrohrzucker

Alle Zutaten mischen und schnell zu einem Teig kneten. Den Teig zugedeckt im Kühlschrank etwa 1 Stunde ruhen lassen. Auf einem bemehlten Backbrett etwa 6 cm lange Rollen formen und zu Hörnchen biegen. Diese auf ein gefettetes Backblech legen und dabei etwas flach drücken. Im vorgeheizten Backofen etwa 10 Minuten bei 180–200 °C backen.

Laddu
Kichererbsenkonfekt

Diese Köstlichkeit zergeht regelrecht auf der Zunge und ist besonders bei Kindern sehr beliebt!

1 Tasse Ghee
2 Tassen Kichererbsenmehl, gesiebt
1 EL Kardamomsamen, fein zerstoßen
3/4 Tasse Rohrzucker, sehr fein gemahlen
3 TL Kardamompulver
3 EL Kokosmilchpulver
1/2 Tasse Mandeln, gemahlen

Ghee in einem schweren Topf erhitzen, Kichererbsenmehl dazugeben, umrühren und vorsichtig und gleichmäßig anrösten. Bei ständigem Umrühren (etwa 15 Minuten) nimmt das Mehl eine goldene Farbe an und entfaltet einen herrlichen, nußartigen Duft.
Kardamomsamen dazugeben und weitere 2 Minuten umrühren. Zucker, Kardamom- und Kokosmilchpulver sowie die gemahlenen Mandeln dazugeben. So lange umrühren, bis sich der Zucker auflöst.
Vom Herd nehmen und die Masse etwas abkühlen lassen. Mit angefeuchteten Händen kleine Bällchen in Walnußgröße formen. Kühl stellen, bis sie fest werden.

Laddus schmecken besonders köstlich zu ayurvedischem Kaffee oder Tee. Das Konfekt läßt sich in einem luftdichten Gefäß längere Zeit aufbewahren.
In den vedischen Sagen werden die Laddus von Ganesha, Sohn der Wohlstandsgöttin Laksmi, sehr geschätzt.

Sesamkonfekt

1 Tasse geröstete Sesamsamen, fein gemahlen
1/2 Tasse ungesalzene Pistazienkerne, fein gehackt
4 EL fester Honig
3 EL Ghee, zerlassen
1/2–1 TL Anis, gemahlen
3 EL ayurvedischer Mandelpuder
1/2 TL Rosenwasser nach Belieben
Pistazienkerne
Kokosflocken oder Sesamsamen

Alle Zutaten vermischen. Mit geölten Händen Bällchen formen und 1 Stunde kalt stellen. Die Bällchen unterschiedlich mit Pistazienkernen und Kokosflocken oder Sesamsamen garnieren.

~

Sesamsamen sind süß und erwärmend. Sie vermindern in der Regel Vata und nähren alle Dhatus. Sesamöl tonisiert Haut und Körper bei äußerlicher Anwendung als ayurvedische Heilmassage.

Sonnengereifte Rosenblätter

ungespritzte Rosenblüten in verschiedenen Farben (Menge nach Belieben)
Zucker
Rosenwasser

Rosenblüten waschen und trockentupfen. Den weißen, bitteren Rosenblütenansatz abschneiden. Mit Zucker und wenig Rosenwasser besprengen. In der Sonne zuerst eine Seite trocknen, dann wenden und erneut mit Zucker und Rosenwasser beträufeln. Nochmals in der Sonne trocknen.

~

Die nach einem jahrtausendealten Verfahren präparierten Rosen werden in einem luftdichten Glas aufbewahrt. Sie passen besonders zu einem warmen, Pitta beruhigenden Milchtee mit etwas Honig. Auch als Dekoration für Torten, Pudding und Desserts sind sie eine zauberhaft-duftige Garnierung.

~

Shatapatri heißt die Rose auf Sanskrit. Sie ist die Blume der Liebe und öffnet das Herz. Rosenblüten beruhigen Pitta-Dosha. Sie sind entzündungshemmend, regen den Kreislauf an und wirken auch auf das weibliche Nervensystem sehr ausgleichend und kühlend.
Frische Rosenblüten werden für leckere Marmeladen gekocht und eingemacht. Das Rosenwasser, das häufig in unseren Rezepten vorkommt, wird durch Abkochen frischer Blätter in einem Destillatverfahren gewonnen. Rosenwasser kann je nach Herstellung in der Geschmacksintensität sehr variieren. Achten Sie darauf, daß Sie nicht zuviel davon und das Wasser nur zur Geschmacksabrundung nehmen. Rosenwasser paßt wunderbar zu vielen Süßspeisen oder zu sahnigem Safran-Milchreis. Manche Süßigkeiten und Halvahs bekommen erst durch Rosenwasser ihr liebliches Aroma.

Weintraubensalat

100 g grüne Weintrauben
50 g blaue Weintrauben
4 EL Sahne
1 EL flüssiger Honig
1 EL Walnüsse, kleingehackt
1 Mandarine, geschält, in Spalten zerlegt
50 g Pistazien, gehackt

Weintrauben kurz in heißes Wasser tauchen, dann die Haut mit einem Küchenmesser entfernen. Trauben halbieren und auf einem großen weißen Teller anrichten. Sahne, Honig und Walnüsse zu einer Soße vermischen und über die Trauben gießen. Mit Mandarinenspalten sternförmig umrahmen und den Tellerrand mit den grünen Pistazien garnieren.

Würzige Datteln unter sahniger Haube

1 EL Ghee
1 TL frischer Ingwer, geschält, gerieben
300–400 g Datteln, entsteint, kleingeschnitten
1 1/2 EL Vollrohrzucker
3/4 TL Currymischung
3–4 EL Kokosflocken
6–8 EL Ahornsirup
100–150 g Sahne
2 Prisen Ingwerpulver
2–3 TL Pistazien, gehackt

Ghee bei mittlerer Hitze erwärmen, frischen Ingwer dazugeben. Nach 2 Minuten Datteln hinzufügen und 4 Minuten dünsten. 1 EL Zucker, Curry und Kokosflocken zugeben und unter Rühren weitere 5 Minuten erhitzen. Topf vom Herd nehmen und warm stellen. Ahornsirup erwärmen und ebenfalls warm stellen. Sahne mit Ingwerpulver und 1/2 EL Zucker steif schlagen.
Datteln in vier Schälchen verteilen, Ahornsirup darübergießen und mit Sahne und Pistazien garnieren.

Mangosalat

1 große Mango oder 3 kleine indische Mangos, geschält, entkernt, in Streifen geschnitten
1 EL Orangensaft, frisch gepreßt
1 TL Zitronensaft, frisch gepreßt
1 EL flüssiger Honig
1 TL Ghee
50 g Pinienkerne
4 Melissen- oder Minzzweige

Mangostreifen auf einem großen Teller sternförmig anrichten. Orangen- und Zitronensaft mit Honig vermischen und darüber gießen. Pinienkerne in wenig Ghee in der Pfanne rösten (sie erhalten dadurch auch Glanz) und auf der Mango verteilen. Mit grünen Melissen- oder Pfefferminzblättern garnieren.

Indische Mangos, bei uns leider nur schwer erhältlich, sind besonders geschmacksintensiv.

Mangosahne

2 reife Mangos, geschält
1/4 Tasse Rohrzucker oder nach Belieben milden lieblichen Honig
1 Schuß Rosenwasser
2 EL ayurvedischer Mandelpuder
250 g Sahne
Pistaziennüsse, gehackt
2 EL Kokosnuß, fein geraspelt
Granatapfelkerne oder Erdbeeren
Minzzweige

Mango mit der gewünschten Menge Zucker oder Honig pürieren. Mit Rosenwasser und Mandelpuder verfeinern. Mangomus mit der geschlagenen Sahne vorsichtig vermengen, in hübsche Dessertgläser füllen, nach Belieben gehackte Pistaziennüsse und Kokosraspel darüberstreuen. Mit Granatapfelkernen oder Erdbeeren und einem Minzzweig garnieren.

Rhabarber unter Streuseldecke

1 kg Rhabarber, in 3 cm lange Stücke geschnitten
200 g brauner Vollrohrzucker
1/2 TL Zimt nach Belieben
Saft von 200 g gekochtem Rhabarber (1/2 Tasse)
2 Prisen Ingwerpulver nach Belieben
150 g Mehl
1 TL Weinsteinpulver
100 g Butter oder Ghee
75 g Mandeln, gemahlen

Rhabarber in eine gefettete feuerfeste Form geben und mit 100 g Zucker bestreuen (nach Geschmack etwas Zimt beimengen). Mit Rhabarbersaft übergießen und eventuell Ingwer darüberstreuen. Mehl und Weinsteinpulver in eine mittelgroße Schüssel geben. Das Ghee oder die Butter, die restlichen 100 g Zucker und die Mandeln mit den Fingern zu Streuseln vermengen. Über den Rhabarber streuen und im vorgeheizten Backofen auf der mittleren Schiene bei 200 °C 30 Minuten backen.

Sandel-Sahne-Dessert

Wird nach ayurvedischer Sitte das Dessert zuerst serviert, ist dieses ein köstliches Entrée, das die Herzen Ihrer Gäste öffnet.

1 Tasse ungeschwefelte Rosinen
1 TL Sandelholzpuder
1 EL ayurvedische Rosenblütenmarmelade
1 Prise schwarzer Pfeffer
2 EL ayurvedischer Mandelpuder
1 1/2 Tassen Sahne
frische Minzzweige

Rosinen und Sandelholzpuder in 1 Tasse Wasser über Nacht einweichen. Rosenblütenmarmelade, Pfeffer und Mandelpuder dazugeben. Geschlagene Sahne vorsichtig unterrühren. In kleine Schalen füllen, mit Minzzweigen garnieren und zu Beginn oder auch zum Abschluß eines Festmahls reichen.

Ein bißchen heißt bei diesem Dessert viel, denn es ist sehr süß.

LASSIS

Dieses erfrischende Joghurtgetränk ist ein »Klassiker« der indischen Küche und ein wertvolles ayurvedisches Heilgetränk, das man am besten in kleinen Schlucken zum oder nach dem Mittagessen trinkt. Lassi ist leicht verdaulich, fördert eine gesunde Darmflora und reguliert die Doshas. Es versorgt den Körper mit Kalzium, Eiweiß und B-Vitaminen, vor allem mit B12, das bei vegetarischer Ernährung sonst nur eingeschränkt zu erhalten ist. Lassi enthält milchsäurevergärende Bakterien, die eine zentrale Rolle für das Immunsystem des Darms spielen. Es stärkt daher die Immunabwehr im Verdauungstrakt und schützt vor krankmachenden Erregern. Auch gegen Darmträgheit ist Lassi ein ausgezeichnetes Mittel.

Für vier Personen bereiten Sie Lassi wie folgt zu:

1/3 l frischen, milden und qualitativ hochwertigen Bioghurt (rechtsdrehende Kulturen!) ohne Konservierungsstoffe und Bindemittel je nach Verdauungskraft und erwünschter Konsistenz mit stillem Mineralwasser oder gutem Leitungswasser auf die 2- bis 3fache Menge verdünnen. Dabei am besten den Joghurt bereits beim Zugießen des Wassers mit einem Schneebesen oder mit dem Mixer schlagen. So lange mixen, bis alle Klümpchen verschwunden sind und das Getränk leicht schaumig wird. (Haben Sie den Joghurt aus frischer und fetter Milch selbst hergestellt, kann beim Schlagen eine butterähnliche Schicht an der Oberfläche entstehen, die abgeschöpft wird.)

Dieses Lassi-Basisgetränk kann nun nach Belieben süß, salzig oder scharf gewürzt werden. Mit frischem Obst lassen sich viele schmackhafte Mixgetränke passend zu jedem Gericht herstellen.

Folgendes ist zu beachten:

Joghurt sollte immer frisch und noch fest sein. Sie müssen ihn wie »gestöckelte Milch« mit einem Löffel stechen können. Flüssiger Joghurt ist nicht mehr geeignet, belastet das Verdauungssystem und führt zu Ama. Guter Joghurt schmeckt auch mild und leicht süß, nur wenig sauer.

Lassi sollte nicht zu kalt serviert werden. Am bekömmlichsten ist es bei Zimmertemperatur oder sogar noch etwas wärmer.

Bei einer geschwächten Verdauung ist es besser, Lassi nicht mit Früchten zu mixen. Bevorzugen Sie dann die leckeren Gewürzlassis.

Ayurvedische Buttermilch:

Noch heilkräftiger, aber aufwendiger zuzubereiten ist ayurvedische Buttermilch. Sie benötigen dazu ein Joghurt-Gerät, für eine kleine Menge tut es auch ein Babyflaschenwärmer. Kochen Sie möglichst frische, nicht homogenisierte Milch bei maximal 95 °C kurz ab. Nachdem sie bis auf 35 bis 40 °C abgekühlt ist, fügen Sie Joghurtkulturen, die sie im Reformhaus erhalten, oder 1 TL Joghurt vom Vortag hinzu und stellen sie warm. Nach dem Ansetzen der Joghurtkulturen die Milch nicht mehr schütteln oder rühren. Am nächsten Tag haben Sie frischen Joghurt.

Um daraus Buttermilch zu gewinnen, schlagen Sie den Joghurt nun so lange mit einem Mixer oder Quirl, bis sich das darin enthaltene Fett als Butter sammelt. Schöpfen Sie diesen Überstand ab und die ayurvedische Buttermilch ist fertig.

Man trinkt sie am besten wie Lassi zu oder nach dem Essen.

Ananas-Lassi »Sonniger Sternanis«

1/2–1 TL frische Ananas, püriert oder Ananaspüree aus dem Reformhaus
1/3 TL Sternanis, gemahlen
1 Prise Nelken
1 EL Jaggery oder
1 EL Ahornsirup
250 g Bioghurt oder selbstgemachter Joghurt
1/2 l stilles Mineralwasser

Alle Zutaten vermengen und mixen. Kurz vor dem Servieren in Gläser füllen.

Bananen-Lassi

1 reife Banane, püriert
1/3 l Bioghurt
2/3 l Wasser
2 TL Ingwersaft, frisch gepreßt
1/4 TL Bourbon-Vanille
1 Prise Kardamom
1–2 EL Ahornsirup nach Geschmack

Banane, Joghurt, Ingwersaft und Gewürze mit dem Mixer pürieren, dann Wasser zugeben und alles schaumig schlagen. Nach Geschmack mit Ahornsirup süßen.

Kokos-Lassi

1/3 l Bioghurt
2/3 l Wasser
3–4 EL Kokosmilchpulver
1/4 TL Bourbon-Vanille
Ahornsirup nach Geschmack

Alle Zutaten vermengen und mit dem Mixer schaumig schlagen.

Mango-Lassi

1/3 l Bioghurt
2/3 l Wasser
1 reife Mango, püriert
1 Prise Kardamom
1 Prise Ingwerpulver
Vollrohrzucker nach Geschmack

Joghurt mit Wasser und Mangopüree verrühren, mit den Gewürzen und Zucker abschmecken und alles zusammen schaumig schlagen.

Lassi Superb

1/3 l Bioghurt oder selbst zubereiteter Joghurt
2/3 l stilles, mineralarmes Wasser oder frisches gutes Leitungswasser
1 Prise Bourbon-Vanille
1 kleine Prise Kardamom
1 EL Vollrohrzucker
2 EL Kokospulver

Alle Zutaten vermengen und mixen. Kurz vor dem Servieren in Gläser füllen.

Nelkensirup

Für Lassis, Soßen, Marmelade

400 g Blütenblätter von Bartnelken
12 Gewürznelken
400 g Vollrohrzucker

Blütenblätter und Gewürznelken mit 1 l Wasser in eine feuerfeste Glasschüssel geben und mit Deckel oder Klarsichtfolie schließen. Schüssel in einen großen Topf stellen und diesen zu 3/4 mit kaltem Wasser füllen. Bei kleiner Hitze 5–6 Stunden kochen lassen, eventuell Wasser im Topf nachgießen. Blätter und Nelken abseihen und gut ausdrücken. Zucker in den Sud rühren (400 g auf 600 ml Flüssigkeit) und aufkochen lassen, bis der Zucker geschmolzen ist. Etwas abkühlen lassen und in Gläser füllen.

Orangen-Lassi

1/3 l Bioghurt
1/3 l Orangensaft, frisch gepreßt
1/3 l stilles Mineralwasser
1 EL Vollrohrzucker oder Ahornsirup
1 Msp Zimt
1 Msp Bourbon-Vanille
1 Msp Kardamom

Alle Zutaten kurz vor dem Servieren mindestens 1 Minute verquirlen und schaumig schlagen.

Rosen-Lassi

1/3 l Bioghurt
2/3 l Wasser
2 geh. EL ayurvedische Rosenblütenmarmelade
1 TL Vollrohrzucker
1 Schuß Rosenwasser nach Geschmack
1 Rosenblütenblatt

Alle Zutaten vermengen und im Mixer schaumig schlagen. Mit einem Rosenblütenblatt garnieren.

Safran-Lassi

7 Safranfäden
3 Tassen Bioghurt
2 Tassen Tafelwasser
2–3 Tropfen Rosenwasser
Honig oder Ahornsirup oder Zucker
Minzzweige

Safranfäden in einen EL heißem Wasser etwa 1 Stunde einweichen. Joghurt, Wasser und Rosenwasser im Mixer schaumig schlagen. Nach Belieben mit Honig, Ahornsirup oder Rohrzucker süßen. In kleine Gläser füllen und mit einem Minzzweig garnieren.

Vanille-Lassi

1/2 TL Bourbon-Vanille
1 Prise Kardamom
3 TL Vollrohrzucker
250 g Bioghurt oder selbstgemachter Joghurt
1/2 l stilles, mineralarmes Wasser

Alle Zutaten vermengen und mixen. Erst vor dem Servieren in Gläser füllen.

Festtags-Lassi

2 EL Kokosmilchpulver
1/8 l Ananaspüree (frisch zubereitet oder aus dem Reformhaus)
250 g Bioghurt
1 Prise Bourbon-Vanille
1 Prise Kardamom
100 g Sahne
Zitronenmelisse

Kokosmilchpulver in 2 EL heißem Wasser auflösen. Ananaspüree mit Joghurt und 400 ml Wasser verrühren. Kokosmilch dazugeben und mit den Gewürzen abschmecken. Sahne leicht schlagen, unterziehen und in Gläser füllen. Mit Zitronenmelisse garniert servieren.

Mandel-Lassi

250 g Bioghurt
2 EL Mandelmus
1 EL Ahornsirup
1 Prise Anis
1 Prise Piment
1 Prise Kardamom
1 EL Mandeln, gerieben

Joghurt mit Mandelmus und Ahornsirup verrühren. 1/2 l Wasser hinzufügen und schaumig schlagen. Mit den Gewürzen abschmecken, in Gläser füllen und mit den geriebenen Mandeln bestreut servieren.

Weihnachtliches Gewürz-Lassi

250 g Joghurt
1–2 EL Honig
1 Msp Zimt
1 Prise Sternanis
1 Prise Nelken
1 Prise Muskat
1 Prise Piment

Joghurt mit 1/2 l Wasser schaumig rühren, nach Geschmack süßen und mit den Gewürzen abschmecken.

FESTLICHES MENÜ

Zusammengestellt vom Kurhotel Breitenbrunn

Avocadocreme mit Kresse,
Alfalfasprossen und Vollkorn-Dinkel-Stangen

Gefüllte Zucchini
Gebratener Blumenkohl
Bandnudeln
Kräutersoße

Papaya

Gewürz-Lassi

Avocadocreme

1 Tasse Kokosflocken
2 reife Avocados, geschält, entkernt
200 g Bioghurt oder saure Sahne
1 TL Zitronensaft
Salz, Pfeffer
Kresse
Alfalfasprossen
frische Kräuter, gehackt
Vollkorn-Dinkel-Stangen (aus dem Reformhaus)

Kokosflocken in wenig Wasser 15 Minuten quellen lassen. Mit Avocados, Joghurt, Zitronensaft im Mixer pürieren und mit Salz und Pfeffer abschmecken. Auf Vorspeisenteller anrichten, mit Kresse, Alfalfasprossen (5–7 Tage vorher zum Keimen ansetzen!) und Kräutern bestreuen. Mit Vollkorn-Dinkel-Stangen servieren.

Gefüllte Zucchini

3 EL Sonnenblumenöl
1 Knollensellerie, geschält, klein geschnitten
1 Karotte, klein geschnitten
1 Zucchini, klein geschnitten
etwas Lauch, Mangold und Löwenzahnblätter, klein geschnitten
2–3 EL Couscous
Salz, Pfeffer
frische Kräuter, gehackt
1–2 EL Sahne
2 Tomaten, enthäutet
3 etwa 15 cm lange Zucchini, halbiert, ausgehöhlt

Sonnenblumenöl erhitzen und das Gemüse (nicht Tomaten und Zucchini) 5–7 Minuten andünsten. Couscous hinzufügen. Die Füllung soll eine feste Konsistenz haben. Mit Salz und Pfeffer abschmecken, frisch gehackte Kräuter untermischen und eventuell mit etwas süßer Sahne verfeinern.
Tomaten pürieren und auf einem Kuchenblech verteilen. Die Zucchini mit der Gemüsemischung füllen und auf das Kuchenblech legen. Im vorgeheizten Backofen bei 200 °C 20 Minuten backen. Etwas Wasser in den Backofen spritzen, damit sich Dampf entwickelt oder eine Schale mit Wasser in den Backofen stellen.

Gebratener Blumenkohl

1 mittlerer Blumenkohl, in Röschen geteilt
2 EL Ghee
je 1/2 TL Kurkuma, Senfsaat, Kreuzkümmel, gemahlener Anis, Pfeffer
1 Knollensellerie, geschält, kleingeschnitten
1 Karotte, kleingeschnitten
1 Kohlrabi, geschält, kleingeschnitten
1/2 Zucchini, kleingeschnitten
etwas Lauch, Mangold- und Löwenzahnblätter, kleingeschnitten
1 Apfel, geschält, gerieben
Salz

Blumenkohl in 1 EL Ghee vordünsten. 1 EL Ghee erhitzen und die Gewürze darin anrösten. Gemüse hinzufügen und dünsten. Nach etwa 5 Minuten die Blumenkohlröschen und etwas geriebenen Apfel dazugeben und fertiggaren. Mit Salz abschmecken.

Bandnudeln

200 g Bandnudeln
1 EL Butter
Kräutersalz

Bandnudeln kochen und abgießen. In Butter und Kräutersalz wenden und warm stellen.

Kräutersoße

je 1/2 TL Senfsaat, Kreuzkümmel, gemahlener Koriander
1 EL Ghee
3 EL Kichererbsenmehl
3/4 l Gemüsebrühe
Salz, Pfeffer
frische Kräuter, fein gehackt
3 EL Sahne

Gewürze in Ghee andünsten, mit Kichererbsenmehl binden und mit der Gemüsebrühe auffüllen. Aufkochen lassen, mit Salz und Pfeffer abschmecken. Kräuter untermischen und mit Sahne verfeinern.

Papaya

Reife Papaya
Minzblätter

Früchte halbieren, Kerne entfernen. Pro Person eine halbe Papaya auf einem Teller mit einem Minzblatt anrichten.

Gewürz-Lassi

Joghurt und kaltes Wasser (im Verhältnis 1:2)
1 TL Zimt
1 TL Ingwerpulver
je 1/2 TL Fenchelpulver, Anis, grüner Kardamom, Koriander

Joghurt/Wasser-Mischung mit den Gewürzen mindestens 1 Minute im Mixer verrühren. Erst kurz vor dem Servieren in Gläser füllen.

FRÜHLINGSMENÜ

Ingwercocktail, S. 38

Leichte Brunnenkressesuppe, S. 73

Portulaksalat, S. 78

Bunte Frühlingspfanne, S. 50

Rhabarber unter Streuseldecke, S. 91

Basilikum- oder Kapha-Gewürztee, S. 119f.

SOMMERMENÜ

Grapefruit-Orangen-Saft, S. 120

Gemüsecremesuppe, S. 71

Chinakohlsalat, S. 78

Stangensellerie-Tomatencurry, S. 54
Gelber Reis mit Puris, S. 47, 82
Frisches Apfel-Chutney, S. 65
Rote-Linsen-Dhal, S. 60

Gemischter Fruchtsalat mit Mandel-Limonen-Soße, S. 86

Kokos-Lassi, S. 94

WINTERMENÜ

Aromatisierte Granatapfelkerne, S. 36

Paprikacremesuppe, S. 74

Currykartoffeln in Rahmsoße, S. 49
Broccoliröschen mit gerösteten Mandeln, S. 49
Karotten-Dhal, S. 59
Tomaten-Chutney I, S. 65
Gewürzbrötchen, S. 82

Würzige Datteln unter sahniger Haube, S. 90

Chai, S. 119

HERBSTMENÜ

Aperitif fruchtig-würzig-scharf, S. 35

Cremige Rote-Bete-Suppe, S. 71

Zarter Feldsalat mit Ringelblumenblüten und Walnuß-Ingwer-Dressing, S. 77

Gebackener Gemüsereis, S. 47
Chapatis, S. 81
Würziger Mung-Dhal, S. 61
Tomaten-Chutney I, S. 65

Bananen-Sahnecreme mit Rosenblütenmarmelade, S. 85

Vanille-Lassi, S. 95

ITALIENISCHES MENÜ

Klare Zucchini-Karotten-Suppe, S. 72

Lollo-Rosso-Salat mit Kräuterdressing, S. 79
Gemüselasagne, S. 45

Gemischter Fruchtsalat mit Mandel-Limonen-Soße, S. 86

Vedacino – ayurvedischer Kaffee mit Sahnehäubchen, S. 121

MEXIKANISCHES MENÜ

Gemischter Salat mit Joghurtdressing, S. 77

Mexikanische Bohnenpfanne, S. 50

Tortillas, S. 83

Gefüllte Ananasschale, S. 86

Melonensaft, S. 120

CHINESISCHES MENÜ

Koriandercreme mit Sesamcräcker, S. 67, 83

Regenbogen-Paprikagemüse, S. 54
Basmatireis, S. 41
Ananas-Bananen-Chutney, S. 63

Lotoskern-Mandelsahne, S. 89

Chai oder Basilikumtee, S. 119

GRIECHISCHES MENÜ

Gefüllte Weinblätter, S. 37

Rohkostsalat mit Curry-Olivendip, S. 78

Auberginen mit Tomatensoße, S. 49

Spinatpastete, S. 47
Gelber Reis, S. 47
Fladenbrot – warm serviert, S. 82

Feine Dattel-Vanillecreme, S. 86

Orangen-Lassi, S. 95

INDISCHES MENÜ

Kokos-Mandel-Halvah, S. 88

Blumenkohl im Teigmantel mit Pfefferminz-Gurken-Raita, S. 44, 68

Gemüsecurry, S. 51
Basmatireis, S. 41
Gelber Dhal, S. 59
Cashew-Petersilien-Chutney, S. 63
Chapatis, S. 81

Mango-Lassi, S. 94

FRANZÖSISCHES MENÜ

Meerrettichsahne in Cocktailtomaten, S. 38

Grüne Spargelcremesuppe, S. 72

Grüner Salat mit Zitronendressing, S. 77

Artischocken mit Reisfüllung, S. 113
Spinat in Nußsoße, S. 54
Fladenbrot – warm serviert – mit Heilkräuterbutter, S. 82, 109

Weintraubensalat, S. 90
Feines Mandelgebäck, S. 87

Kräutertee

AYURVEDISCHES FESTBANKETT

Appetitbomben:
Basilikumblätter, gefüllt mit pikanter Ingwercreme, S. 35
Aromatisierte Granatapfelkerne, S. 36

Aperitif:
Ingwer-Limettenwasser, S. 36
Yogi-Champagner, S. 39

Gartenfrische Chutneys:
Cashew-Petersilien-Chutney, S. 63
Koriandercreme, S. 67
Tomaten-Chutney I, S. 65

Vorspeisen:
Pappadams: diverse Art, S. 81
Pikante Grillkartoffel mit geröstetem Kumin, S. 55
Party-Pakoras – Gemüse in Teigtaschen
zur Auswahl: Blumenkohl, Paprika, Auberginen, Bananen, S. 82

Suppen:
Leichte Brunnenkressesuppe, S. 73
Kürbis-Curry-Suppe – serviert in Kürbisschale, garniert mit echten Efeuranken, S. 73

Salate:
Zarter Feldsalat mit Ringelblumenblüten und Walnuß-Ingwer-Dressing, S. 77
Meerrettichsahne in Cocktailtomaten, S. 38
Gefüllte Weinblätter, S. 37

Brote:
Zucchini-Haselnuß-Brot, S. 83
Indianische Maistörtchen, S. 107
dazu Heilkräuterbutter mit Dill, Petersilie und Kräutern der Saison, S. 108

Bunter Party-Gemüsereigen:
Regenbogen-Paprikagemüse, S. 54
Spinatpastete (künstlerisch gestaltet), S. 47
Artischockenfächer, S. 37,
dazu Ghee oder Oliventunke
Buttererbsen mit Minzblättern, S. 49
Zimtkarotten mit Rosinen und Datteln, S. 55
Sahniger Korianderspargel, S. 54
Marokko-Party-Gemüsemix, S. 51
Broccoliröschen mit gerösteten Mandeln, S. 49

Reis und Dhal:
Fernöstlicher Rosenreis, S. 43
Safran-Zimt-Reisring mit Pistazien und Pinienkernen, S. 44
Kichererbsen in pikanter Tomatensoße, S. 60

Desserts:
Spitzenkragen-Kantalupe mit Erdbeeren, S. 88
Gefüllte Ananasschale, S. 86
Lotoskern-Mandelsahne, S. 89
Sesamkonfekt, S. 90
Ananas-Ingwer-Dessert in Orangen-Königskronenschale, S. 85
Sandel-Sahne-Dessert, S. 91

Getränke:
Basilikumtee, S. 119
Kantalupenwasser, S. 120

FRÜHSTÜCK AUF AYURVEDISCH

FRÜHSTÜCK AUF AYURVEDISCH

»MORGENSTUND HAT GOLD IM MUND«

Sprichwörter, die aus dem Volksmund kommen, sind bekanntlich voller Wahrheit. Der Morgen ist aus ayurvedischer Sicht in der Tat eine besondere Stunde, in die wir uns wieder einfühlen und die wir bewußt erleben sollten: die gehaltvolle Frische, die gesunde, energiereiche Luft, das erwachende Leben in der Natur und die beginnende Geschäftigkeit des Alltags bei den Menschen. Die Zeiger der ayurvedischen Uhr stehen am frühen Morgen, von sechs bis zehn Uhr, auf Kapha. In dieser Phase wächst die biologische Stärke, die uns die nötige Substanz, Energie und Stabilität für die Aktivitäten des Tages gibt. Allerdings ist dies auch die Zeit, in der der Verdauungsstoffwechsel noch träge ist – eine Tatsache, auf die wir Rücksicht nehmen sollten. Abhängig von Ihrer Konstitution, Vata, Pitta oder Kapha, aber auch von Ihrem Alter und Ihrer geistigen oder körperlichen Aktivität sollte das Frühstück also unterschiedlich gehaltvoll ausfallen.

Wer morgens lange braucht, um wach zu werden, und nur langsam und schwer in Schwung kommt, bei dem wird sich der Hunger auch erst am späten Vormittag melden. Dies ist in der Regel immer dann der Fall, wenn sich zu viel Kapha im Körper angesammelt hat oder das Verdauungssystem durch eine zu gehaltvolle Mahlzeit am Vorabend noch überladen ist. Dann genügt morgens etwas Obst, eventuell auch ein Knäckebrot oder nur Tee, heißes Wasser oder frische Obstsäfte. Eine gesunde Alternative zum schwarzen Kaffee ist koffeinfreier ayurvedischer Kaffee, der belebt und – ungewöhnlich zwar – fröhlich stimmt.

Pitta-Typen können mit ihrer starken Verbrennung dagegen meist kräftiger frühstücken. Sie bevorzugen morgens Milchbrei, Müslis oder Brot mit Aufstrich. Auch eine warme Gewürzmilch mit Ghee und Kokosflocken ist sehr geeignet. Eine außergewöhnliche Frühstücksvariante für Pitta-Typen und all jene, die morgens bereits einen guten Appetit haben, ist das ayurvedische Gemüsefrühstück.

Wer naturgemäß viel Vata in seiner Konstitution hat, oder wenn dieses Dosha aufgrund geistiger oder körperlicher Belastungen dominiert, tut gut daran, sich in Ruhe ein gutes und nahrhaftes Frühstück zu gönnen. Es gibt Ausdauer und Substanz für den Tag, stärkt die Nerven und hält die Leistungsfähigkeit konstant. Bereiten Sie deshalb schon am Abend die nötigsten Dinge vor. Decken Sie beispielsweise den Tisch, und stellen Sie die erforderlichen Zutaten bereit. Planen Sie generell morgens mehr Zeit ein – Zeitnot ist eine »Krankheit« von Vata. Gute Einteilung hilft wie sonst kaum eine andere Maßnahme, gestörtes Vata wieder ins Gleichgewicht zu bringen.

Da der Tag in der Regel beginnt, wie der Abend zuvor endet, sollten Sie diesen entspannt und vor allem rechtzeitig ausklingen lassen. Sie werden durch ruhigen Schlaf belohnt, erwachen ausgeruht und mit viel Zeit für ein genußvolles Frühstück.

Vorausgesetzt, die Verdauungskraft ist in Ordnung, sind warme, nahrhafte und breiförmige Morgenspeisen für Vata besonders geeignet: ein gekochter und natürlich gesüßter Getreidebrei, mild gewürzt, oder das bei Kindern und Erwachsenen gleichermaßen beliebte Sahnemüsli mit eingeweichten Trockenfrüchten. Dazu gibt es Vata-Tee und andere nervenstärkene Kräutertees. Wenn Sie möchten, können Sie dazu auch eine heiße Milch mit Gewürzen trinken.

Kinder verhalten sich ebenso wie Erwachsene ihrer Konstitution und Verdauungskraft entsprechend. Wenn Sie morgens genügend Zeit einplanen, essen die meisten Kinder ausreichend und bevorzugen Milchzubereitungen. Bei individueller Milchunverträglichkeit empfehlen sich Sahnemüslis oder Brote mit Aufstrich.

Unter den Rezepten, die wir Ihnen im Anschluß vorstellen, finden Sie sicherlich für jeden Typ etwas. Lassen Sie sich inspirieren, und bereichern Sie diese Auswahl durch eigene Frühstücksideen. Auch bei der ersten Mahlzeit des Tages ist Kreativität angesagt – gut ist, was Ihnen bekommt, Sie ins körperliche und seelische Gleichgewicht bringt und die nötigen Energiereserven für einen leistungsfähigen Tag liefert.

Ayurvedisches Gemüsefrühstück

Dieses Opma – so heißt diese Speise im Heimatland des Ayurveda – ist ein außergewöhnliches Frühstück und auch als Brunch gut geeignet. Es wird vorgestellt vom Maharishi Ayur-Veda Gesundheitszentrum in Wien.

1 EL Ghee
5–10 Cashewnüsse
1 TL Vata-, Pitta- oder Kapha-Churna (je nach vorherrschendem Dosha oder nach Jahreszeit)
Alternativ: 1/4 TL Senfkörner, je eine Prise Kreuzkümmel, schwarzer Pfeffer, Asafoetida
150 g Gemüse der Saison, kleingeschnitten
1 Tomate, gewürfelt
1/2 TL Salz
1/2 TL Kurkuma
2 Tassen Weizengrieß
Korianderblätter, gehackt
etwas Ghee

Ghee in einem Topf erhitzen und die Nüsse darin leicht anrösten. Das Churna oder die Senfkörner und die gemahlenen Einzelgewürze sowie das Gemüse dazugeben. Etwa 3–4 Minuten anbraten und gegen Ende die Tomate hinzufügen. 4 Tassen Wasser dazugießen und mit Salz und Kurkuma zum Kochen bringen. Weizengrieß ganz langsam hineinrühren und etwa 3–4 Minuten unter ständigem Rühren auf kleiner Flamme kochen lassen, bis die Konsistenz breiartig wird. Mit Korianderblättern bestreuen und mit etwas flüssigem Ghee beträufeln.

Buchweizen-Sonnenblumentörtchen

1 Tasse Buchweizenmehl
1 Tasse Vollkornmehl (1050)
1 1/2 TL Weinsteinpulver
3/4 TL Hausnatron
1/2 TL Salz
1/3 Tasse Vollrohrzucker
1 1/2 Tassen Buttermilch
1/4 Tasse Butter, zerlassen
6 EL Sonnenblumenkerne

Alle Zutaten kurz zu einem Teig vermengen und in Törtchenbackformen füllen. Im vorgeheizten Backofen bei 200 °C etwa 15–20 Minuten goldbraun backen.
Diese Törtchen schmecken am besten frisch aus dem Backofen.

Dattel-Sahne-Müsli

Pro Person:
3–5 große Datteln
3–5 Mandeln
1 geh. EL ungeschwefelte Rosinen
125 g Sahne
frisches Obst nach Belieben
je 1 Prise Ingwerpulver, Kardamom, Kurkuma, Zimt

Datteln, Mandeln und Rosinen über Nacht einweichen, mit frisch geschlagener Sahne und Obst mischen und würzen.

Statt Datteln können Sie auch getrocknete und eingeweichte Aprikosen oder Feigen verwenden. Datteln sind sehr süß und nahrhaft, erwärmen den Körper und bauen bei Untergewicht Fettgewebe auf.
Dieses ayurvedische Frühstücksmüsli ist eine fein gewürzte Köstlichkeit für Groß und Klein. Es beschwingt, belastet den Magen nicht und ist besonders geeignet, die Lust auf Süßes natürlich und gesund zu stillen: also eine bekömmliche Speise und ein Gaumenschmaus vor allem für Vata. Ein erwünschter Begleiteffekt: das Müsli reguliert bei Darmträgheit.
Wer Gewicht zunehmen möchte, sollte folgendes Rezept ausprobieren:
Pro Person nehmen Sie täglich steigernd 5–10–15 große, ungezuckerte und naturbelassene Datteln, die Sie über Nacht einweichen. Am nächsten Morgen das Wasser abgießen und die Datteln bei kleiner Flamme unter ständigem Rühren zu einen Brei garen. 1 TL Ghee und 1/2 TL Kardamom dazugeben und 2–6 Wochen lang als Frühstück essen.

Frühstückskekse

1 1/2 Tassen Weizenvollkornmehl (1050)
1/2 Tasse Maismehl
1 EL Weinsteinpulver
1/4 TL Salz
1/3 Tasse Ghee
1/3 Tasse Sahne
1/3 Tasse Wasser
Mohn- oder Sesamsamen nach Belieben

Mehl mit Weinsteinpulver und Salz mischen. Ghee mit Sahne und Wasser untermischen und kurz kneten, bis ein glatter Teig entsteht. 1–2 cm dick ausrollen und Plätzchen ausstechen. Nach Wunsch mit Mohn oder Sesam bestreuen. Auf einem gefetteten Backblech etwa 10 Minuten bei 220 °C goldgelb backen.

Die Kekse schmecken am besten warm mit Butter und Himbeer- oder Ingwermarmelade.

Hafer-Sahne-Porridge

Nahrhaft und sättigend für den gesunden Frühstückshunger.

Pro Person:
3 Datteln, entkernt, in Stücke geschnitten
1 EL ungeschwefelte Rosinen oder 1 TL Kokosflocken
1 TL Mandeln, gehackt
2–3 EL Haferflocken (alternativ andere Getreideflocken oder -mischungen)
1/2–1 TL Vollrohrzucker
125 g Sahne
je 1–2 Prisen Zimt, Vanille, Kardamom

Datteln und Rosinen in 1/8 l Wasser über Nacht einweichen. Am nächsten Morgen alle übrigen Zutaten hinzufügen und unter ständigem Rühren aufkochen. Von der Herdplatte nehmen und im geschlossenen Topf etwa 10 Minuten nachquellen lassen.

Da für diesen nahrhaften Frühstücksbrei statt Milch Sahne verwendet wird, können ihn auch Personen genießen, die unter einer Milchunverträglichkeit leiden.
Hafer enthält unter den Getreidearten den höchsten Anteil an Fett, Eiweiß und Mineralstoffen, vor allem an Kalzium; außerdem ein Viertel mehr Vitamin B_1 als anderes Getreide, das sogar bei der Haferflockenherstellung bis zu 80 Prozent erhalten bleibt, während es bei Weizen-, Mais- und Gerstenflocken größtenteils zerstört wird.
Es verwundert also nicht, daß Hafer ein wahrer Muntermacher ist. Als gekochter Brei oder eingeweichte Flocken stärkt er und heilt Magen- und Darmstörungen. Er schützt außerdem vor Arteriosklerose und kann erhöhtes Cholesterin senken helfen.
Auch Diabetiker profitieren von Hafer wegen seines hohen Fruchtzuckergehalts, der beim Menschen in begrenztem Umfang ohne Beteiligung von Insulin verwertet wird. Eine »Haferkur« wird daher bei Diabetikern auch in der westlichen Medizin empfohlen.
Hafer-Milch-Kost kräftigt schwächliche Kinder und unterstützt das Körperwachstum. Großversuche an Schulkindern ergaben sogar, daß nach drei Monaten regelmäßiger Haferkost das Gedächtnis und intellektuelle Leistungen zunahmen.

Indianische Maistörtchen

1 1/2 Tassen Dinkelmehl, fein gemahlen
1 1/2 Tassen Maismehl
2 EL Kichererbsenmehl
2 TL Weinsteinpulver
1 TL Hausnatron
3/4 TL Salz
1/3 Tasse Ghee
1 Tasse Buttermilch
1 Tasse Rohrzucker
1 Tasse ungeschwefelte Rosinen
1/2 TL Kurkuma

Mehl, Weinsteinpulver, Natron, Salz und Kurkuma trocken mischen. Ghee, Buttermilch, Rohrzucker und 1/2 Tasse Wasser dazurühren und Rosinen untermischen. Teig in kleine Törtchenbackformen füllen und bei etwa 230 °C 20–30 Minuten backen.

Diese leckeren Törtchen haben eine goldgelbe Farbe. Mit frischer Butter und Ahornsirup bestrichen, sind sie eine willkommene Ergänzung zum Frühstück oder Brunch.
Wer sich die Mühe macht, das Maismehl frisch zu mahlen, wird mit einem besonders rustikalen Brotgeschmack belohnt! Man kann den Teig auch in einer Kastenform backen und nach dem Abkühlen in Scheiben schneiden.

Mais ist neben Gerste, Hirse und Roggen günstig bei Kapha-Überschuß. Es hat unter anderem adstringierende Eigenschaften, belebt Pitta und eignet sich besonders als leicht verdaulicher Nährstofflieferant bei Fastenkuren zum Entschlacken und zur Gewichtsreduktion.

Sommer-Frühstücksdrink

Ein erfrischendes Getränk für das sommerliche Frühstücksbüffet.

1 Tasse Bioghurt
2 Tassen frischer Orangensaft
2 Tassen Wasser oder mehr
1/2 Tasse Zucker
1 Schuß Orangenwasser
1 Prise Muskat
Minzblätter

Joghurt, Orangensaft, Wasser und Zucker schaumig mischen. Einen Schuß Orangenwasser dazugeben. In Gläser füllen und mit einer Prise Muskat bestreuen. Nach Belieben mit frischen Minzblättern garnieren.

Orangenwasser erhalten Sie in asiatischen Feinkostläden.

Vollkorn-Milchbrei

Pro Person:
2 geh. EL Vollkornhaferflocken (Weizen- oder Dinkelflocken)
1 EL ungesalzene Cornflakes
3–5 Mandeln
1 EL ungeschwefelte Rosinen
1 geh. TL Kokosflocken
1/2 EL Sonnenblumenkerne
1 EL Haferschmelzflocken
1/4 l Vollmilch
je 1 Prise Zimt, Kardamom, Kurkuma, Ingwerpulver
1 TL Ghee
Vollrohrzucker oder Ahornsirup nach Geschmack

Haferflocken über Nacht einweichen, mit Haferschmelzflocken in Vollmilch einrühren und aufkochen. Die übrigen Zutaten dazugeben, nach Geschmack mit Vollrohrzucker oder Ahornsirup süßen und servieren.

Besonders geeignet bei Vata-Störungen, Untergewicht und für kleine Kinder.

Walnuß-Ahorn-Törtchen

Für 12 Törtchen:
2 Tassen Weizenvollkornmehl
1 TL Weinsteinpulver
1/2 TL Salz
3/4 TL Hausnatron
1/3 Tasse Sahne
1/3 Tasse Wasser
1 Tasse Ahornsirup
1/4 Tasse Ghee, zerlassen
1/2 Tasse Walnüsse, gehackt
1/2 Tasse Datteln, fein gehackt
1 TL ayurvedischer Mandelpuder
1 Prise Muskat zum Bestäuben
1 TL Zimt zum Bestäuben

Alle Zutaten kurz vermischen und zu einem Teig verarbeiten. In Törtchenbackformen füllen. Mit den Gewürzen bestäuben und etwa 20 Minuten im vorgeheizten Backofen bei 200 °C backen. Warm mit Butter und Ingwermarmelade servieren.

Brotaufstriche

Nach ayurvedischer Auffassung ist Brot mehr eine Beilage als ein Hauptbestandteil des Essens. Hierzulande hat das belegte oder bestrichene Frühstücksbrot jedoch eine immer noch unerschütterte Tradition. Es ist ja auch ohne Aufwand sofort zuzubereiten – ein nicht unerhebliches Argument in unserer arbeitsreichen Welt, in der während der Woche die Zeit für das Frühstück meist knapp bemessen ist. Mit verschiedenen leckeren Aufstrichen können Sie den Frühstückstisch aber abwechslungsreicher gestalten.

Sie sollten im allgemeinen Vollkornbrötchen oder Brote aus feingemahlenem Mehl und mit Natursauerteig gebacken bevorzugen. Man kann so ein Brot auch im Toaster kurz rösten, wenn Sie morgens noch Probleme mit Kapha haben und Schweres zu belastend empfinden.

Mit Butter und Ghee bestrichen und mit Gewürzen bestreut, erhalten Sie ein appetitanregendes Gewürzbrot. Geeignet sind zum Beipiel Vata-Churna oder frisch gemahlener Pfeffer, Kreuzkümmel, Bockshornkleesamen und Ingwer, auch Kümmel, Fenchelpulver und Anis oder geriebener Ajuwan, jeweils mit einer Prise Salz.

Falls Sie morgens eine Vorliebe für Süßes haben, dann bestreichen Sie das Butter- bzw. Gheebrot mit Mandel- oder Nußmus (aus dem Reformhaus) und einem Teelöffel Honig. Dazu passen eine heiße Gewürzmilch, Tee oder ayurvedischer Kaffee.

Eine köstliche Besonderheit der ayurvedischen Küche ist Rosenblütenmarmelade, oder Sie bereiten sich aus Beeren und Früchten ihre eigene Konfitüre zu.

Für den deftigen Geschmack bieten sich Quarkzubereitungen mit Gewürzen und Kräutern an.

Mandel-Gewürz-Aufstrich

3 EL Mandelmus
2 EL Sonnenblumenöl
1 EL Pfeilwurzmehl
1/4 TL Zimt
1 Msp Nelken
1 Prise Muskat
1 Prise Ingwerpulver
1–2 EL Honig

Mandelmus mit Öl und Mehl cremig rühren. Gewürze unterrühren und nach Geschmack mit Honig süßen.

Dattelmus mit Mandeln

150 g entsteinte Datteln
1 EL trocken geröstete Sonnenblumenkerne
75 g Mandeln, gemahlen
2 EL Kokosmilchpulver
1/2 TL Zimt
1/4 TL Ingwerpulver
1 Msp Sternanis
1 Msp Kardamom
1 Prise Muskat
etwa 50 g Sahne

Datteln über Nacht in Wasser einweichen. Zusammen mit etwas Einweichwasser und den Sonnenblumenkernen im Mixer pürieren. Mandeln, Kokosmilchpulver und Gewürze dazugeben und mit Sahne verrühren, bis eine streichfähige Masse entsteht.

Avocadoquark

1 Avocado, geschält, entsteint
100 g Quark
1–2 Msp Kräuter
Salz, Pfeffer
1 rote Paprikaschote

Avocado mit einer Gabel zerdrücken und sofort unter den Quark rühren. Mit den Gewürzen abschmecken und in einer roten Paprikaschote servieren. Dazu den Deckel abschneiden, die Kerne entfernen und die Quarkcreme einfüllen.

Heilkräuterbutter

250 g Butter
Kräuter nach Belieben, fein gehackt (Petersilie, Basilikum, Kerbel, Rosmarin, Thymian, Liebstöckel)
etwas Zitronen- oder Limettensaft
schwarzer Pfeffer

Butter mit einer Kräutermischung Ihrer Wahl cremig verrühren. Ein Schuß Zitronen- oder Limettensaft verleiht zusätzliche Frische. Mit Pfeffer bestreuen. Kräuterbutter in einem Tongefäß mit Deckel im Kühlschrank aufbewahren. Sie schmeckt köstlich zu frischem Brot, Reis, Nudeln oder zu gedünstetem Gemüse.

~

Diese delikate Kräuterbutter vereint die Heil- und Würzkraft von Kräutern mit der kraftspendenden Eigenschaft der Butter. Eine wunderbare Kombination also, die noch dazu besonders erfrischend und appetitanregend schmeckt. Die ätherischen Öle der Kräuter, ihre verdauungsanregenden Bitterstoffe und ihr Gehalt an Vitaminen, Mineralstoffen und Spurenelementen unterstützen die Fettverdauung, stärken Magen und Darm und beleben Körper und Geist. Das besondere daran ist auch, daß Sie den Geschmack und die Heilrichtung durch andere Kräutermischungen immer wieder neu bestimmen können.

Quarkaufstriche

250 g Quark
2–3 EL Sahne oder Wasser
1–2 Prisen Salz
1 TL Kümmel oder Kreuzkümmel, ganz, gemahlen oder gemischt, oder
1–2 TL Meerrettich, frisch gerieben, oder
1–2 EL frische Gartenkräuter, gehackt (Dill, Petersilie, Kerbel, Schnittlauch, Kresse, Basilikum, usw.), oder
2 EL bunte Paprikawürfelchen
1 Msp Paprika, gemahlen, oder
1–2 gehäufte EL Oliven
1 Prise schwarzer Pfeffer

Quark mit Sahne/Wasser glattrühren, Gewürze dazugeben und verrühren.

~

Am Abend zuvor vorbereitet, entfalten die Gewürze ihr Aroma noch intensiver.
Zu diesen leckeren Quarkbroten können Sie außer Milch alle üblichen Frühstücksgetränke nehmen. Versuchen Sie ayurvedischen Kaffee mit Sahne oder Chai-Tee.

AYURVEDISCHES ABENDESSEN

AYURVEDISCHES ABENDESSEN

ESSEN ZUM AUSKLANG DES TAGES

Für den Abend eignet sich am besten eine einfache Mahlzeit ohne allzuviel Aufwand, die sättigt, jedoch nicht belastet. Im Anschluß stellen wir verschiedene Gerichte dazu vor, die Ihnen als Anregung für eigene Ideen dienen sollen. Dabei sind wir uns bewußt, daß in vielen deutschen Haushalten in puncto Abendbrottisch feste Gewohnheiten herrschen, die nicht so einfach von einem Tag auf den anderen zu ändern sind.

Vermeiden Sie in jedem Fall abends tierisches Eiweiß, essen Sie also möglichst auch keinen Käse, Quark, Joghurt, Fisch oder Eier. Der Genuß tierischer Eiweißprodukte – wohlgemerkt nicht tierischer Fette wie Butter oder Ghee – führt vor allem abends leicht zu Gärungs- und Fäulnisprozessen im Verdauungstrakt. Dies kann langfristig zu erheblichen gesundheitlichen Problemen führen, die durch einfache Ernährungsumstellung leicht zu vermeiden sind. Eine Ausnahme machen Milch und mit Milch zubereitete Speisen. Sie sind nach ayurvedischer Auffassung – wenn man Milch mag und verdauen kann – für die Nacht bekömmlich und nicht nur körperlich nährend, sondern auch geistig fördernd.

Wenn Sie Ihre abendlichen Ernährungsgewohnheiten allmählich im ayurvedischen Sinne ändern möchten, dann bevorzugen Sie zunächst leichter verdauliche Speisen. Allen Käseliebhabern empfehlen wir, auf leichte Käsearten wie etwa Hütten- oder Frischkäse oder Mozzarella umzusteigen. Wenn Sie und Ihre Familie nicht zu den »Suppenkaspern« gehören, dann servieren Sie abends öfters eine kräftige, schmackhaft gewürzte gebundene Suppe. Sie macht nicht viel Arbeit, kommt vor allem an kalten Tagen gut an und erfüllt die meisten Bedürfnisse unseres Körpers zu dieser Tageszeit. Dazu gibt es ein leichtes Brot oder einen Vollkorntoast mit Butter oder Ghee. Sie werden überrascht sein, wie Sie sich am nächsten Morgen ausgeruhter, leistungsfähiger fühlen und besser gelaunt sind.

An warmen Sommerabenden paßt auch etwas Frisches, beispielsweise eine Salatplatte mit Brot und dazu ein kühles Getränk. Die letzte Mahlzeit des Tages sollte nicht zu anregend sein, also nicht aus vielen bunten Gemüsen, exotischen Gewürzen und mehreren Gängen bestehen. Auch Obst empfiehlt sich nur bis zum frühen Nachmittag, denn abends hat es den Nachteil, Wasser zu treiben und den Schlaf zu stören.

Die beste Zeit für das Abendessen liegt zwischen 17 und 19 Uhr. Dann ist der Moment gekommen, gemütlich beisammen zu sitzen und sich über die Ereignisse des Tages auszutauschen. Früher erzählte man sich bei Kerzenlicht Geschichten, die Kinderaugen zum Leuchten und Erwachsenen Entspannung brachten. Beschließen Sie den Tag mit einem entspannenden Abendspaziergang. Denn die Natur setzt abends eine subtile Energie frei, Prana, die wir mit dem Atem aufnehmen und die Nerven und Körper stärkt und besänftigt. Der feine Lebensstrom von Prana dringt in jede Zelle und fördert die Zellatmung sowie die Verdauung.

ABENDMENÜ

Zusammengestellt vom Maharishi Ayur-Veda Gesundheitszentrum Bad Ems

Feine Kürbiscremesuppe
Artischocken mit Reisfüllung

Feine Kürbiscremesuppe

2 EL Ghee
je 1/4 TL Senfkörner, Kreuzkümmel, gemahlen, Kurkuma
1 Prise schwarzer Pfeffer
1 Prise Zimt
2 Nelken
1/4 TL Koriander, gemahlen
1 Prise Ingwerpulver
1 Prise Asaföetida
1 kleiner Kürbis, geschält, entkernt, gewürfelt
2 kleine Karotten, kleingeschnitten
1/4 Knollensellerie, geschält, kleingeschnitten
1–2 Süßkartoffeln, geschält, kleingewürfelt
Salz
1 Prise Muskat
50 g Sahne
1 Prise Vollrohrzucker
1 EL frische Petersilie, fein gehackt

Ghee erhitzen und Senfkörner dazugeben. Wenn sie springen, alle Gewürze (außer Muskat) hinzufügen. Nach 10 Sekunden das Gemüse dazugeben (1/4 Tasse Kürbiswürfel beiseite stellen) und 5 Minuten unter Rühren anschwitzen. Mit 1 l Wasser auffüllen, salzen und leicht kochen, bis das Gemüse weich ist. Pürieren, Muskat und Kürbiswürfel dazugeben. Nochmals 10 Minuten leicht köcheln lassen, am Schluß mit Sahne und Zucker abschmecken. Mit Petersilie garnieren und heiß servieren.

Artischocken mit Reisfüllung

4 große Artischocken
Salz
Saft von 1 Zitrone
3 EL Ghee
1 1/2 Tassen Basmatireis
1 Prise Asaföetida
1/4 TL Kurkuma
1/2 TL Kapha-Churna
Saft von hellen Trauben, frisch gepreßt
1 kleine süße rote Pfefferschote, gewürfelt
2 Mangos
1 TL Rohrzucker
125 g Sahne
Gemüsebrühe:
1 Karotte, grob geschnitten
3–4 Weißkohlblätter
1/8 Sellerie mit Schale, grob geschnitten
1 Stangensellerie, grob geschnitten
Petersilienblätter
1/2 TL Kräutersalz
1/8 TL schwarzer Pfeffer
1 EL Ghee

Für die Gemüsebrühe alle Zutaten in 1 l Wasser aufkochen und 15 Minuten köcheln lassen.
Artischocken in 1 l Salzwasser mit der Hälfte des Zitronensafts gar kochen. Das Heu auszupfen, die inneren Blätter einzeln herausziehen und das weiche Fleisch mit der stumpfen Klinge eines Messers herausschaben. Das so gewonnene Püree beiseite stellen. Die Artischockenböden in eine mit Ghee ausgestrichene Gratinform legen.
2 EL Ghee in einem Topf erhitzen, den Reis darin kurz andünsten, Asaföetida, Kurkuma und Kapha-Churna hinzufügen und dünsten. Mit 1 Schuß Traubensaft ablöschen und kurz aufkochen. Nach und nach 3 Tassen der klaren Gemüsebrühe zugeben und 15 Minuten kochen lassen.
Reis, Artischockenpüree und – nach Belieben – Pfefferschote mischen, in die Artischockenböden füllen und je 1/4 TL Ghee auf die Füllung setzen. Bis zum Servieren bei 80 °C im Ofen warm stellen.
Mangos schälen und entkernen. Das Fruchtfleisch mit dem restlichen Zitronensaft und Zucker pürieren und kurz erwärmen. Sahne schlagen und unterziehen. Mangosahne vorsichtig auf 4 Teller verteilen und die gefüllte Artischockenrose daraufsetzen.

BEISPIELE FÜR EIN LEICHTES ABENDESSEN

Rasam, S. 38

Grießsuppe mit glasiertem Gemüse, S. 71
Puris oder Sesamcräcker, S. 82, 83

Vata-Tee, Kräuter- oder Ingwertee

Kürbis-Curry-Suppe, S. 73
Tortillas, S. 83

Basilikumtee, S. 119

Grüne Spargelcremesuppe, S. 72
Chapatis, S. 81, oder Dinkelbrot mit Kräuterbutter

Safrantee, S. 121

Gemüsesuppe nach Saison
mit Fladenbrot und Ghee oder Butter

Getränk nach Belieben

Spaghetti in Buttersoße »Bianca«, S. 66

Ingwertee, Kräutertee oder andere Getränke
nach Belieben

Milchreis mit Himbeersoße, S. 45, 67

Basilikumtee, S. 119
Chai, S. 119, oder Kräutertee

Basmati-Pilaw, S. 42
Puris, S. 82

Kapha-Gewürztee, S. 120

Indianische Maistörtchen, S. 107

Mandelmilch, S. 119

Hafer-Sahne-Porridge, S. 106

Ingwertee

LEICHTES SOMMERABENDMENÜ

Zusammengestellt vom Maharishi Ayur-Veda Gesundheitszentrum Cloppenburg

Gemischter Feldsalat

Cloppenburger Reiswickel an fruchtig-pikanter Tomatensoße mit Mandelbroccoli

Getränk Sommernachtstraum

Gemischter Feldsalat

200 g Feldsalat
2 Orangen
3 EL Sonnenblumenöl
1 EL Himbeeressig
1 Prise Kräutersalz
1 Prise Pfeffer
1 Avocado, geschält, entsteint

Feldsalat gründlich waschen, harte Stiele entfernen und trockentupfen. 1 Orange filieren und zum Salat geben. Die zweite auspressen und den Saft mit Öl, Essig, Salz und Pfeffer verquirlen. Fruchtfleisch der Avocado würfeln, zum Salat geben. Soße vorsichtig mischen, etwas ziehen lassen.

Cloppenburger Reiswickel

250 g Basmatireis
80 g ungeschwefelte Rosinen
2 TL Ghee
1 TL Zimt
1 TL Kurkuma
Salz
schwarzer Pfeffer
1 großer Eisbergsalat

Reis und Rosinen waschen und 10 Minuten einweichen. Zum Einweichwasser 1 TL Ghee, Zimt, Kurkuma, Salz und Pfeffer nach Geschmack geben und alles im geschlossenen Topf zum Kochen bringen. Hitze reduzieren, Reis auf der heißen Platte 10 – 15 Minuten ziehen lassen.
Salatblätter vorsichtig vom Salatkopf lösen, waschen, trockentupfen. In ein Salatblatt je 2 EL fertigen Reis geben, Salatblatt einschlagen. Ein zweites Blatt um das Päckchen wickeln und festbinden. Ghee in einer Pfanne zerlassen und Wickel von 2 Seiten anbraten.

Mandelbroccoli

600 g Broccoli, in Röschen geteilt
Salz
1 TL Ghee
1 Prise schwarzer Pfeffer
50 g Mandelblättchen

Broccoli in wenig Salzwasser und Ghee bißfest dünsten. Mit Pfeffer würzen. Die Mandelblättchen ohne weitere Fettzugabe in einer Pfanne bräunen und vorsichtig mit dem Broccoli vermengen.

Tomatensoße

1 EL Ghee
2 TL Kreuzkümmel
600 g Tomaten, enthäutet, gewürfelt
je 1 gestr. TL Zimt, Nelken, Ingwerpulver, Koriander, gemahlen
1 TL Vollrohrzucker
1/2 TL Currypulver
Gemüsebrühe
1 EL Olivenöl
etwas Salz und Pfeffer

Ghee erhitzen, Kreuzkümmel 1 Minute darin anrösten. Tomaten dazugeben und zu einer Soße zergehen lassen. Mit Zimt, Nelken, Ingwer und Koriander würzen. Mit Zucker, Currypulver, Gemüsebrühe, eventuell etwas Öl, Salz und Pfeffer abschmecken.

Sommernachtstraum

Pfefferminztee
Apfelsaft
Nelkenpulver nach Belieben
Minzblätter

1 Teil Pfefferminztee und 1 Teil naturtrüben Apfelsaft mischen und mit wenig Nelkenpulver verfeinern. Mit einem Minzblatt garnieren.

AYURVEDISCHE GETRÄNKE

AYURVEDISCHE GETRÄNKE

DAS PASSENDE GETRÄNK ZUR RICHTIGEN ZEIT

Ein gutes Essen ohne passendes Getränk ist nur eine halbe Sache. Auch im Ayurveda werden zur Mahlzeit passende Drinks gereicht, die die Bekömmlichkeit der Speisen fördern und eine gesunde Ergänzung zu den festen Nahrungsmitteln bilden. Allerdings in kleinen Mengen, denn zuviel Flüssigkeit zum Essen ist verdauungsstörend, belastet den Magen, spült die Magensäfte fort und führt zu einem Ungleichgewicht der Verdauungssäfte. Wie immer ist auch hier alles eine Sache des richtigen Maßes. Eine ayurvedische Regel sagt: »Ein Essen sollte den Magen zu einem Drittel mit festen Speisen und zu einem Drittel mit Flüssigem füllen. Ein weiteres Drittel soll frei bleiben für die Arbeit der drei Doshas.«

Als besonders vorteilhaft gelten heiße Getränke. Einfaches heißes Wasser oder ein köstlicher Tee, in kleinen Schlucken getrunken, fördert die Bekömmlichkeit der Speisen, regt den Stoffwechsel an und unterstützt die Verdauungsvorgänge. Zur Balancierung von Vata, Pitta und Kapha bieten sich sehr gut die Kräutertees an. Sie sind rasch zubereitet und ergänzen die Geschmacksqualität und die Wirkung des Essens auf die Doshas.

Zu vielen Gerichten und besonders zur warmen Jahreszeit passen frische Säfte, die ebenfalls in kleinen Schlucken zu einer Mahlzeit getrunken werden. Ayurveda hält im übrigen nichts von eisgekühlten Drinks. Selbst an heißesten Sommertagen oder gerade da schwächen und belasten sie das Verdauungsfeuer und reizen vor allem bei Magenempfindlichen die Schleimhaut. Gerade in den heißen Klimazonen der Erde wird meist traditionell ein heißes Getränk, oft nur heißes Wasser bevorzugt. Probieren Sie es aus: es löscht den Durst besser und stellt Ihr inneres Thermostat höher, Ihr Körper produziert weniger Wärme, und Sie vertragen dadurch äußere Hitze besser.

Milch und Milch-Mixgetränke sollten nur alleine oder zusammen mit süß schmeckenden Speisen, also zum Beispiel mit Keksen, getrunken werden. Zu einem vollständigen Menü gehören sie nicht, denn die Verschiedenartigkeit der Speisen, die Art der Zubereitung, ihre Geschmacksqualität und Nähreigenschaften vertragen sich nicht mit Milch, die ein in sich abgerundetes und vollständiges Nahrungsmittel ist.

Wie steht es mit alkoholischen Getränken wie Wein und Bier? Obwohl in den klassischen Texten verschiedene Heilwirkungen dieser Getränke beschrieben werden, wenn sie maßvoll und geeignet verwendet werden, sind sie kein Bestandteil der ayurvedischen Küche. Deshalb haben wir sie nicht berücksichtigt. Verhalten Sie sich aber auch hier wieder feinfühlig ihrem Körper und Geschmack gegenüber, und wählen Sie für die Harmonie der Doshas das passende Getränk zur richtigen Zeit.

Bananencocktail

Ein süßes und stärkendes Erfrischungsgetränk.

Saft von 1 reifen Grapefruit
1/4 l frischer oder naturreiner Birnen- oder Apfelsaft
2 EL Zitronensaft
1 Banane, geschält
1 Prise Nelken
1 Prise Zimt
1 Prise Salz oder 1 Miniprise Steinsalz

Grapefruit- mit Birnen- oder Apfelsaft, den Gewürzen und der Banane im Mixer pürieren. In Cocktailgläser füllen.

Basilikumtee

Dieses aromatische Gesundheitsgetränk ist ideal, um Vata-Dosha auszugleichen.

1/2 Tasse frische Basilikumblätter
1 Scheibe frische Ingwerwurzel
1 Teebeutel ayurvedischer Vata-Tee
1 EL Kandis- oder Vollrohrzucker nach Belieben

Überbrühen Sie Basilikum, Ingwer und Vata-Tee mit 4 Tassen heißem Wasser, das nach ayurvedischer Vorschrift vorher 10 Minuten gekocht hat. 5–10 Minuten ziehen lassen und, wenn gewünscht, mit Kandis- oder Vollrohrzucker süßen.

Wählen Sie für diesen Gesundheitstee frisches Basilikum der Sorte »Ocimum Sanctum« (S. 27), also das besonders aromatische indische Tulsi. Sie erhalten es in türkischen oder asiatischen Läden.

Beerensaft

Ein lieblich-fruchtiges Getränk zum Verwöhnen.

500 g Himbeeren
2 EL flüssiger Honig, Vollrohrzucker oder Ahornsirup
1 Prise Nelken
1 Prise Salz

Beeren waschen, entsaften und mit Süßungsmittel, Nelken und Salz abschmecken.

Chai

2 TL schwarzer oder Pfefferminztee
2 TL Yogitee-Gewürzmischung oder je 1/2 TL Ingwerpulver, Nelken, Zimt, Kardamom
1/2 l Milch
2 EL Rohrzucker

1/2 l Wasser mit schwarzem oder Pfefferminztee und der Yogitee-Gewürzmischung oder den angegebenen Gewürzen etwa 15 Minuten köcheln lassen. Dann Milch und Rohrzucker dazugeben, nochmals aufkochen, durch ein Sieb gießen und servieren.

Ein köstlich belebendes Getränk zum Essen oder für Zwischendurch, für den Nachmittagstee und zum Stärken vor oder nach anstrengend körperlichen oder geistigen Aktivitäten.

Mandelmilch

2 EL Mandelmus oder
15–20 süße Mandeln, über Nacht eingeweicht
1 l Milch
1–2 EL Vollrohrzucker
1/2 TL Bourbon-Vanille
Schlagsahne

Mandelmus oder die pürierten Mandeln mit etwas Milch klumpenfrei verrühren. Mit der restlichen Milch und den Gewürzen aufkochen. Mit einem Sahnehäubchen servieren.
Variation: 2–4 EL feingeriebene Mandeln in einer trockenen Pfanne leicht rösten. Milch mit Sahne und Zucker unterrühren. Aufkochen oder kalt servieren.

Mandeln sind nach der ayurvedischen Lehre Nahrung für die Nerven und beruhigen Vata (Sanskrit: vata-ma). Neben Eiweiß, Ölen und Enzymen enthalten sie auch die Vitamine A, B_1, B_2, B_6, E und Nikotinamid sowie Spurenelemente und Mineralsalze.
Süßmandelöl wird für nervenstärkende Massagen verwendet. Ein Teelöffel süßes Mandelöl in Milch ist ein gutes innerliches Nerventonikum und sorgt für tiefen Schlaf. Auch Bittermandeln haben medizinische Eigenschaften: sie verdünnen das Blut und entwässern. In der Küche nimmt man Bittermandelöl gern zum Würzen und Verfeinern. Da Bittermandeln jedoch giftige Blausäure enthalten, ist bei ihrer Verwendung Vorsicht geboten.

Grapefruit-Orangen-Saft

Ein ayurvedischer Wachmacher, sehr Vitamin-C-reich, appetitanregend und erfrischend.

1 rötliche, gut gereifte Grapefruit
2 mittlere Orangen
1 Prise Kardamom
1 Prise Salz
1 TL Ingwersaft (aus etwa 5 cm frischem Ingwer)
2 EL Ahornsirup oder flüssiger Honig

Grapefruit und Orangen entsaften, mit Kardamom und Salz würzen. Ingwersaft dazumischen und mit Ahornsirup oder Honig süßen.

Mangosaft

Ein köstliches Erfrischungsgetränk mit exotischer Note.

2 große Mangos, geschält, entkernt, gewürfelt
Saft von 1 großen Orange
2 TL Zitronensaft
1 TL Ingwersaft (aus etwa 3 cm frischem Ingwer)
1 Prise Kardamom
Stilles Mineralwasser nach Belieben

Mangos im Entsafter auspressen. Mit den übrigen Zutaten vermischen.

Kantalupenwasser

1/4 Kantalupe, entkernt, püriert
1/2 TL Zitronensaft
Rohrzucker nach Belieben
Minzblätter

Zutaten mit 4 Tassen Wasser im Mixer pürieren. In Schalengläser füllen und mit Minzblättern garnieren.

Kapha-Gewürztee

1/4 TL Zimt
1 Prise Nelken
1 Prise schwarzer Pfeffer
1/4 TL Ingwerpulver
1 Msp Kardamom
1 Msp Kurkuma
1 Prise Safran
1/2 l Milch
1–2 EL Vollrohrzucker

Gewürze mit 1/2 l Wasser aufkochen. (Bei gemahlenen Gewürzen 5 Minuten, bei groben Gewürzstücken alles 10 Minuten kochen.) Milch dazugießen, aufkochen lassen, nach Geschmack süßen, etwa 5 Minuten ziehen lassen und abseihen. Der Tee wird noch feiner, wenn man einen Teil Milch durch Sahne (1/8–1/4 l) ersetzt.

Ein sehr wohlschmeckendes und anregendes Frühstücksgetränk, das jedem Morgenmuffel auf die Beine hilft. Es wirkt auch gut bei Nachmittagsmüdigkeit sowie bei Erkältung. Statt der Gewürzmischung können Sie auch einen Kapha-Teebeutel verwenden, den Sie heiß überbrühen, etwa 5–10 Minuten ziehen lassen. Dann weiter wie oben beschrieben verfahren.

Melonensaft

Schmeckt erfrischend, kühlend, mild und süß. Ein ideales Getränk für den heißen Sommer und für romantische Abende.

2 mittelgroße Honigmelonen, geschält, entkernt, gewürfelt
1 TL Zitronensaft
1 Prise Ingwerpulver
1/2 TL Kardamom
2 EL Ahornsirup oder flüssiger Honig

Melone im Entsafter auspressen. Mit Zitronensaft und den Gewürzen vermischen. Mit Ahornsirup oder Honig abschmecken.

Kokos-Gewürzmilch

1/2 l Vollmilch
1 TL Ghee
1 EL Kokosraspel
1 EL ungeschwefelte Rosinen, eingeweicht
1 Prise Zimt
1 Prise Kardamom
1/4 TL Ingwerpulver
1 Prise Nelken

Milch mit den übrigen Zutaten kurz aufkochen.

Safrantee

1 Prise Sandelholzpulver
2 Safranfäden
1 TL ayurvedische Rosenblüten-marmelade

Sandelholzpulver und Safranfäden in 3 TL heißem Wasser etwa 1 Stunde einweichen und mit 2 Tassen heißem Wasser übergießen. Mit Rosenblütenmarmelade abschmecken.

Vedacino

2 TL ayurvedischer Kaffee
1 Prise Kardamom
etwas Schlagsahne
1 Prise Muskat oder
1 Prise Zimt
Vollrohrzucker

1/2 l Wasser zum Kochen bringen. Kaffee und Kardamom dazugeben und etwa 10 Minuten kochen, dann durch einen Filter gießen. Kaffee in Tassen füllen und mit einer Sahnehaube garnieren. Mit Muskat oder Zimt bestreuen und nach Geschmack süßen.

Diese ayurvedische Kaffeezubereitung aus erlesenem Getreide und Kräutern ist eine wohlschmeckende und gesunde Alternative zu Bohnenkaffee. Er belebt ohne aufzuregen und stimuliert wegen seiner Bitterstoffe Leber, Galle und Verdauungssäfte. Nach einem lukullischen Essen rundet dieser das Ganze exzellent ab.

Karotten-Rote-Bete-Saft

Ein belebender, vitaminreicher Erfrischungstrunk.

6 Karotten
2 Rote Bete, geschält
1 cm dicke Ingwerscheibe, geschält
1 EL Zitronensaft
1 Prise Kardomom
2 EL Ahornsirup

Karotten, Rote Bete und Ingwer im Entsafter auspressen. Mit Zitrone, Kardamom und Ahornsirup abschmecken.

Kirschsaft

Schmeckt süß-sauer, herzhaft und erfrischend.

500 g Kirschen, entkernt
Saft von 1 Orange
1 TL Zitronensaft
1 TL Ingwersaft (aus etwa 3 cm frischem Ingwer)
1 Prise Salz
2 EL Ahornsirup

Kirschen im Entsafter auspressen. Zusammen mit Orangen-, Zitronen- und Ingwersaft, Salz und Ahornsirup mixen.

Dattelmilch

6 große oder 10 kleine Datteln, entkernt
Gewürze nach Belieben (Kardamom, Ingwerpulver, Kurkuma, Nelken, Zimt, Muskat)
1 l Vollmilch

Datteln über Nacht einweichen. Dann pürieren und mit den individuell zusammengestellten Gewürzen in der Milch aufkochen.

Obst soll nach ayurvedischer Auffassung üblicherweise nicht mit Milch zusammen gegessen werden. Eine mit Einschränkung mögliche Ausnahme sind süße Früchte wie Bananen oder Mangos, die aber nur im Ursprungsland, wenn sie reif gepflückt und naturbelassen sind, mit Milch zu einem Mixgetränk verwendet werden können. Bei uns angebotene süße Früchte sind häufig wegen der Konservierungsmaßnahmen leicht gärig und säuerlich und verursachen in der Kombination mit Milch Ama. Datteln können dagegen, wenn sie von guter Qualität sind, unbedenklich in der Milch zu einem Getränk gemixt werden. Dattelmilch schmeckt köstlich, stärkt, nährt und vitalisiert. Sie beseitigt Schwächezustände, hilft bei nervöser Erschöpfung, Schlafstörungen und ist besonders hilfreich für schulisch überforderte Kinder. Durch die Variation der Gewürze lassen sich köstliche Mixgetränke zaubern.

DER AYURVEDA

DER AYURVEDA

AYURVEDA, DIE WISSENSCHAFT VOM LEBEN

Wer heute nach dem Ursprung des Ayurveda fragt, erhält in der Regel die Antwort: Ayurveda kommt aus Indien. Das ist historisch gesehen richtig, denn das überlieferte Wissen der ayurvedischen Heilkunst beruht auf den jahrtausendealten Texten der vedischen Literatur, die die Grundlage der indischen Kultur, ihrer Philosophie und aller ihrer Wissenschaften sowie der Heilkunde bilden. Der Ayurveda gründet auf einer ununterbrochenen Tradition, die über die Jahrtausende hinweg bis in die heutige Zeit hinein erhalten geblieben ist. Noch heute werden mehr als siebzig Prozent der Bevölkerung Indiens mit den Mitteln und Methoden dieser traditionellen Naturheilkunde behandelt. Vom indischen Subkontinent ausgehend, haben die vedische Lehre und die ganzheitliche Heilkunde des Ayurveda weit über dessen Grenzen hinaus andere Kulturen und Medizinsysteme beeinflußt und geprägt. So finden sich die Theorien und Konzepte des Ayurveda in der alten ägyptischen Medizin, in der Heilkunde Tibets, bei den alten Ärzten Persiens und in der traditionellen Heilkunde Chinas. Selbst Hippokrates, auf den die Ärzte der modernen Medizin bis heute symbolisch den Eid der ärztlichen Ethik schwören, soll ein Anhänger der Lehre des Ayurveda gewesen sein. Entsprechend gilt Ayurveda als »Mutter der Medizin«, als Grundlage aller Naturheilsysteme. Und das zu Recht, denn die ayurvedischen Lehren und Erkenntnisse sind universell gültig und beruhen auf ganzheitlichen Vorstellungen und Gesetzmäßigkeiten, die unabhängig von Zeit und Kultur existieren. Es ist die Natur des Lebens selbst, die Ayurveda beschreibt.

Indien war somit zwar der geographische und kulturelle Mittelpunkt des Ayurveda. In Wirklichkeit jedoch liegt der wahre Ursprung dieser universellen Heilkunde nicht in Asien, nicht in medizinischen Texten des alten Indien und nicht in Überlieferungen einer alten Kultur. Sie liegt nach Auffassung der ayurvedischen Lehre im Inneren jedes Menschen, am Ursprung seines Denkens, Handelns und Empfindens, in der Tiefe seines eigenen Bewußtseins. Dort kann der Veda im Grunde von jedem Menschen »eingesehen«, erkannt werden. Die Veden sind nach eigenem Selbstverständnis keine menschlichen Dichtungen, unterliegen auch nicht der Vergänglichkeit der Zeit und sind nicht auf einen besonderen Kulturkreis beschränkt. Sie sind vielmehr »apaurusheya«, ungeschaffen: zeitlose unmanifeste Realität, stille und unveränderliche Intelligenz der Natur und des sich ewig wandelnden Universums.

Das eigene Selbst ist gewissermaßen die kosmische Bibliothek, die alle Bücher der Weisheit und des Wissens enthält. Jeder von uns kennt Augenblicke im Leben, in denen wir in einem stillen Moment tiefe Einsichten und Erkenntnisse aus diesem Bereich des Wissens gewinnen. Die Heimstatt des Veda, so sagen die vedischen Weisen, ist die tiefste innere Seinsschicht des Menschen, ein Bereich stiller Bewußtheit, in der der Mensch die umfassende kosmische Seinsebene berührt und mit ihr eins ist. Dieses innerste Selbst ist zugleich der Ort vollkommener Gesundheit, die Quelle des Wissens für Heilung und der eigentliche Dirigent des Lebens, den es nach den Empfehlungen des Ayurveda zu erkennen und zu finden gilt.

Maharishi Ayur-Veda – uraltes Heilwissen neu entdeckt

Ayurveda als ein Zweig der vedischen Wissenschaft befaßt sich mit Gesundheit und Heilung von Krankheiten. Ayus heißt Lebensspanne, veda vollständiges Wissen, und Ayurveda verkörpert demnach das vollständige Wissen vom langen und gesunden Leben. Er erforscht umfassend und systematisch die Natur des Lebens, seinen Ursprung und sein Ziel und die Gesetze, die das Leben bestimmen. Dabei betrachtet der Ayurveda den Menschen als untrennbare Einheit von Körper, Geist, Verhalten und Umwelt. Seine umfassenden Empfehlungen und Behandlungsmethoden dienen dazu, diese Einheit aufrechtzuerhalten oder, wenn sie verlorengegangen ist, wiederherzustellen.

Im Laufe der langen Geschichte des Ayurveda sind jedoch wertvolle Therapien und Heilansätze in Vergessenheit geraten oder verändert worden. Zum Teil wurden sie nur noch in wenigen Familientraditionen bis in die heutige Zeit bewahrt. Dadurch hat der Ayurveda viel von seiner ursprünglichen Vollständigkeit und damit auch von seinen Möglichkeiten verloren.

Führende Experten des Ayurveda sowie westliche Wissenschaftler und Ärzte haben deshalb vor gut einem Jahrzehnt auf Initiative und unter der Führung von Maharishi Mahesh Yogi begonnen, den Ayurveda in seiner Ganzheit neu zu beleben. Dabei wurde besonderes Augenmerk darauf gelegt, die universellen, kulturunabhängigen Prinzipien dieser Heilmethode wieder klar herauszuarbeiten, sie für die heutige Zeit verständlich zu formulieren und alle ursprünglichen Heilansätze wieder zu erschließen. Die Neufassung des

Ayurveda, die streng auf der Grundlage der klassischen Texte basiert und gleichzeitig moderne wissenschaftliche und medizinische Erkenntnisse integriert, heißt Maharishi Ayur-Veda. Sie hat sich in wenigen Jahren als moderne Ganzheitsmedizin weltweit verbreitet. Heute werden wieder mehr als zwanzig Ansätze für vollkommene Gesundheit und ein langes Leben, wie es das Anliegen des Ayurveda immer war, angewendet. Einige der auch im Westen bekanntesten sind:

Pancha Karma: eine ambulant oder stationär durchzuführende Reinigungstherapie, die den Körper von schädlichen Ablagerungen befreit

Musiktherapie: Gandharva-Veda-Musik, die ewige Musik der Natur

Farb- und Aromatherapie: ausgewogene Farbanwendungen und Duftmischungen, die regulativ auf die Doshas, die psychosomatischen Regelkräfte, einwirken

Urklang: Heilung durch Anregung des Urklangs der Organe

Rasayanas: Nahrungsmittelergänzungen, natürliche Stärkungsmittel aus Kräutern und Mineralien für Körper und Geist. Am bekanntesten ist das Amrit Kalash, von dem man heute weiß, daß es ein hochwirksamer Radikalfänger ist und beispielsweise zur Stärkung des Immunsystems eingesetzt werden kann

Bewußtsein: Transzendentale Meditation, eine alte vedische Technik, die heute zweimal täglich 15 bis 2o Minuten bequem sitzend ausgeübt wird und mit der auch im Alltag innere Stille, der Bereich des Veda, zu erfahren ist.

Der Faktor Bewußtsein hatte im ursprünglichen Veda und Ayurveda eine zentrale Bedeutung und war stets auch ein wesentlicher Ansatzpunkt der ayurvedischen Empfehlungen und Therapien. Denn wie bereits erwähnt, ist das vedische Wissen im Bewußtsein des Menschen selbst strukturiert. Transzendentale Meditation ist der heutige Name für eine alte vedische Technik, die es erlaubt, mühelos, natürlich und systematisch feinere Ebenen des Denkens zu überschreiten, also zu transzendieren und schließlich innere Stille, frei von Gedanken, zu erfahren. Dieser natürliche Vorgang ist von tiefer geistiger und körperlicher Ruhe und Regeneration begleitet. Umfangreiche wissenschaftliche Untersuchungen aus den Bereichen Medizin, Psychologie und Soziologie, die in den letzten 35 Jahren weltweit über diese Art der Meditation durchgeführt wurden, weisen sie als eine wertvolle Entspannungsmethode aus, die bei regelmäßiger Ausübung umfassende gesundheitliche Wirkungen mit sich bringt.

Bei den Rasayanas wird besonders deutlich, daß im Ayurveda die Grenzen zwischen Heilmittel, Medikament und Nahrungsmittel fließend sind. Nahrungsmittel gelten als Heilmittel, und für ihre Wirksamkeit ist richtige Ernährung oft unerläßlich. Im Ayurveda hatte von jeher die richtige Ernährung zur Gesunderhaltung und zur Heilung von Krankheiten eine entscheidende Bedeutung. Darauf werden wir gleich ausführlich eingehen. Zum Verständnis der Ernährungskonzepte mache ich Sie mit einigen Grundvorstellungen der ayurvedischen Heilkunde vertraut. Mit etwas Einfühlungsvermögen werden Sie sie rasch verstehen, sie werden Ihnen sogar sehr bekannt erscheinen. Denn diese Prinzipien kennen Sie schon seit Geburt an, und Sie handeln mehr oder minder unbewußt bereits Ihr Leben lang danach, zumindest immer dann, wenn Sie sich im Einklang mit sich selbst und Ihrer Natur befinden.

DIE DREI DOSHAS

Aus der Sicht des Ayurveda werden Mensch und Natur von ganzheitlichen und universellen Prinzipien durchdrungen, den Doshas: Vata, Pitta und Kapha. Sie sind von grundlegender Bedeutung zum Verständnis aller Naturzusammenhänge und steuern in unserem Organismus als Bioregulatoren alle Funktionen von Körper und Geist.

Die Doshas sind die drei grundlegendsten und elementarsten Funktionsprinzipien, die wir allen körperlichen und geistigen Vorgängen zuordnen können. Sie geben Auskunft über die individuelle Natur des Menschen, seine konstitutionellen Anlagen und über seine derzeitige körperliche und geistige Verfassung, die mehr oder weniger von seiner gesunden Natur abweichen kann. Im folgenden stelle ich Ihnen die drei Doshas kurz in ihren Eigenschaften und ihrer Wirkung vor.

Vata

Vata ist das aus den beiden Elementen Raum und Luft entstandene Dosha. Es steht für jede Art von Bewegung und Transport sowie für die Fähigkeit, wahrzunehmen und zu kommunizieren. Darunter fallen so vielfältige und unterschiedliche Bereiche wie die Funktion unserer Sinne und des Nervensystems, die Sprache, die Rhythmik von Atem, Herz und Kreislauf, die peristaltischen Abläufe in Magen und Darm, die Ausscheidungsvorgänge von Niere, Darm oder

Haut, natürlich jede Art von körperlicher Bewegung, die Mikrozirkulation, also der Austausch von Mineralien und Nährstoffen zwischen den Geweben und Zellen. Vata kontrolliert die beiden anderen Doshas und kann entsprechend auch als »Schrittmacher der biologischen Aktivität«, der Kommunikation und Stofftransport im Körper reguliert, bezeichnet werden.

Eigenschaften von Vata-Typen

Wachheit
Feingefühl
Geistige Flexibilität und Lebendigkeit
Gutes Kurzzeitgedächtnis
Geringes Gewicht und leichter Körperbau
Begeisterungsfähigkeit
Geht Dinge schnell an
Neigung zu trockener Haut
Abneigung gegen kaltes und windiges Wetter
Unregelmäßiger Hunger und unregelmäßige Verdauung
Neigung zu Verstopfung
Schnelle Auffassungsgabe
Neigung zu Sorgen und Kummer sowie zu leichtem und unterbrochenem Schlaf

Pitta

Pitta ist das aus dem Element Feuer abgeleitete Dosha. Auch das Element Wasser übt einen geringen Einfluß auf Pitta aus. Es gilt als das Stoffwechselprinzip und ist entsprechend zuständig für die Tätigkeiten des Verdauungssystems und des Stoffwechsels. Zudem regelt es den Wärmehaushalt im Körper.

Intellekt und emotionale Ausdrucksfähigkeit sind geistige Funktionen von Pitta.

Eigenschaften von Pitta-Typen

Mittelschwerer Körperbau
Geht Dinge mit mittlerer Geschwindigkeit an
Arbeitet sehr systematisch und organisiert
Abneigung gegen Hitze
Starker Hunger und gute Verdauung
Kann Mahlzeiten schlecht ausfallen lassen
Mittlere Auffassungsgabe und Gedächtnis
Guter Redner
Kann Erlerntes systematisch wiedergeben
Unternehmungslustiger und mutiger Charakter mit Neigung zu Ungeduld, Ärger
Leicht erregbar
Bevorzugt kalte Speisen und kühle Getränke
Neigung zu Sommersprossen und Muttermalen

Kapha

Kapha ist das aus den beiden Elementen Wasser und Erde abgeleitete Dosha. Es verleiht dem Körper seine Form, Struktur und Gestalt, gibt biologische Stärke und gewährleistet Stabilität und Kohäsion, den Zusammenhalt des Körpers. Kapha ist auch für den Flüssigkeitshaushalt verantwortlich.

Eigenschaften von Kapha-Typen

Stabiler und schwerer Körperbau
Große Stärke und Ausdauer
Geht Dinge methodisch und langsam an
Neigung zu glatter und fetter Haut
Geringes Hungergefühl und langsame Verdauung
Ruhige und beständige Persönlichkeit
Langsame Auffassungsgabe, aber gutes Langzeitgedächtnis
Tiefer und langer Schlaf
Kräftiges, eher dunkles Haar
Ist schwer aus der Ruhe zu bringen

Gesundheit ist Gleichgewicht der Doshas

Sind diese Regelkräfte unseres Geist-Körpersystems in Harmonie, bedeutet das Gesundheit, gelangen sie dagegen anhaltend aus der Balance, entstehen Störungen und Krankheiten. Ihr Einfluß ist vergleichbar mit den drei Grundfarben des Lichtspektrums Blau, Rot und Gelb, aus denen alle anderen Farben gemischt werden können. Überwiegt eine Farbe, etwa blau, dann wird das Gesamtbild blaustichig. Ähnlich verhält es sich mit der Wirkung der drei Doshas im Organismus. Geraten die Doshas aus dem Gleichgewicht, entstehen körperliche und geistige Symptome oder Störungen, die von dem entgleisten Dosha gefärbt sind. Das Ziel jeder ayurvedischen Behandlung ist es, den Wohlklang dieser Instrumente des Lebens wiederherzustellen, oder, um bei der Farbanalogie zu bleiben, für die richtige Farbabstimmung zu sorgen. Gleichgewicht bedeutet jedoch nicht, daß alle Doshas zu gleichen Teilen im Körper vorhanden sein müssen. Vielmehr geht es hier um die individuelle Balance eines Doshas.

Geistige Wirkungen der Doshas

Im ausgewogenen Zustand:
Vata: einfallsreich, empfindsam, spontan, flexibel und heiter
Pitta: scharfsinnig, selbstsicher, unternehmungslustig und fröhlich
Kapha: ruhig, mitfühlend, mutig, vergebend und liebevoll
Im Ungleichgewicht:
Vata: besorgt, ängstlich, überempfindlich für Sinneseindrücke, gedankenvoll und unruhig
Pitta: ärgerlich, feindselig, gereizt, ungeduldig, zornig, selbstkritisch, kritiksüchtig, pedantisch
Kapha: stumpfsinnig, träge, benommen, depressiv, störrisch, geizig, unflexibel und antriebsschwach

Körperliche Kennzeichen bei Störung der Doshas

Vata: Schmerzen, Krämpfe, Zittern, Kälteschauer, Schwindelgefühle, Unruhe, Blähungen, Verstopfung, Schlafstörungen, Gelenkknacken, Trockenheit, rauhe Haut, Dunkelfärbung der Haut
Pitta: Entzündungen, Fieber, starkes Hunger- oder Durstgefühl, Brennen, Hitzewallungen, Übersäuerung des Magens, Haarausfall, Hautausschläge
Kapha: Schleimansammlung, Blut- und Lymphstau, Schweregefühl, Wasseransammlung im Körper, erhöhtes Schlafbedürfnis, Gewichtszunahme, zu lockere Gelenke, Bleichfärbung der Haut

HARMONIE AUS DEM KOCHTOPF

Zentrales Anliegen der Wissenschaft vom Leben ist es, das Gleichgewicht von Körper, Geist und Seele zu erhalten oder wieder herzustellen. Dabei spielt auch die Ernährung eine entscheidende Rolle. Sie sollte ausgewogen und vollwertig sein und alle wichtigen Nährstoffe enthalten. Wichtig ist jedoch auch, daß sie individuell verträglich und den unterschiedlichen Bedürfnissen des Menschen, seinem Alter und Beruf sowie seiner körperlichen und geistigen Verfassung angemessen ist. Hier unterscheidet sich die ayurvedische Ernährungslehre von anderen Ernährungskonzepten, die oft auf einseitigen theoretischen Überlegungen basieren. Die Ernährungsempfehlungen des Ayurveda bestehen deshalb nicht aus Verboten und Regeln, sondern appellieren vielmehr an die Beobachtungsgabe für die Bedürfnisse des Körpers.

Unsere Sinne – vor allem der Geruch, Geschmack und Anblick von Speisen – kommunizieren mit den inneren Bedürfnissen, die aus dem Wechselspiel der Doshas erwachsen. Die Geschmacksqualitäten der Speisen geben dabei die grundlegendste Information (S. 9). Aber auch die physikalischen Eigenschaften, beispielsweise schwer – leicht und kalt – warm, sagen viel über das betreffende Nahrungsmittel aus. Da jede Nahrung für sich eine eigene, bekannte Wirkung auf die drei Doshas ausübt, läßt sich für jeden Konstitutionstyp und für die unterschiedlichen Gesundheitsstörungen der passende Ernährungsplan zusammenstellen (S. 129, 138 ff.). Das ist vor allem für den ayurvedischen Arzt von Bedeutung, der seine individuelle Therapie darauf aufbaut. Diese wird dann erforderlich, wenn der Patient den Bezug zu seiner inneren Wahrnehmung und den natürlichen Instinkten verloren hat oder ihnen nicht mehr vertraut. Für den gesunden Menschen sollen die Ernährungsempfehlungen als Erinnerung an seine natürlichen Bedürfnisse und Bemühungen dienen, sich ausgewogen zu ernähren und im Gleichgewicht zu bleiben.

Die individuelle Verträglichkeit setzt die Fähigkeit unseres Stoffwechsel- und Verdauungsystems voraus, Nahrung vollkommen zu verwerten. Daher mißt der Ayurveda der Verdauungskraft eine wichtige Bedeutung bei. Die ayurvedische Bezeichnung für Verdauungskraft ist Agni – Feuer, Verdauungsfeuer, allgemein die Lebensflamme, die Nahrung in körpereigene Energie- und Strukturbausteine verwandelt.

Agni

Ein gesundes Agni zeichnet sich durch zwei- bis dreimal täglichen gesunden Hunger und eine regelmäßige Verdauung aus. Reguliert wird Agni durch die drei Doshas: Bei Dominanz von Kapha sind Verdauung und Stoffwechsel langsam und träge. Kapha- Menschen klagen häufig über Völlegefühl und Müdigkeit nach dem Essen. Pitta ist mit einer starken und intensiven Verdauungstätigkeit verbunden. Bei Störungen können Entzündungen in Magen und Darm, Geschwüre und Sodbrennen auftreten. Vata im Ungleichgewicht bewirkt eine empfindliche und instabile Verdauung, die oft mit Blähungen und Verstopfung einhergeht.

Agni steht im Mittelpunkt wechselseitiger Beziehungen zwischen inneren und äußeren Faktoren. Qualität, Menge und Art der aufgenommenen Nahrungsmittel beeinflussen es ebenso wie körperliche und geistige Aktivität, psychische Belastungen, Klima und Jahreszeit, biologische Rhythmen, Tageszeit und Lebensalter, Schlaf, Konstitution und Medikamente. Durch zu viel oder zu häufiges Essen kann die Verdauungskraft am nachhaltigsten beeinträchtigt werden. Doch auch eiweißhaltige Kost und zu schweres Essen am Abend können sie entscheidend schwächen. Ebenso ungünstig ist »Nebenbeiessen«, während der Mahlzeit lesen, fernsehen oder hitzige Diskussionen führen. Die Folgen eines gestörten Agni sind Verdauungsstörungen: Blähungen, Völlegefühl, Aufstoßen, Müdigkeit, Heißhungeranfälle und die Bildung von Ama.

Ojas

Bei einer gesunden Verdauung wird die aufgenommene Nahrung vollständig umgewandelt, es entsteht Ojas, die feinste »Essenz« von Nahrung. Ojas ist das subtile Endprodukt der Verdauung und essentiell für den Aufbau gesunder Körpergewebe, der Dhatus. Es gibt Wohlbefinden, biologische Stärke, starke Abwehrkräfte, Vitalität und Zufriedenheit. Ojas entsteht jedoch nicht nur bei der Verdauung. Bei allen geistigen Ereignissen und Glückserfahrungen wird Ojas gebildet – Ojas ist gewissermaßen das, was sprichwörtlich »Leib und Seele zusammenhält«. Ojas ist feinster Ausdruck menschlicher Physiologie. Es verbindet Körper und Geist und sorgt für Ausgewogenheit. Ist Agni geschwächt oder gestört, wird Ojas nur mangelhaft gebildet, und an seiner Stelle entsteht Ama.

Ama

Ama bedeutet wörtlich übersetzt soviel wie »unreif« oder »ungekocht« und steht für Schlackenstoffe, Körpergifte und unverdaute Nahrungsbestandteile, die durch eine schwache Verdauung im Magen-Darm-Trakt oder im Stoffwechsel der Zellen und Gewebe entstehen. Darunter fallen auch Alkohol und andere Gärungs- und Fäulnisprodukte im Darm. Ama schwächt die Gewebe und ist bei fast jeder Krankheit vorhanden. In erweitertem Sinn kann Ama auch im psychischen Bereich gebildet werden, als Folge »unverdauter«, unverarbeiteter Gefühle, Belastungen und ungelöster Konflikte. Was auf diese Weise im Nervensystem und im Stoffwechsel an »Giftsubstanzen« entsteht, ist nach ayurvedischer Ansicht ebenso gesundheitsschädlich wie unverdaute Nahrung. Der Abbau von Ama steht deshalb fast immer am Anfang einer ayurvedischen Behandlung. Eine einfache und wirkungsvolle Maßnahme ist das Trinken von heißem Wasser.

Heißwasser-Trinkkur

Das regelmäßige Trinken von heißem Wasser ist eines der hilfreichsten Mittel, um überschüssiges Ama abzubauen. Eine Trinkkur über einige Tage und Wochen löst im Körper eine Vielzahl positiver Reaktionen aus: »Unechte« Hungergefühle zwischen den Mahlzeiten werden befriedigt, Nebenwirkungen beim Fasten wie Übelkeit, Kopfschmerzen, Gereiztheit oder Mattigkeit bleiben aus. Gelenk-, Rücken- und Nackenschmerzen werden gelindert. Das schluckweise Trinken hat eine beruhigende und psychisch stabilisierende Wirkung, was sich besonders bei nervösen und angespannten Menschen bemerkbar macht. Darmstörungen wie Aufstoßen, Blähungen, Völlegefühl oder Verstopfung verschwinden. Durch die Reinigung des Körpers wird die Haut klarer, sieht frischer und besser durchblutet aus. Ebenso vermindert sich Juckreiz. Ein wesentlicher Vorteil des heißen Wassers gegenüber Tee ist seine relative Geschmacksfreiheit. Durch das lange Kochen bekommt es nur einen leicht süßen Geschmack, der mit zur Beruhigung von Vata beiträgt. Ansonsten ist es fast geschmacksneutral. Durch das Trinken verbessert sich der Geschmackssinn, wodurch die Speisen intensiver schmecken.

Um diese Effekte zu erzielen, ist weniger die Menge des getrunkenen Wassers entscheidend als die Häufigkeit: Zwei bis drei Schlucke halbstündlich oder stündlich reichen. Wichtig ist jedoch die Qualität des Wassers. In ländlichen Gegenden können Sie meist Leitungswasser verwenden. Leben Sie jedoch in der Stadt, sollten Sie sich mineralstoffarmes und kohlensäurefreies Mineralwasser besorgen. Kochen Sie reines Wasser (kein chloriertes Leitungswasser) ohne Kohlensäure oder mineralstoffarmes Mineralwasser mindestens zehn bis fünfzehn Minuten vor Gebrauch, lassen es dann zwei bis drei Minuten stehen, damit die Schwebeteilchen zu Boden sinken und füllen es in eine Thermoskanne. Bei einem schwachen Stoffwechsel und ausgeprägten Ama-Zuständen geben Sie dem Wasser ab und an eine kleine Prise Ingwerpulver bei.

BESTIMMEN SIE IHREN KONSTITUTIONSTYP

Auf den nächsten zwei Seiten sind die natürlichen, Ihren Konstitutionstyp beschreibenden Eigenschaften den Störungen der Doshas gegenübergestellt. Geben Sie sich bei den Aussagen auf der *linken* Seite, die sich auf die natürlichen Anlagen beziehen, Punkte, wenn Sie sich sicher sind, die genannten Eigenschaften zu besitzen. Sie sollten sich aber auch dann Punkte geben, wenn Sie spüren, diese Eigenschaften ursprünglich eigentlich gehabt oder bislang noch nicht zum Ausdruck gebracht zu haben. So erkennen Sie Ihre ureigene Wesensart, Ihren eigentlichen Dosha-Typ wieder, der unter Umständen nur von anderen gestörten Doshas überdeckt ist. Dabei ist es wichtig zu wissen, daß nach Auffassung des Maharishi Ayur-Veda unsere wahre Natur oftmals erst entfaltet werden muß. Das bedeutet, daß schon bei der Geburt Störungen der Doshas vorliegen können, die unsere eigentliche, gesunde Natur nicht in vollem Maße in Erscheinung treten lassen. Es ist daher anzunehmen, daß unsere wirkliche Natur dort zu finden ist, wo wir uns im vollkommenen Gleichgewicht von Körper, Geist und Seele befinden. Das ist dann der Fall, wenn ein Mensch den Zustand vollkommener – innerer wie äußerer – Ordnung erreicht hat. In unserem tiefsten Inneren streben wir im Grunde ständig diesen Idealzustand körperlich-seelischen Wohlbefindens an, der sich in der individuellen Harmonie der Doshas ausdrückt. Sind die nötigen Rahmenbedingungen erfüllt, dann findet in jedem Augenblick des Lebens eine Korrektur in Richtung größerer innerer Ordnung und damit stabilerer Gesundheit statt. Die Triebkraft sind unsere gesunden Wünsche und Bedürfnisse, die Handeln und Verhalten lenken. Unser »innerer Arzt« ist also ständig darum bemüht, das Gleichgewicht der körperlich-geistigen Funktionen wiederherzustellen. Vorausgesetzt natürlich, wir unterstützen dieses Bestreben und lassen Heilung zu.

Nun stellt sich die Frage, wie denn unsere eigentliche Natur beschaffen wäre, wenn wir uns im vollkommenen körperlichen und seelischen Gleichgewicht befänden. Die Antwort könnte lauten: Unser eigentliches Wesen ist so, wie wir uns vollständig und ganz fühlen. Dieses Ziel liegt, wie bereits erwähnt, in der Zukunft. Sie sollten vor diesem Hintergrund also auch in Betracht ziehen, ob nicht die eine oder andere Eigenschaft eines Doshas in Ihnen schlummert, deren Ausprägung Sie zutiefst im Herzen wünschen. Damit bringen Sie ein Ziel zum Ausdruck, das erreicht und Bestandteil Ihrer eigentlichen Natur werden kann, wenn der Wunsch wirklich von Herzen kommt.

Rechts stehen die Störungen der Doshas. Dabei handelt es sich um Abweichungen vom Normalen und Gesunden. Sie sind Ausdruck eines Ungleichgewichts der Doshas und als solche möglichst vorübergehende Erscheinungen, die wir behandeln sollten, wenn notwendig mit ärztlicher Hilfe. Betrachten Sie deshalb diese Eigenschaften nicht als wirklichen Bestandteil Ihrer Natur oder Ihres Wesens.

Zählen Sie die Punkte für Vata, Pitta und Kapha getrennt für die linke und rechte Seite zusammen. Auf diese Weise erhalten Sie ein mehr oder minder treffendes Bild der Konstellation Ihrer Doshas, sowohl Ihres Konstitutionstyps als auch Ihrer aktuellen Ungleichgewichte. Überwiegt bei den Störungen klar ein Dosha, sagen wir Vata, dann halten Sie sich an die Empfehlungen, die dafür gegeben werden. Kombinieren sich zwei oder drei Doshas in ähnlicher Ausprägung, Pitta und Kapha sind beispielsweise nahezu gleich stark erhöht, dann halten Sie sich an die Empfehlungen, die sowohl für Pitta als auch für Kapha gelten. Sie werden damit wahrscheinlich sehr übereinstimmen und sich mit den Empfehlungen wohlfühlen. Dies ersetzt natürlich nicht eine ärztlich fundierte Diagnose, er soll Ihnen ein Gefühl für die Doshas vermitteln, damit sie sich selbst besser kennenlernen. Betrachten Sie das Ergebnis deshalb nicht als feststehend, und versuchen Sie nicht, daraus strenge Vorschriften für Ernährung, Verhalten und Lebensweise abzuleiten. Wer Ayurveda richtig versteht, dem gibt diese Heilkunde Sicherheit über seine wahren Bedürfnisse und bestätigt ihn in seinen Wünschen und Bestrebungen. Sie stellt jedoch nie Regeln auf, die gegen die Natur eines Menschen gerichtet sind.

Bedenken Sie auch, daß die Doshas veränderliche, wandelbare Prinzipien sind, die von Tag zu Tag, oft sogar von einer Stunde auf die andere ihre Konstellation ändern können. Das Ergebnis kann also variieren, wenn Sie den Test zu einem späteren Zeitpunkt wiederholen. Seien Sie deshalb flexibel und lernen Sie Ihre jeweilige und momentane Situation zu erkennen. Das hilft Ihnen, jederzeit und in allen Situationen ein natürliches Gefühl für das Richtige zu entwickeln. Denn: Sie kannten Ihre Doshas schon immer, die ayurvedische Systematik erinnert Sie nur wieder an diese Konzepte und macht Sie wieder mit ihnen vertraut.

NATÜRLICHE GEISTIGE UND KÖRPERLICHE ANLAGEN

KAPHA

1. Ich besitze ein ruhiges und starkes Wesen — 0 1 2
2. Ich gehe den Dingen auf den Grund und nehme mir Zeit für das Wesentliche — 0 1 2
3. Ich bin psychisch stabil, ausdauernd, geduldig und gesetzt — 0 1 2
4. Ich habe ein gutes Langzeitgedächtnis — 0 1 2
5. Ich bin bedachtsam und methodisch — 0 1 2
6. Ich fühle mich zufrieden, sanftmütig, liebevoll und loyal — 0 1 2
7. Ich bin von Natur aus bodenständig und großzügig — 0 1 2
8. Meine Stimme ist weich und beruhigend, und ich spreche im allgemeinen wenig, aber bestimmt — 0 1 2
9. Ich esse gern und genieße Gaumenfreuden — 0 1 2
10. Ich besitze einen kräftigen und starken Körper — 0 1 2
11. Ich bewege mich ruhig und maßvoll — 0 1 2
12. Meine Haare sind kräftig, dicht und ölig glänzend — 0 1 2
13. Meine Zähne sind groß, kräftig und breit, schön geformt und widerstandsfähig gegen Karies — 0 1 2
14. Meine Haut ist geschmeidig, weich und gut gefettet — 0 1 2
15. Ich besitze ein langes Sättigungsgefühl und kann gut fasten — 0 1 2
16. Mein Stuhlgang ist regelmäßig, gut geformt und eher »ölig« — 0 1 2
17. Mein Schlaf ist tief und erholsam — 0 1 2
18. Ich träume wenig, aber sanft — 0 1 2
19. Ich bin widerstandsfähig gegenüber Infektionskrankheiten — 0 1 2
20. Tagsüber bin ich ausdauernd und leistungsfähig — 0 1 2

Kapha-Gesamtpunktzahl ____________

PITTA

1. Ich besitze einen starken Willen, kann mich durchsetzen und genieße Herausforderungen — 0 1 2
2. Ich bin begeisterungsfähig, gefühlsintensiv und temperamentvoll — 0 1 2
3. Ich bin humorvoll, mutig und beherzt — 0 1 2
4. Ich argumentiere prägnant, überzeugungsstark und ausdrucksvoll — 0 1 2
5. Ich bin vorwiegend ein »Augenmensch«, liebe Farben, Bilder und Malerei — 0 1 2
6. Ich habe ein gutes Auge und kann gut unterscheiden — 0 1 2
7. Ich bin sportlich — 0 1 2
8. Ich bin immer gut durchwärmt und friere selten, so daß kaltes Wetter mir nichts ausmacht — 0 1 2
9. Meine Haare sind dünn, jedoch seidig glänzend und weich — 0 1 2
10. Die Haarfarbe ist rötlich oder hell — 0 1 2
11. Meine Haut ist weich, geschmeidig und hell, eventuell sommersprossig — 0 1 2
12. Meine Schleimhäute sind gut durchblutet und ausgewogen befeuchtet — 0 1 2
13. Meine Zähne sind mittelgroß und scharfkantig — 0 1 2
14. Ich habe eine starke Verdauungskraft — 0 1 2
15. Ich habe im allgemeinen einen gesunden Appetit und kann viel essen — 0 1 2
16. Ich mag gern gewürzte Speisen — 0 1 2
17. Ich habe einen gesunden Durst und mag Getränke meist kühl, jedenfalls nicht zu heiß — 0 1 2
18. Mein Stuhlgang ist im allgemeinen kräftig und gut verdaut — 0 1 2
19. Ich träume oft farbenfroh, leidenschaftlich und gefühlsintensiv — 0 1 2
20. Mein Schlaf ist erholsam, und ich bewältige die Tagesereignisse gut — 0 1 2

Pitta-Gesamtpunktzahl ____________

VATA

1. Ich bin geistig flink, begreife und lerne schnell — 0 1 2
2. Ich bin sehr feinfühlig und habe ein gutes Wahrnehmungsvermögen — 0 1 2
3. Ich besitze ein gutes Kurzzeitgedächtnis — 0 1 2
4. Ich bin zuversichtlich, heiter, fröhlich und beschwingt — 0 1 2
5. Das Sprechen fällt mir leicht, und ich spreche schnell und flüssig — 0 1 2
6. Ich habe einen sehr feinen Tastsinn und mag gerne sanfte Berührungen und Massagen — 0 1 2
7. Ich besitze ein feines Gehör und liebe Musik — 0 1 2
8. Mein Körperbau ist leicht und zartgliedrig — 0 1 2
9. Ich bin flink, beweglich und körperlich geschickt — 0 1 2
10. Meine Hände und Füße sind grazil und fein gebaut — 0 1 2
11. Ich habe feine, zarte und wellige Haare mit einem leichten Glanz — 0 1 2
12. Meine Haut ist fein und zart, mit einem gesunden, bräunlichen Teint — 0 1 2
13. Meine Zähne sind klein, perlartig glänzend und regelmäßig — 0 1 2
14. Ich habe ein Bedürfnis nach regelmäßigem Essen — 0 1 2
15. Ich spüre sehr genau, was mir bekommt — 0 1 2
16. Ich achte auf regelmäßigen Stuhlgang — 0 1 2
17. Ich fühle mich bei Wind und beim Wechsel der Jahreszeiten beschwingt, ideenreich und leistungsfähig — 0 1 2
18. Ich habe einen leichten, aber erfrischenden Schlaf und stehe morgens gern auf — 0 1 2
19. Ich träume angenehm und phantasiereich, häufig auch vom Fliegen — 0 1 2
20. Ich esse mit allen fünf Sinnen, deshalb sollte der Tisch schön und geschmackvoll gedeckt sein. Vor allem Speisen mit einem feinen ausgewogenen Geschmack genieße ich sehr — 0 1 2

Vata-Gesamtpunktzahl ____________

GEISTIGE UND KÖRPERLICHE BESCHWERDEN

KAPHA

1. Ich bin geistig zuweilen schwerfällig und langsam — 0 1 2
2. Es macht mich müde, den Dingen auf den Grund zu gehen und geistig zu arbeiten — 0 1 2
3. Ich fühle mich öfters träge und brauche zu lange — 0 1 2
4. Nachdenken fällt mir schwer — 0 1 2
5. Ich brauche lange zur Lösung von Aufgaben — 0 1 2
6. Ich bin öfters schwermütig und sentimental — 0 1 2
7. Sprechen fällt mir oft schwer, ich bin eher wortkarg und habe eine monotone Stimme — 0 1 2
8. Ich neige zum Schlemmen und überesse mich öfters — 0 1 2
9. Ich bin übergewichtig — 0 1 2
10. Ich bewege mich nicht gern und komme nur langsam in Schwung — 0 1 2
11. Meine Haare sind schuppig und fettig, haben nur einen stumpfen Glanz — 0 1 2
12. Meine Zähne haben weiße Flecken oder Zahnstein, ich leide an Zahnfleischwucherungen — 0 1 2
13. Meine Haut ist schuppig und fettig oder neigt zu Ödemen — 0 1 2
14. Ich leide wiederholt an Völlegefühl und fühle mich nach dem Essen schwer oder ich bin appetitlos — 0 1 2
15. Mein Stuhlgang ist manchmal schleimig und/oder ölig, meine Ausscheidungsfunktionen sind träge — 0 1 2
16. Mein Schlaf ist dumpf und schwer, und ich komme morgens nur schwer in Schwung — 0 1 2
17. Mein Schlaf ist traumlos oder aber ich habe schwere und bedrückende Träume — 0 1 2
18. Ich bin anfällig für Schleimhaut- und Infektionskrankheiten bei naßkaltem Wetter — 0 1 2
19. Ich leide tagsüber an Müdigkeit und könnte immer schlafen — 0 1 2
20. Man sagt mir nach, ich sei zu erdverhaftet und besitzorientiert — 0 1 2

Kapha-Gesamtpunktzahl ________________

PITTA

1. Ich übertreibe öfters meinen Ehrgeiz und übernehme mich — 0 1 2
2. Ich reagiere öfters zu emotional, mitunter auch verärgert und zornig — 0 1 2
3. Ich reagiere häufig ungeduldig oder mißmutig — 0 1 2
4. Ich versuche mitunter, jemanden gegen seinen Willen zu überzeugen, und werde dabei zum Teil sogar scharf und ausfallend — 0 1 2
5. Ich bin licht- und blendempfindlich, meine Augen sind gerötet oder überreizt — 0 1 2
6. Meine Sehkraft hat nachgelassen — 0 1 2
7. Ich neige zu sportlichen Übertreibungen und übe aggressive Sportarten aus — 0 1 2
8. Mir ist schnell zu heiß, ich komme rasch ins Schwitzen und vertrage Sommerhitze schlecht — 0 1 2
9. Ich leide unter vorzeitigem Haarausfall — 0 1 2
10. Meine Haare sind frühzeitig ergraut — 0 1 2
11. Meine Haut ist sonnenempfindlich, gerötet und entzündet oder brennend und heiß — 0 1 2
12. Meine Schleimhäute sind entzündet, rot, gereizt und brennend — 0 1 2
13. Meine Zähne sind gelb verfärbt, und ich neige zu Zahnfleischbluten — 0 1 2
14. Ich neige zu Magen- und Zwölffingerdarmgeschwüren und zu Übersäuerung — 0 1 2
15. Ich werde schnell aggressiv, wenn ich nicht rechtzeitig zu essen bekomme — 0 1 2
16. Ich vertrage keine scharf gewürzten Speisen oder aber ich habe übermäßiges Verlangen nach scharfen Gewürzen — 0 1 2
17. Mein Durst ist oft unstillbar, und ich trinke gerne Eiskaltes — 0 1 2
18. Ich neige zu Durchfall oder dünnem, auch scharfem oder unverdautem Stuhlgang — 0 1 2
19. Ich träume öfters von Feuer, Krieg und Kampf — 0 1 2
20. Ich leide an Hitze und Schweiß im Schlaf, knirsche mit den Zähnen und werde oft um Mitternacht wach — 0 1 2

Pitta-Gesamtpunktzahl ________________

VATA

1. Ich bin öfters unkonzentriert und wirke zerfahren — 0 1 2
2. Oft bin ich schreckhaft und überempfindlich — 0 1 2
3. Ich kann mir häufig wegen zu vieler verschiedener Gedanken nichts merken, ich bin unentschlossen und unkonzentriert — 0 1 2
4. Ich bin öfters unruhig, sorgenvoll, ängstlich und nervös — 0 1 2
5. Ich verliere im Gespräch leicht den Faden, neige zu hastigem Sprechen oder stottere — 0 1 2
6. Ich bin übermäßig empfindlich auf Berührung, Geräusche und andere Sinneswahrnehmungen — 0 1 2
7. Ich leide an Schwindel und Ohrensausen — 0 1 2
8. Ich bin zu mager und kann schlecht an Gewicht zunehmen — 0 1 2
9. Ich bin oft steif, verspannt und ungelenkig. Meine Gelenke knacksen — 0 1 2
10. Ich habe magere Hände, mitunter auch Schmerzen an den Fingergelenken und friere leicht an Händen und Füßen — 0 1 2
11. Meine Haare sind trocken, spröde und glanzlos — 0 1 2
12. Meine Haut ist rissig, trocken, spröde oder pergamentartig. Sie bekommt vermehrt dunkle, braune oder schwarze Flecken und neigt dazu, sich blau zu verfärben — 0 1 2
13. Ich habe Zahnfehlstellungen, ich leide an Karies und Zahnfleischschwund — 0 1 2
14. Ich neige dazu, unregelmäßig zu essen — 0 1 2
15. Ich leide unter Blähungen und vertrage Speisen, die blähen (wie Lauchgemüse und Rohkost), schlecht. Ich habe ein großes Verlangen nach süßem und warmem, sättigendem Essen — 0 1 2
16. Ich neige zu Verstopfung — 0 1 2
17. Bei Wetterwechsel, Föhn, Wind, Zugluft oder Kälte leide ich unter Kopfschmerzen, Schlafstörungen, Gelenkbeschwerden oder anderen Störungen — 0 1 2
18. Mein Schlaf ist oberflächlich und unruhig, ich werde oft wach und kann erst nach sechs Uhr wieder gut schlafen. Am nächsten Morgen bin ich dann aufgekratzt und zittrig — 0 1 2
19. Meine Träume sind angstvoll, ruhelos und handeln von Verfolgung oder vom Fallen aus großer Höhe — 0 1 2
20. Ich esse oft zu hastig, kaue zu wenig und habe wenig Genuß am Essen — 0 1 2

Vata-Gesamtpunktzahl ________________

WELCHER TYP ISST WIE?

Ein paar Worte vorweg

Ich beschreibe für Sie die ayurvedischen Konstitutionstypen möglichst so, daß Sie sich in deren charakteristische Natur einfühlen und darin Ihre eigenen Wesenszüge erkennen können. Wichtig ist, ein Gespür für die derzeitige Konstellation Ihrer Doshas zu entwickeln – denn darin drücken sich Ihre körperlichen und seelischen Bedürfnisse aus. Deshalb geht es ganz bewußt nicht darum, was dieser oder jener Typ essen *soll,* sondern was er im typischen Fall essen *will.* Darin drückt sich das Streben nach körperlich-seelischem Gleichgewicht aus. Denn Essen erfüllt aus ayurvedischer Sicht zwei Aufgaben: Einerseits soll es uns mit allen nötigen Bausteinen des Lebens versorgen, andererseits die psycho-physische Balance aufrechterhalten oder wiederherstellen.

Und: Wir möchten mit der ayurvedischen Lehre den vielen, bereits bestehenden und zum Teil widersprüchlichen Ernährungskonzepten nicht noch ein weiteres hinzufügen. Die Lehre von den Doshas und die Zuordnung verschiedener Nahrungsmittel zu den Doshas soll vielmehr eine Hilfe sein, die eigenen Bedürfnisse vor dem Hintergrund der Doshas besser und vielleicht auch anders zu verstehen. Es ist wichtig zu lernen, uns von unserer eigenen Natur und ihren feinen Impulsen leiten zu lassen. Denn Essen ist eine sehr bewährte und ursprüngliche Möglichkeit, die Bedürfnisse des Herzens zu erkennen. Erfüllen Sie sich deshalb Ihre Essenswünsche mit Freude, und üben Sie sich so in einer Lebenskunst, die unmittelbar mehr Gesundheit und Zufriedenheit schenkt.

Wenn in Ihrer Konstitution oder aktuellen Situation mehrere Doshas miteinander kombiniert sind, also etwa Vata-Pitta, Vata-Kapha, Pitta-Kapha oder Vata-Pitta-Kapha, dann gelten jeweils die Empfehlungen und Hinweise für das eine *und* das andere Dosha. Sie sollten also die entsprechenden Textabschnitte sowohl für das eine wie für das andere Dosha durchlesen.

Die Tafelrunde der Doshas

Sie haben ein opulentes und köstliches Mahl zubereitet. Die letzten Vorbereitungen laufen, und in wenigen Minuten geht es zu Tisch. Falls sich unter Ihren Gästen ein klassischer Kapha-Typ befindet, wird ihm sicher jetzt schon das Wasser im Mund zusammenlaufen, er wird genüßlich den Küchengerüchen nachschnuppern und sich in befriedigter Erwartung des Gaumenschmauses genußvoll die Zunge lecken.

Einem echten Pitta-Typ, der inzwischen wahrscheinlich schon großen Hunger verspürt, werden bei der Botschaft, daß gleich serviert wird, begeistert die Augen aufleuchten. Möglicherweise kann er es auch nicht verhindern, daß ihm bereits kleine Schweißperlen auf die Stirn treten – während des Essens ist dies sicher der Fall.

Die Vata-Persönlichkeit dagegen wird ihrer nun besonders guten Laune vor allem dadurch Ausdruck verleihen, daß sie vermehrt in Bewegung gerät. Wie immer lebendig, freundlich und anmutig in der Art, wird sie die Gelegenheit nutzen, beredt und gekonnt ihre Freude auf ein schönes Essen in guter Gesellschaft zu äußern, dabei nicht mit Komplimenten sparen und sich schon mal auf den Weg in die Küche machen. Es wäre untypisch, wenn Ihr Vata-Gast Ihnen nicht anbieten würde, beim Tischdecken oder Servieren mitzuhelfen. Das mindeste, was er jedoch tut, ist, die Konversation heiter zu gestalten.

Die einzelnen Charaktere, wie sie der Ayurveda beschreibt, lassen sich beim gemeinsamen Essen in der Familie oder unter Freunden sehr gut beobachten. Achten Sie einmal darauf, wie Ihr Kapha-Onkel, Ihre Pitta-Tante oder die Vata-Freundin reagieren, wenn alle am gedeckten Tisch sitzen, und es fehlt noch etwas. Vata ist schon unterwegs, während Pitta noch dabei ist zu entscheiden, wer heute an der Reihe ist. Für den Kapha-Onkel hingegen ist das kein Thema – wenn er einmal sitzt, will er diese komfortable Körperhaltung nicht durch eine unbequemere ersetzen. Dafür umgibt ihn eine ansteckende Aura von Gemütlichkeit. Seine genußvolle Art, es sich schmecken zu lassen, seine angeborene Fähigkeit, in aller Ruhe die verschiedenen Leckereien per Gaumen zu erforschen, färben ab. Und so bleiben in seiner Gesellschaft auch alle über den letzten Gang hinaus sitzen. Sogar die sonst von Eile und Bewegungsdrang getriebene Vata-Natur fühlt sich in der geselligen Runde wohl, vor allem, wenn es viel zu erzählen gibt.

Kapha bewahrt das richtige Maß

Ein gesunder Kapha-Typ, der seine Natur erhalten hat und dessen Doshas im Gleichgewicht sind, verhält sich beim Essen wie auch in allen anderen Bereichen des Lebens maßvoll. Sein Körper ist stärker und kräftiger gebaut als der von Vata oder Pitta, er benötigt deshalb mehr gehaltvolle

Nahrung als diese Konstitutionstypen. Entsprechend ißt er von Natur aus gern und gut, braucht auch süße Speisen und greift durchaus einmal zu Saurem und Salzigem, was seinen Appetit stimuliert. Trotz seines Verlangens nach stärkenden, gewebeaufbauenden Nahrungsmitteln hat ein ausgewogener Kapha-Typ jedoch ein gesundes Eßempfinden, das ihn davor schützt, sich zu überessen. Und was man vielleicht nicht erwartet: Er kann gut fasten oder sogar mal eine Mahlzeit auslassen. Kapha-Menschen, die sich aus Frust, Kummer und Unzufriedenheit, typischen Vata-Störungen, einige Pfunde zuviel angegessen haben, werden dagegen beim Gedanken an magere Zeiten ziemlich unruhig.

Wenn Kapha aus dem Lot geraten ist

Wenn Kapha im Übermaß vorhanden ist – und das kann bei jedem Grundtyp vorkommen –, weiß man, was Frühjahrsmüdigkeit ist. Zur Zeit der Schneeschmelze nimmt Kapha nicht nur in der Natur, sondern auch bei den Menschen zu. Erkältungen, Schleimhauterkrankungen und die ersten Pollenallergien halten jetzt Einzug. Und wer davon verschont geblieben ist, kennt zumindest jene bleierne Müdigkeit, die besonders Kapha-Typen zu dieser Jahreszeit befällt. In dieser Zeit kann es schon schwerfallen, den Telefonhörer zu halten und ein Gespräch zu führen. Weitere typische Kapha-Symptome sind eine belegte Zunge, morgens schwer in Gang zu kommen oder unangenehme Schleimbildung.

Bei zuviel Kapha besteht meist eine natürliche Abneigung gegen süßes und schweres Essen. Leicht verdauliche, bittere, scharfe oder herbe Nahrungsmittel werden oft instinktiv bevorzugt, weil sie Galle und Leber anregen, den Stoffwechsel aktivieren und so Müdigkeit und Trägheit entgegenwirken. Essen Sie kein Frühstück oder allenfalls nur etwas Leichtes wie Knäckebrot mit Kräutertee oder ein Stück Obst. Regen Sie Ihren Stoffwechsel und die Ausscheidungsorgane durch heißes Wasser an, das Sie während des Tages in kleinen Schlucken trinken (S. 128). Vermeiden Sie schwer verdauliche Speisen wie Fleisch, Wurst, Käse, Sauermilchprodukte, schwere Brotsorten und essigsaure, zu süße und salzige Speisenzubereitungen. Abends sollten Sie nur eine kleine warme Mahlzeit ohne tierisches Eiweiß zu sich nehmen. Frische Gemüsesuppen, leichte Gersten- oder Reissuppen, vitaminreich mit frischen Frühjahrskräutern gewürzt, entlasten das Verdauungssystem, regen Agni an und helfen überschüssiges Kapha und Ama abzubauen. Um Agni anzuregen, empfehlen sich auch Pachanas, verdauungsstärkende Aperitifs, die Sie vor dem Essen einnehmen. Für Kapha besonders geeignet ist folgender Aperitif: 1 Teelöffel Honig, 1 Teelöffel Zitrone und 1 Eßlöffel Ingwersaft mischen und jeweils frisch zubereitet 15 Minuten vor dem Mittag- und Abendessen einnehmen. Besonders im Frühjahr wirken frische vitaminreiche und belebende Fruchtsaftgetränke oder Kapha-Tee, Ingwertee und andere Gewürztees mit scharfer, herber und bitterer Komponente entschlackend.

Unter ärztlicher Aufsicht kann in dieser Zeit auch eine Fastenkur mit anschließendem Abführen durchgeführt werden. Konsultieren Sie im Zweifelsfall einen im Maharishi Ayur-Veda ausgebildeten Arzt.

Eine weitere wichtige Maßnahme ist, die für Kapha günstigen Tagesrhythmen zu nützen. Also früh aufstehen, noch während der Vata-Zeit des beginnenden Tages, die in unseren Breiten recht genau von zwei bis sechs Uhr morgens reicht. Es ist eine gängige Erfahrung, daß es am frühen Morgen relativ leicht ist, in Schwung zu kommen. Die Leichtigkeit von Vata beschwingt und begleitet uns durch den ganzen Tag. Hat man diesen Zeitpunkt verpaßt, unterliegt man dem Einfluß der ersten Kapha-Phase des Tages, die etwa von sechs bis zehn Uhr vormittags dauert. Jetzt ist es nur mehr schwer möglich, dem wachsenden Kapha-Einfluß zu entgehen. Ein weiteres wichtiges Argument dafür, den Tag früh zu beginnen, liegt in der Aktivität von Apana-Vata. Diese wichtige Teilfunktion von Vata steuert die Ausscheidungsvorgänge unseres Körpers und ist besonders zwischen vier und sechs Uhr morgens aktiv. Wer früh aufsteht, hat zumeist zu dieser Zeit einen problemlosen Stuhlgang, während später die Darmentleerung schwierig sein kann.

Ebenso empfehlenswert sind die vorbeugenden und heilenden Reinigungs- und Entschlackungskuren des Pancha Karma. Sie helfen bei typischen Kapha-Beschwerden wie Infektanfälligkeit, chronische Nebenhöhlenaffektion, Bronchitis, Asthma, Übergewicht, Diabetes und Leistungsmangel. Kapha-Typen tut auch Saunen sehr gut. Nützen Sie diese Entschlackungs- und stoffwechselanregende Maßnahme besonders während oder besser noch vor Ihren anfälligen Zeiten; das sind Frühjahr, Spätsommer mit den ersten nassen Tagen und die neblig-feuchten Tage im November. Machen Sie in diesen Zeiten flotte Spaziergänge, und treiben Sie bewegungsintensiven Sport wie Joggen, Squasch, Tischtennis, Ballspielen, Aerobik oder Tanzen.

Pitta mag es gern kühl

Pitta mag es zwar gern sonnig und trocken, auch ein kühles Lüftchen tut ihm gut, nicht jedoch Hitze und schwüle Sommertage. Das bringt dieses Dosha stark ins Schwitzen und steigert sein Verlangen nach gekühlten Getränken. Einen echten Pitta-Typ erkennt man auch daran, daß er kräftig durchblutet ist. Er sieht immer blendend aus und leidet nie an vornehmer Blässe. Entsprechend treibt ihm sein Eifer schon mal eine intensive Röte ins Gesicht und die Schweißperlen auf die Stirn. Ihr scharfer Verstand, ihre Fähigkeit zu organisieren und ihre rednerische Überzeugungskraft lassen Pitta-Typen wie geschaffen erscheinen, Führungspositionen zu übernehmen. Doch andererseits neigen sie zu übertriebenem Ehrgeiz, übernehmen sich leicht und reagieren emotional. Dann essen sie oft unkontrolliert, greifen zuviel und zu häufig zu Genußmitteln, die das bereits verstärkte Pitta-Feuer noch mehr entfachen. Pitta-Menschen sollten in solchen Situationen zu scharfes, salziges und intensiv gewürztes Essen meiden. Dazu gehören auch Essig, vergorene und saure Nahrungsmittel, Käse, Sauerrahm und andere Sauermilchprodukte.

Die goldene Mitte einhalten

Um nicht die Balance zu verlieren, muß Pitta einen Lebensstil der goldenen Mitte pflegen und seinen Tatendrang und Unternehmungsgeist mäßigen. Wenn Pitta überhand nimmt, gilt es vor allem, einen kühlen Kopf zu erlangen und zu einem ausgewogenen Rhythmus von Ruhe und Aktivität zurückzufinden.

Beim Essen sollten kühlende Nahrungsmittel im Vordergrund stehen: frisches saftiges Obst, kühle, süße Getränke mit wenig Säure wie Traubensaft und Kokosmilch, auch frische Salate, Gemüse und Reis. Wichtig ist jetzt auch, sparsam mit Gewürzen umzugehen. Süße, bittere und herbe Kräuter sind aus dem Gleichgewicht geratenen Pitta-Typen am besten zuträglich. Auch Ghee in warmer Milch, Pitta-Churna oder Pitta-Tee sind gute Mittel, um dieses Dosha zu beruhigen. Ein Frühstück mit Müsli, frischen süßen Säften oder ein süßer Getreidebrei mit Kokosflocken bekommen ihm besser als Kaffee, Orangensaft oder saure Konfitüre als Brotaufstrich, die jeweils Pitta verstärken.

Etwas Ruhe und Erhohlung an einem kühlen Ort, Zeit zum Nachdenken und Reifen bringen Pitta-Störungen wieder rasch ins Lot, denn Pitta-Typen fühlen sehr schnell, was ihnen bekommt und was nicht. Mit etwas Vernunft ist die äußerst regenerationsfähige Natur von Pitta wieder im Gleichgewicht.

Um übermäßiges Pitta abzukühlen, sollten Sie sich darüber hinaus an den Ernährungsempfehlungen auf Seite 138ff. orientieren. Wenn Ihr Bezug zum inneren Wahrnehmungssystem der Doshas erhalten ist, werden Ihnen diese Richtlinien spontan entgegenkommen. Andernfalls befolgen Sie erst nur einige der Empfehlungen – die, die Sie mögen und die leicht durchführbar sind. Dann integrieren Sie nach und nach andere, die sich anbieten. Sie werden belohnt durch zunehmendes Wohlbefinden und korrigieren sich selbst durch verbesserte Wahrnehmung und wachsende Balance.

Vata liebt den feinen Geschmack

Vata, seiner Natur nach zart, grazil, edel und mit sehr feiner Wahrnehmung, liebt den feinen Geschmack. Wenn es ihm bekommen soll, muß Essen rund, ausgewogen und wohlschmeckend sein. Da Vata-Typen selbst feinste Nuancen geschmacklicher Variationen wahrnehmen, im positiven wie im negativen Sinn, muß das Essen geschmacklich sehr ausgewogen und nicht zu intensiv gewürzt sein. Vata schmeckt ein nicht ganz passendes Gewürz unmittelbar heraus, das Kapha wahrscheinlich gar nicht interessiert und Pitta, auch wenn es nicht so paßt, bei seinem guten Appetit ignoriert. Das heißt jedoch nicht, daß Pitta- oder Kapha-Typen nicht auch Gourmets wären, im Gegenteil. Vata-Menschen achten jedoch mehr auf die Feinabstimmung eines Essens. Ihre Sinne sind so wach und wahrnehmungsfähig, daß sie auch das »Drumherum« eines Menüs nicht übersehen: den Duft der Speisen, der lieblich und voller Sattva sein muß, und den geschmackvoll, mit Liebe zum Detail gedeckten Tisch. Alles, Tischdecke, Gedeck und Serviette, sollten farblich und vom Stil her zueinander passen. Die Konversation während des Essens wird, mehr noch als bei den anderen Konstitutionstypen, entspannt und von leichten Gedanken getragen sein. Das Gesprächsthema mag geistreich und tiefschürfend sein, niemals wird eine Vata-Natur sich jedoch bei Tisch auf Streitgespräche einlassen. Denn Vata liebt das Gespräch des Inhalts wegen, nicht um Recht zu haben.

Sammlung und Ruhe

Ist Vata aus dem Gleichgewicht geraten – und das ist bei den allermeisten Menschen heute der Fall –, dann ist Ruhe beim

Essen oberstes Gebot. Jetzt ist es wichtig, sich bei Tisch sammeln zu können und sich allenfalls bei wenigen netten Worten die Unbeschwertheit und Heiterkeit zurückzuholen, die ein gemeinsames Essen bieten kann. Eine gelöste Atmosphäre beim Essen ist die Voraussetzung, um ungestört zu verdauen und die regenerativen Energien freizusetzen, die in einer gesunden Mahlzeit stecken.

Vata *im Gleichgewicht* mag durchaus auch etwas bitteren und herben Geschmack, seinem dominierenden Dosha entsprechend. Das *vermehrte* Vata verlangt hingegen sauer und salzig, auch etwas milde Schärfe, die es erwärmt. Süß geht ihm jedoch über alles. Die Lieblingsspeisen des angeregten Vatas sind daher in der Regel süße, eingeweichte Datteln oder andere eingeweichte süße und schwere Trockenfrüchte.

Auch Milch und Milchprodukte, süß schmeckende und nahrhafte Getreide wie Dinkel, Weizen und Hafer, Reis, nahrhafte Gemüse und süße Früchte wie reife Bananen, saftige Ananas, Honigmelonen, Kokosnuß oder Pfirsiche tun ihm gut. Denn alle diese Nahrungsmittel besänftigen ein zu sehr angeregtes Vata und schaffen durch ihren satten Kapha-Charakter ein Gegengewicht zu dem luftigen und »abgehobenen« Vata.

Herzhaftes Verlangen

Menschen mit großer gedanklicher Unruhe, Schlafstörungen, nervöser Überreiztheit und anderen stärkeren Vata-Störungen haben oft Verlangen nach stimulativen und gleichzeitig erdenden Nahrungsmitteln. Das sind Knoblauch, Zwiebeln, Lauchgemüse, herzhafte und essig-saure Speisen oder Fleischgerichte. Vorübergehend kann es gesundheitlich sehr wichtig und sinnvoll sein, diesen Bedürfnissen nachzukommen.

Wer jedoch unter den genannten oder ähnlichen Störungen leidet, sollte versuchen, sein Vata durch andere Maßnahmen ins Gleichgewicht zu bringen und darüber hinaus auch Agni, das Verdauungsfeuer, zu stärken. Gehen Sie deshalb rechtzeitig ins Bett, und sorgen Sie für ausreichenden Schlaf, regelmäßige Ruhe und Regeneration. Auch Meditation, Spaziergänge, Vata-Tees oder -Aromaöle sind einfache Mittel die Ihnen jetzt helfen können. Es ist in jedem Fall sinnvoll, einen Arzt aufzusuchen, der Sie individuell über die verschiedenen Heilansätze des Maharishi Ayur-Veda beraten kann.

Klima, Wetter, Tages- und Jahreszeiten

Vata kann spürbar hervortreten oder sich verschlimmern, wenn es auch in der Atmosphäre zunimmt. Das ist besonders bei Föhn, Wind, Wetteränderung und bei trockener, rauher Kälte der Fall. Im Frühjahr, im stürmischen Herbst, aber auch im kalten Winter haben Vata empfindliche Personen oft besonders unter dem Einfluß dieses Doshas zu leiden. Dann kommt es leicht zu Kopfschmerzen, nervöser Unruhe, Schlafstörungen, Gelenk- und Wirbelsäulenschmerzen oder Abgespanntsein mit psychischer Überempfindlichkeit.

Das ayurvedische Konzept hilft uns, diese Erscheinungen besser zu verstehen und richtig einzuordnen – und vor allem richtig zu reagieren. Alle Speisen und Verhaltensweisen, die Vata vermindern und ausgleichen (S. 138), sind in dieser Zeit besonders angezeigt. Schützen Sie Ihre Haut darüber hinaus vor Austrocknung durch Wind und Kälte, am besten durch Ölmassagen mit Sesam- oder Mandelöl.

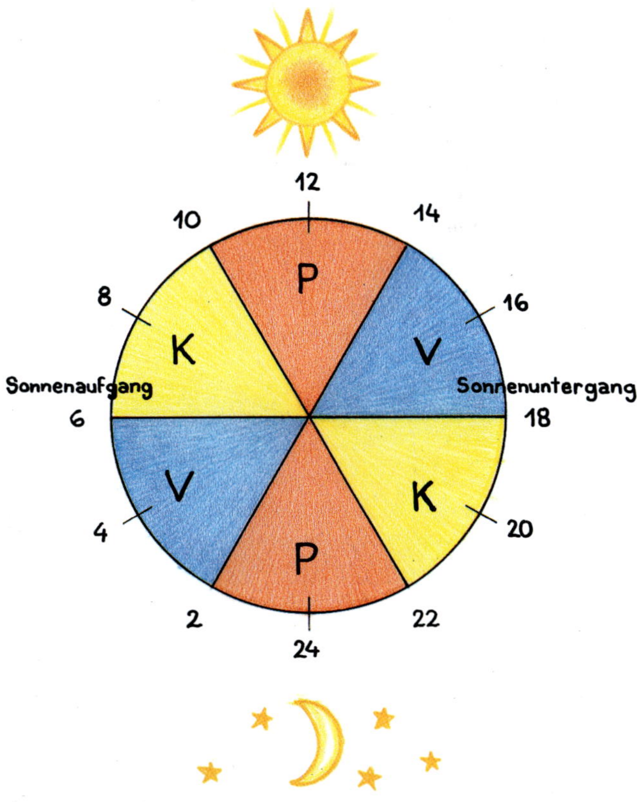

Allgemeine Ernährungsempfehlungen zu den Jahreszeiten

Frühling, die Zeit von Kapha:
leichte Kost, auch angemessenes und der eigenen Konstitution angepaßtes Fasten
heiße Getränke
flüssige Speisen
vermehrt bittere, scharfe und herbe Nahrungsmittel

Sommer, die Zeit vermehrten Pittas:
Kühles, Frisches, Saftiges
süße, saftige Früchte
leicht verdauliche Gemüse, Salate
Lassis
vermehrt scharfe, süße und bittere Nahrungsmittel

Wechsel der Jahreszeiten, Herbst und Frühsommer, eine Zeit, in der Vata die Veränderung bringt und zugleich oft Kapha oder Ama vermehrt sind, vor allem bei feuchtem und regnerischem Wetter:
warmes, eher flüssiges Essen, gut gewürzt
warme Getränke
leicht verdauliches, Vata reduzierendes Essen

Winter, trockene Kälte, die Zeit von Vata:
substanzgebendes, nahrhaftes, gut gewürztes und geöltes, warmes Essen
vermehrt süße, saure und salzige Nahrungsmittel

Ama und Vata

Manchmal ist unser Verhalten scheinbar paradox. Es kann beispielsweise sein, daß trotz aller typischen Vata-Anzeichen ein Verlangen nach Frischem besteht, nach Salaten, Bitterstoffen oder Rohkost, also nach Vata vermehrenden Nahrungsmitteln. Das ist meist dann der Fall, wenn sich im Verdauungssystem und in den Körpergeweben Ama ansammelt, das Eigenschaften von Kapha hat. Hören Sie auf jeden Fall auf Ihre inneren Richtungsgeber, befolgen Sie aber gleichzeitig die Maßnahmen zum Abbau von Ama, und versuchen Sie, Ihre Vata-Störungen auszugleichen. Gehen Sie viel an die frische Luft, und betreiben Sie leichten Sport. Sehr hilfreich sind auch Sauna und Dampfsauna. Bei tieferen oder langanhaltenden Störungen empfehlen sich die Reinigungstherapien des Pancha Karma.

Lebensphasen und Doshas

Die drei Doshas Vata, Pitta und Kapha bestimmen auch unsere Lebensabschnitte und damit die Ernährungsvorlieben in der Kindheit, beim Erwachsenen und im Alter.
Die Kindheit als Aufbauphase des Körpers unterliegt vorwiegend Kapha-Dosha. Kinder lieben daher auch im allgemeinen Kapha stärkende Kost, also Nahrungsmittel der Grundgeschmacksrichtung süß, sauer und salzig sowie schwere und mitunter kühle Speisen. Nudelgerichte, Milchprodukte, Brot und Süßspeisen gehören zu den kindlichen Leibgerichten. Ein Übermaß dieser Nahrungsmittel führt allerdings zu Kapha-Störungen und -Krankheiten. Typisch sind vergrößerte und wiederholt vereiterte Mandeln, adenoide Vegetationen (sogenannte Polypen), Infektanfälligkeit und Verschleimung, Allergien oder Übergewicht. Achten Sie deshalb bei Ihrem Kind auf eine ausgewogene Kost mit natürlichen Süßspeisen, abgerundet mit milden Gewürzen, und bieten Sie Gerichte an, die alle sechs Geschmacksrichtungen enthalten. Beispiele für Frühstück, Mittag- und Abendessen finden Sie in diesem Kochbuch in Hülle und Fülle.
Besonders wichtig ist das Vorbild, das Sie Ihrem Kind sind. Sie können nicht erwarten, daß es auf Schokolade, Chips und künstliche Fruchtsaftgetränke verzichtet, während Sie sich selbst einen Vorrat davon angelegt haben. Bieten Sie Ihren Kindern statt dessen Mineralwasser mit frischen Säften, Lassis und Süßspeisen aus süßen Früchten, Bananen, eingeweichten Trockenfrüchten, appetitanregend gewürzt mit Sahne, Zimt oder Vanille, an. Nötigen Sie Ihr Kind auch nicht, zwischendurch etwas zu essen. Dieser Appell geht vor allem an Großeltern, die ihre Liebe zum Enkelkind mit Naschereien unterstreichen möchten. Eine kleine Pausenbrotzeit in der Schule ist ausreichend. Ebenso gehört Obst nur als Beilage zum Frühstück oder Mittagessen und sollte nicht gewohnheitsmäßig zwischendurch gegessen werden. Andererseits sollten wir keine künstlichen Hürden errichten und durch überzogene Ernährungsvorschriften schon Kindern ihre natürliche Fähigkeit zur Selbsterfahrung und -regulation nehmen. Über einen längeren Zeitraum beobachtet, ernähren sich natürlich geführte Kinder sehr ausgewogen. Sie balancieren ihre Doshas richtig und jeweils

abhängig von den Ereignissen ihres kindlichen Lebens: den unterschiedlichen Wachstumsphasen und Zeiten der Zahnbildung, Wetter, Klima und Jahreszeiten, Mondphasen, körperlichen und seelischen Belastungen sowie Krankheiten. Versuchen Sie also Vorbild zu sein und dabei dem Kind den nötigen Freiraum für eigene Erfahrungen zu lassen. Betonen Sie vor allem nicht unentwegt, wie ungesund oder schädlich dies oder jenes sei. Das kann zu einer tiefgreifenden Störung des Eßverhaltens führen. Denn Essen ist mehr eine Kunst des Herzens als eine Wissenschaft des Verstandes.

Im Erwachsenenalter, einem Lebensabschnitt voller Aktivität und Schaffenskraft, dominiert Pitta. Es gibt die nötige Energie, um Vorhaben zu realisieren und uns im täglichen Leben durchzusetzen. Unabhängig vom persönlichen Konstitutionstyp wird ein zusätzlicher Pitta-Einfluß besonders in den schaffensintensivsten Phasen vorhanden sein. Er erfordert insofern Beachtung, als diese Energieform für die aktivsten Jahre unseres Lebens gepflegt und erhalten werden sollte. Am besten durch vernünftiges Haushalten mit unseren Energiereserven, gesunde Lebensweise und ausgewogene Ernährung.

Alte Menschen befinden sich in der Vata-Phase. In diesem Lebensalter besteht die Tendenz zu trockener Haut und Schleimhaut, zu Faltenbildung, einem geringeren Schlafbedürfnis, Osteoporose und Gelenkkrankheiten. Andererseits nehmen im höheren Lebensalter Weisheit und Erfahrung zu – Eigenschaften, die die Jugend erst anstrebt, und um die sie die gereifte Persönlichkeit beneidet. Der Herbst des Lebens ist auch durch besondere Vorlieben und Neigungen beim Essen gekennzeichnet. Wegen des vermehrten Vatas besteht oft ein natürliches und berechtigtes Verlangen nach Vata beruhigenden Nahrungsmitteln. Zuviel Rohkost und trockene oder kalte Speisen sind dem älteren Menschen im allgemeinen wenig zuträglich, da sie Vata zusätzlich vermehren. Im Einzelfall wird, wie immer, die Gesamtkonstellation der Doshas und die augenblickliche Verfassung über eine bekömmliche, balancierende Kostform entscheiden.

Pubertät und Klimakterium – Pitta im Wechsel der Lebensphasen

In den Übergangsphasen von einem Dosha zum anderen, von der Kindheit zum Erwachsenen und von dort zum Alter findet eine Veränderung statt, die von der transformativen Kraft und den Eigenschaften Pittas mitgetragen wird. Die betreffende Person erlebt meist eine kritische Zeit mit seelischer und körperlicher Unausgewogenheit, die sich am stärksten in der Pubertät und in den Wechseljahren bemerkbar macht.

Jetzt ist es besonders wichtig, die Verhaltens- und Ernährungsregeln für Pitta zu beachten. In der Pubertät sind es vor allem Hautunreinheiten wie Akne und psychische Gereiztheit oder aggressives Verhalten, die in Erscheinung treten. Ein Verständnis der Besonderheit und Bedeutung dieses Lebensabschnitts aus ayurvedischer Sicht kann dem Jugendlichen helfen, mit seinen zeittypischen Bedürfnissen entspannter umzugehen. Eltern tun gut daran, das nunmehr starke Pitta nicht noch zusätzlich durch Kritik oder Vorhaltungen zu reizen. Offenheit und Verständnis, ein kühler Kopf und freundschaftliche Gespräche in entspannter Atmosphäre tragen am besten dazu bei, die Selbstwahrnehmung des heranwachsenden Menschen zu schulen oder zu erhalten – ein wichtiger Akt der Selbstfindung in dieser Zeit des Übergangs. Pitta ausgleichende Ernährung und Verhalten sind natürlich angezeigt. Seien Sie jedoch vorsichtig mit guten Ratschlägen – am besten kommen Ernährungsregeln dann an, wenn sie dem eigenen Verständnis entspringen oder von der Freundin oder dem Freund kommen.

Die hormonelle Umstellung im Klimakterium ist, ähnlich wie in der Pubertät, häufig verbunden mit einer Krise des körperlich-seelischen Wohlbefindens. Zu Beginn des Vata dominierten Lebensabschnitts, den das Alter darstellt, mischen sich vegetative Vata-Symptome wie Nervosität, innere Unruhe oder Schlafstörungen mit Pitta-Erscheinungen wie Hitzewallungen und Schweißausbrüchen. Zu allem »Überfluß« gesellen sich unter Umständen auch noch Kapha-Eigenheiten dazu, allen voran die Gewichtszunahme. Auch Männer unterliegen, wenn auch meist weit weniger offensichtlich, den Einflüssen des Zeitwandels. Pitta-Störungen drücken sich mitunter in Gereiztheit, Vata-Einflüsse in Stimmungslabilität aus und kündigen die »Midlife-crisis« an. Sie verhalten sich in dieser Phase richtig, wenn Sie einen gesunden Lebensrhythmus pflegen und sich dabei an den Empfehlungen für das jeweils dominierende Dosha orientieren. Richten Sie Ihre Ernährung danach aus, und wenden Sie aus dem breiten Spektrum der therapeutischen Möglichkeiten des Maharishi Ayur-Veda diejenigen an, die Ihnen am meisten entgegenkommen. Lassen Sie sich dabei im Zweifelsfall von einem ayurvedischen Arzt beraten.

EMPFEHLUNGEN FÜR DIE EINZELNEN KONSTITUTIONSTYPEN

Die folgenden Empfehlungen helfen Ihnen, Ihre Bedürfnisse besser zu erkennen und einzuordnen und daran Ihre Ernährung auszurichten.

Vata

Die hier vorgestellte Vata beruhigende Ernährung kann allen Vata-Menschen empfohlen werden, es sei denn, Ihr ayurvedischer Arzt hat Ihnen etwas anderes verordnet.

Bevorzugen Sie

Gemüse und Salate: Spargel, rote Bete, Karotten, Gurken, Knoblauch, milder weißer Rettich, grüne Bohnen, Okra, Zwiebel, süße Kartoffeln. In kleinen Mengen auch Kartoffeln, Rosenkohl, Brokkoli, Kohl, Blumenkohl, Erbsen, Spinat, Bohnenkeimlinge, Zucchini, Sellerie, Tomaten und Sprossen. Gemüse sollten Sie stets mit etwas Ghee angemacht und gekocht zu sich nehmen
Getreide: Reis, vor allem Basmatireis und Weizen
Milchprodukte: Generell alle Milchprodukte, vor allem Milch, Ghee, Frischkäse, Butter, Joghurt, Sahne und Lassi
Hülsenfrüchte: Sojaprodukte, Tofu, grüne Bohnen, Linsen, rote Linsen, Mungbohnen
Öle und Fette: Alle Öle und Fette in kleinen Mengen
Obst: Allgemein süßes und reifes Obst wie Bananen, Mangos, süße Melonen, Papayas, Ananas, Kokosnüsse, Pflaumen, Beeren, Orangen, Avocados, Kirschen, Pfirsiche, Aprikosen, Grapefruit, frische Feigen, Trauben und Zitronen
Nüsse und Samen: Alle Nüsse und Samen in kleinen Mengen
Süßmittel: Alle natürlichen Süßmittel, alle Zuckerrohrprodukte, Melasse und Sirup von Ahorn und Birne
Gewürze: Generell sind alle Gewürze empfehlenswert, insbesondere aber süße oder wärmende wie Ingwer, Nelken, Kardamom, Zimt, Kreuzkümmel, Senfkörner, schwarzer Pfeffer in kleinen Mengen, Kurkuma, Steinsalz
Fleisch, Fisch und Eier (für Nichtvegetarier): Huhn, Truthahn (also weißes Fleisch), Meerestiere und Eier, gebraten oder als Rührei

Reduzieren Sie

Gemüse und Salate: Große Mengen an Blattgemüsen und -salaten, Lauchgemüse, rohe Zwiebeln, Broccoli, Weiß- und Rotkohl, Blumenkohl, Zucchini, Keimlinge, Kartoffeln, Stangensellerie, Auberginen, Pilze, Tomaten, Erbsen und Rohkost
Getreide: Hirse, Mais, Gerste, Buchweizen, Roggen, Hafer (ungekocht), rohe Getreide
Milchprodukte: Sauermilchprodukte in großen Mengen
Hülsenfrüchte: Alle Hülsenfrüchte außer die unter empfohlenen Nahrungsmitteln stehenden
Obst: Granatäpfel, Trockenfrüchte, Preiselbeeren, herbe Äpfel und Birnen
Süßmittel: Honig in großen Mengen und weißer Zucker
Fleisch und Eier (für Nichtvegetarier): Rind- und Schweinefleisch

Pitta

Die hier vorgestellte, Pitta beruhigende Ernährung kann allen Pitta-Menschen empfohlen werden, es sei denn, Ihr ayurvedischer Arzt hat Ihnen etwas anderes verordnet.

Bevorzugen Sie

Gemüse und Salate: Alle süßen und herben Gemüsesorten wie Spargel, Gurken, Zucchini, Kürbis, Pilze, Okra, Erbsen, Petersilie, grüne Paprika, Sprossen, Sellerie, Kohl, Blumenkohl, Rosenkohl, Broccoli, Kartoffeln, Keimlinge, grüne Blattgemüse und Salate wie Mangold, Wirsing und Kopfsalat
Getreide: Weißer Reis, insbesondere Basmatireis, Weizen, Hafer (gekocht), Gerste
Milchprodukte: Milch, ungesalzene Butter, Ghee, Hüttenkäse, Frischkäse in kleinen Mengen und Lassi
Hülsenfrüchte: Grüne Bohnen, frische Erbsen, Sojaprodukte, Mungbohnen, ebenso alle anderen Hülsenfrüchte außer Linsen
Öle und Fette: Olivenöl, Sonnenblumenöl, Ghee, Kokosöl, Sojaöl
Obst: Alle süßen Früchte wie Bananen, Mangos, süße Melonen, Avocados, Feigen, Birnen, süße, dunkle Trauben, Rosinen, Kirschen, süße Ananas, Pflaumen, Dörrpflaumen, süße Orangen, Äpfel, Granatäpfel
Nüsse und Samen: Kokosnüsse, Sonnenblumenkerne und Kürbissamen
Süßmittel: Alle Süßmittel außer Honig und Melasse
Gewürze: Koriander, Kardamom, Zimt, Fenchel, Safran, Kurkuma, Ingwer und schwarzer Pfeffer in kleinen Mengen, frische Gartenkräuter außer Lauchgewächse

Fleisch, Fisch und Eier (für Nichtvegetarier): Huhn, Truthahn, Fasan, Hase, Wild, vom Ei das Eiweiß, Garnelen in kleinen Mengen

Reduzieren Sie

Gemüse und Salate: Rote Bete, Karotten, Auberginen, Rettich, Radieschen, Tomaten, scharfe Paprika, Spinat
Getreide: Hirse, Roggen, brauner Reis, Mais, Buchweizen
Milchprodukte: Alle Sauermilchprodukte wie Joghurt, Quark, Käse, Sauerrahm, Sauermilch, unter Verwendung von Milchsäure hergestellte Buttermilch
Hülsenfrüchte: Linsen (außer als Suppe), rote Linsen
Öle und Fette: Mandelöl, Sesamöl, Maisöl
Obst: Alle sauren Früchte wie saure Äpfel, Pflaumen, Orangen, Grapefruit, Zitronen, Pfirsiche, Papayas, Oliven, Persimonen
Nüsse und Samen: Sesamsamen, Cashewnüsse
Süßmittel: Honig, Melasse
Gewürze: Scharfe Gewürze, Pfeffer in größeren Mengen, Cayennepfeffer, Chili, Anis, Nelken, Kümmel, Selleriesamen, Bockshornkleesamen, Senfkörner, Zwiebeln, Knoblauch, Salz
Fleisch, Fisch und Eier (für Nichtvegetarier): Rind- und Schweinefleisch, alle Meerestiere, Eidotter

Kapha

Die hier vorgestellte Kapha beruhigende Ernährung kann allen Kapha-Menschen empfohlen werden, es sei denn, Ihr ayurvedischer Arzt hat Ihnen etwas anderes verordnet.

Bevorzugen Sie

Gemüse und Salate: Alle Blattgemüse sowie scharfe und bittere Gemüsesorten: Spinat, Kohl, Wirsing, Rosenkohl, Blumenkohl, Broccoli, Chicorée, Keimlinge, Knoblauch, Zwiebeln, Pilze, Okra, Paprika, Sprossen, Karotten, rote Bete, Stangensellerie, Fenchel, Auberginen, Spargel, Rettiche, Radieschen, Petersilie, alle Blattsalate
Getreide: Gerste, Buchweizen, Mais, Hirse, Roggen, Hafer, Dinkel, Weizen und weißer oder Basmatireis in kleinen Mengen
Milchprodukte: Warme Magermilch oder mit Wasser verdünnte Vollmilch, Ziegenmilch, Frischkäse in kleinen Mengen, Ghee und Lassi
Hülsenfrüchte: Alle Hülsenfrüchte außer Sojaprodukte und weiße oder schwarze Bohnen
Öle und Fette: Ghee, Mandel-, Mais-, Sonnenblumen-, Sesam- und Olivenöl in kleinen Mengen
Obst: Äpfel, Birnen, Granatäpfel, Beerenobst, Kirschen, Aprikosen, Mangos, Pfirsiche, Persimonen, Dörr- und Trockenobst
Nüsse und Samen: Sonnenblumenkerne und Kürbissamen in kleinen Mengen
Süßmittel: Honig
Gewürze: Alle Gewürze außer Salz, insbesondere scharfe Gewürze wie Ingwer, schwarzer Pfeffer, Koriander, Kurkuma, Nelken, Kardamom, Zimt
Fleisch, Fisch und Eier (für Nichtvegetarier): Huhn, Truthahn (hier jeweils das dunkle Fleisch), Garnelen, Wild in kleinen Mengen, Rührei

Reduzieren Sie

Gemüse und Salate: Gurken, Tomaten, Zucchini, Kürbis, Süßkartoffeln
Getreide: Brauner Reis, Haferflocken, Weizen oder weißer Reis in großen Mengen
Milchprodukte: Käse, Quark, Joghurt, Sauermilch, Dickmilch, Sahne
Hülsenfrüchte: Sojaprodukte, Tofu, weiße Bohnen
Öle und Fette: Alle Öle und Fette außer den oben empfohlenen
Obst: Bananen, süße Weintrauben, süße Melonen, Wassermelonen, Feigen, Datteln, Pflaumen, Orangen, Ananas, Avocados, Papayas
Nüsse und Samen: Alle Nüsse
Süßmittel: Zucker, Sirup, Melasse
Gewürze: Salz
Fleisch, Fisch und Eier (für Nichtvegetarier): Rind- und Schweinefleisch, Lamm, alle Meerestiere

Ernährungsempfehlungen zur Regulierung der Doshas

Zur Beruhigung von Vata

bei einem schwachen Verdauungsfeuer und einer Vata-Konstitution oder Vata-Störung.

Bevorzugen Sie:

Warme, wohlschmeckende Speisen und Getränke
Süßes, Saures und Salziges

Schwere, reichhaltige und ölige Speisen
Alle vier bis fünf Stunden kleine bis mittelgroße Mahlzeiten

Meiden Sie:
Kaltes, trockenes und leichtes Essen
Bitteres, Herbes und Scharfes
Gewichtsreduzierende und unregelmäßige Mahlzeiten

Zur Beruhigung von Pitta
bei einem schwachen Verdauungsfeuer und einer Pitta-Konstitution oder Pitta-Störung.

Bevorzugen Sie:
Kühle, reichhaltige Speisen und Getränke
Süßes, Bitteres und Herbes
Schwere, ölige und gehaltvolle Mahlzeiten in mäßigen Mengen
Salate

Meiden Sie:
Heiße Speisen und Getränke
Scharfes, Saures und Salziges
Leichte, trockene und unregelmäßige Mahlzeiten

Zur Beruhigung von Kapha
bei einem schwachen Verdauungsfeuer und einer Kapha-Konstitution oder Kapha-Störung.

Bevorzugen Sie:
Warme Speisen und Getränke
Scharfes, Bitteres und Herbes
Leichte und trockene Mahlzeiten
Appetitanregene Gerichte, Salate und Suppen

Meiden Sie:
Kaltes, schweres und reichhaltiges Essen
Süßes, Saures und Salziges
Zu üppige und ölige Gerichte
Zwischenmahlzeiten

DIE DREI DOSHAS
Geschmacksrichtungen

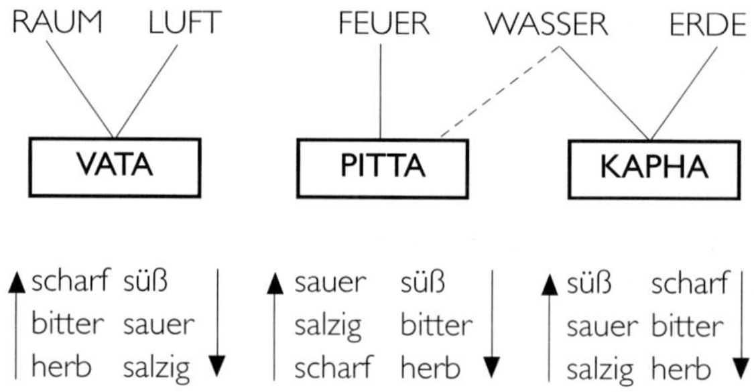

herb	Luft, Erde
bitter	Luft, Äther
scharf	Luft, Feuer
salzig	Wasser, Feuer
sauer	Erde, Feuer
süß	Erde, Wasser

Die sechs Geschmacksrichtungen und ihre Wirkung auf die Doshas

Beispiele für Nahrungsmittel mit den Qualitäten
leicht: Getreide, Reisfladen, Äpfel, Sellerie, Spinat sowie generell alle grünen Gemüse und alle in wenig Öl gedünsteten oder gebratenen Lebensmittel
schwer: die meisten eiweißreichen Nahrungsmittel wie Käse, Milch und Milchprodukte, Fleisch, Nüsse, Tofu, Bohnen, Brot und Weizenmehl, aber auch Avocados, Kartoffeln, Gurken, Pfirsiche und Zucker
trocken: viele Getreidearten, Gewürze und Gemüse wie Brokkoli, Kohl, Spinat, Auberginen, Weizen, Gerste, Hafer, Muskat, Cayenne- und andere Pfefferarten, Ingwer sowie Essig; die beiden Eigenschaften trocken und leicht sind bei vielen Nahrungsmitteln kombiniert
ölig: natürlich alle Speiseöle, Butter und Ghee, aber auch Milch, Nüsse, Koriander, Spargel, Linsen, Karotten, Hafer und Reis; viele Nahrungsmittel mit der Qualität schwer sind auch ölig

heiß: nicht unbedingt nur scharfe Gewürze und scharf gewürzte Gerichte, sondern auch Mais, Bohnen, Linsen, Meeresfrüchte, Kurkuma, Senfkörner, Gewürznelken, Asaföetida, Joghurt und Karotten
kalt: natürlich Eiscreme, aber auch Käse und Milch, Trauben und andere saftige Früchte, vor allem Südfrüchte, sowie Zucker, Weizen, Reis, Linsen, Gurken, Artischocken und Zucchinis

Beispiele für Nahrungsmittel mit den Geschmacksrichtungen
süß: natürlich Zucker und Honig, aber auch Reis, Weizen, die meisten Früchte, einige Nußsorten, Butter, Milch, einige Gewürze und Kräuter sowie viele Gemüsearten wie Artischocken, rote Bete, Gurken, Kürbis sowie Datteln, Feigen oder Rosinen
salzig: natürlich Salz sowie Sojasoße, Oliven, Mixed Pickles, die meisten Fertigprodukte (Dosen, abgepackte Wurst, Käse usw.)
sauer: Joghurt, Käse, Sauermilchprodukte, Grapefruits, Tomaten, Rosenkohl, grüne Äpfel, Roggenbrot und Erdnüsse
scharf: Chili, Radieschen, Pfefferminze, Zimt, Salbei, Petersilie, Basilikum, Thymian
zusammenziehend: Bohnen, Sellerie, Erbsen, Linsen, Mais, Gerste, Rosmarin, Kurkuma, Äpfel, Honig, Schokolade
bitter: Kopfsalat, Meerrettich, Walnüsse, Schokolade

FRAGEN ZUR AYURVEDISCHEN KÜCHE

Ayurveda rät, daß sich jeder Dosha-Typ seiner Natur entsprechend ernährt. Wie soll die Hausfrau in einer Familie kochen, in der es doch immer verschiedene Konstitutionstypen gibt?

Die Lösung ist einfach. Grundsätzlich sollte ayurvedisches Essen ausgewogen sein und für jeden Geschmack etwas bieten. In einer Familie wird die Hausfrau im allgemeinen die besonderen Bedürfnisse, Vorlieben und Abneigungen ihrer Mitglieder kennen und sich beim Kochen entsprechend darauf einstellen. Sie sollte eine vollwertige, ausgewogene und vielseitige Mahlzeit zubereiten, die Anteile von Vata, Pitta und Kapha und im Idealfall die sechs verschiedenen Geschmacksrichtungen enthält. Wer einen Kapha-Überschuß hat, wird spontan mehr Salat und weniger Reis, Nudeln oder schwere, süße Speisen zu sich nehmen. Vata-Personen bevorzugen dagegen sättigende, nahrhafte Speisen, und Pittas verlangen oft nach Rohkost und kühlen Getränken.
Durch spezielle Gewürzmischungen für die einzelnen Doshas, den Churnas für Vata, Pitta oder Kapha, kann das Essen bei Bedarf individuell nachgewürzt werden. Und schließlich besteht noch die Möglichkeit, bei einer Mahlzeit unterschiedliche Soßen für die drei Doshas anzubieten. Für Kapha sollte der vorherrschende Geschmack scharf, bitter und herb sein. Für Pitta eignen sich die Geschmacksrichtungen süß, bitter und herb, zum Beispiel eine kühlende Pfefferminzsoße. Vata-Typen werden eine gehaltvolle, runde, süße oder saure Sahnesoße bevorzugen. Sogar farblich lassen sich die Soßen den Doshas entsprechend zubereiten.

Wie unterscheidet sich die ayurvedische Küche von indischem Essen?

Obwohl man im Heimatland des Ayurveda der Kunst der ayurvedischen Küche noch am nächsten steht, gibt es einige wichtige Unterschiede: Im Gegensatz zur indischen Küche werden im Maharishi Ayur-Veda fritierte Fette nicht oder nur sehr sparsam eingesetzt. Typisch indisches Essen ist dagegen oft sehr fett und für unser Verdauungssystem zu schwer. Viele indische Rezepte sind traditionell sehr scharf gewürzt, was für unsere geographischen und klimatischen Bedingungen, selbst in den südlichen Ländern Europas, in diesem Ausmaß nicht geeignet ist. Das scharfe Würzen hat in Asien seine Gründe. Zum einen war und ist es eine sehr gute Möglichkeit, die Nahrung bei den extrem hohen Temperaturen keimarm zu halten. Andererseits stimulieren die scharfen Gewürze das Verdauungsfeuer, das aufgrund der hohen Außentemperaturen über Monate hinweg regulativ auf Sparflamme arbeitet. Der innere Ofen wird auf diese Weise klein gehalten, um nur ein notwendiges Minimum an zusätzlicher Wärme zu produzieren. Darunter leidet jedoch die Verdauungskraft, die durch schärferes Würzen wieder angeregt werden muß.
In der indischen Küche verwendet man auch gern und viel Knoblauch und Zwiebeln. Im Maharishi Ayur-Veda setzen wir die Lauchgemüse zwar wegen ihrer bekannten Heilkräfte gezielt und bei richtiger Indikation medizinisch ein. Da Essen aus der Sicht des Ayurveda jedoch einen großen Einfluß auf die spirituelle Entwicklung hat, werden für die tägliche Ernährung vorrangig sattvische Nahrungsmittel (S. 13)

empfohlen. Nahrungsmittel, die Rajas (S. 13) erhöhen, und dazu gehören Zwiebeln und Knoblauch, werden deshalb nur im Einzelfall, bei entsprechener medizinischer Indikation empfohlen.

Gehen Sie aber auch hier wieder individuell vor, und lassen Sie sich von Ihrem Gefühl für guten Geschmack und die Balance der Doshas leiten. Übrigens: Asaföetida und frischer Ingwer ersetzen zum Teil das Verlangen nach Knoblauch und Zwiebeln, vor allem, wenn Sie zusätzlich etwas frischen Zitronensaft beigeben. Zugleich haben diese Gewürze hervorragende verdauungsstärkende und heilkräftige Wirkungen.

Kann ich dieses Kochbuch auch als Nichtvegetarierer mit Gewinn nutzen?

Ayurveda beschreibt zunächst einmal ganz neutral die Wirkung aller Nahrungsmittel auf Körper und Geist, ohne sie zu bewerten. Auch das Fleisch verschiedener Tiere wird hinsichtlich seiner Wirkung auf die Doshas und Dhatus (Körpergewebe) analysiert. Außerdem ist genau angegeben, unter welchen Umständen Fleisch gegessen werden kann. Jedoch werden Zubereitungen aus Fleisch im allgemeinen nur in Ausnahmesituationen empfohlen, so bei bestimmten Schwäche- oder Krankheitszuständen. Rind-, Schweine- und Kalbfleisch gelten als schwerstverdaulich, leichter sind Geflügel, Wild oder Fisch.

Der vegetarischen Kostform wird im Ayurveda bis auf die genannten Ausnahmen auf jeden Fall der Vorzug gegeben. Das hat sowohl ethische als auch gesundheitliche Gründe. Die hohe Entwicklungsstufe des Menschen geht mit einem selbstreflektierenden, verfeinerten Bewußtsein einher, das im Widerspruch zum Töten und Essen von Tieren steht. Unabhängig von der Diskussion, ob der Mensch aufgrund seines Verdauungstrakts und seines Kauapparates mehr als Vegetarier, Fleischesser oder Mischköstler einzustufen ist, gilt im Ayurveda die Auffassung, daß lacto-vegetabile Kost, das heißt pflanzliche Ernährung unter Einschluß von Milchprodukten, die bekömmlichste und gesündeste Art der Ernährung ist. Moderne wissenschaftliche Studien in verschiedenen Ländern haben inzwischen zuverlässige Daten erbracht und bestätigen diese Ansicht. So gilt heute vegetarische Kost längst nicht mehr als Ernährungsform von Außenseitern: Nicht nur die großen Geister verschiedener Kulturen und Epochen pflegten vegetarische Ernährungsgewohnheiten. Auch wer heute Großes leisten muß, ob körperlich oder geistig, profitiert erheblich von dieser leicht verdaulichen Kostform. Besonders im Hochleistungssport hat man darüber wichtige Erkenntnisse gewonnen, und schon längst ist bekannt, daß Fleischkost für viele Sportarten belastend und leistungshemmend ist. Wissenschaftler der Karls-Universität in Prag fanden beispielsweise heraus, daß bei Sportlern, die sich vegetarisch ernähren, offenbar Muskelfasern aufgebaut werden, die besondere Qualitäten für Ausdauer und Kondition besitzen und somit bessere und überdurchschnittliche Leistungen ermöglichen. Bei fleischessenden Sportlern waren diese speziellen Muskelfasern nicht vorhanden.

Wer den Genuß von Fleisch gewohnt ist, sollte sich nach ayurvedischer Empfehlung ganz allmählich auf vegetarische Kost umstellen. Dabei kann es für den Anfang schon eine wesentliche Änderung sein, auf Geflügel oder Fisch umzusteigen und rotes Fleisch zu meiden. Sie können zum Beispiel die verschiedenen Gemüse- und Reisrezepte dieses Kochbuch damit kombinieren. Wenn Sie die Vorzüge der ayurvedisch-vegetarischen Kost erfahren haben und sich dadurch wohler und leistungsfähiger fühlen, werden Sie wahrscheinlich ganz natürlich und nach und nach zu einem Liebhaber der vegetarischen ayurvedischen Küche werden.

Wichtig für vegetarische Kost ist jedoch eine ausgewogene und ausreichende Versorgung mit allen Bausteinen des Lebens, vor allem auch mit den nötigen Eiweißen, Vitaminen und Mineralien, die in tierischen Produkten mehr enthalten sind. Die ayurvedische Küche erfüllt in idealer Weise alle Anforderungen, die wir auch im modernen wissenschaftlichen Sinn an eine vollwertige Kostfom stellen – und sie schmeckt vorzüglich.

Wie steht der Ayurveda zur Verwendung von Eiern und Hefe ?

In diesem Kochbuch verwenden wir keine Eier, da sie nach ayurvedischer Lehre Rajas erhöhen. Kinder spüren diese Eigenschaft oft noch sehr intensiv und lehnen Eier daher unter Umständen ab. Manche klagen bereits bei deren Geruch über Kopfschmerzen und Übelkeit. Verhalten Sie sich aber auch hier natürlich, und geben Sie einem Bedürfnis nach Eiern nach, solange Sie sich wohl damit fühlen. Zum Backen können Sie als Bindemittel Sojamehl oder Maismehl verwenden, wenn Sie auf Eier verzichten wollen.

In der ayurvedischen Küche meiden wir auch Hefe und Hefeprodukte, da sie in der Art und Weise, wie sie üblicherweise beim Kochen und Backen verwendet werden, Störungen der Darmflora hervorrufen und das Wachstum von pathogenen (krankmachenden) Hefepilzen im Darm fördern können. Als Backtriebmittel kann Natron oder natürliches Weinsteinpulver verwendet werden.

Und was sagt Ayurveda zu Käse?

Käsesorten wie Emmentaler, Schweizer- oder Schimmelkäse gelten als relativ schwer verdaulich. Bekömmlicher ist dagegen Frischkäse, auch Hüttenkäse oder Mozarella. Beim Überbacken verliert Käse allerdings etwas von seiner Schwere, und angemessen eingesetzter Parmesan hat Würzcharakter. Paneer, ein in der indischen Küche sehr beliebter, aus Milch durch Zitrone vergorener Weichkäse, besteht aus denaturiertem Eiweiß und wird deshalb in der ayurvedischen Küche nicht empfohlen.

Ist Rohkost nicht die gesündeste Art der Ernährung, da alle Nahrungsmittel »naturbelassen« bleiben?

Durch die Verarbeitung von Nahrungsmitteln ändern sich ihre Verdaubarkeit und ihre »ayurvedischen« Eigenschaften. Nicht nur gekochte, auch geschabte, pürierte oder zu Brei verarbeitete Nahrungsmittel erhalten Vata beruhigende Wirkungen, sind bekömmlicher, schonen Magen und Darm und lassen sich deshalb leichter verdauen als rohbelassene Speisen, die tendenziell Vata vermehren. Das ist besonders bei schwerverdaulichen oder blähenden Nahrungsmitteln wie den Hülsenfrüchten wichtig, die daher traditionell breiartig zubereitet werden. Sollen sie besonders leicht und bekömmlich sein, werden sie ganz dünnflüssig, als Kitchery, gekocht. Auch manche Gemüse, zum Beispiel Pastinaken, die übrigens ganz gut ohne Gewürz auskommen, schmecken als Brei feiner. Umgekehrt möchte man natürlich bestimmte Gemüse durchaus bißfest oder dekorativ und schmackhaft im Stück oder auch roh servieren. Und in manchen körperlichen Situationen, vor allem wenn Ama angesammelt wurde, wird Rohkost wegen der Vata belebenden, Peristaltik anregenden, ausscheidungsfördernden und Kapha reduzierenden Eigenschaften besser vertragen als Gekochtes.
Ayurveda orientiert sich jedoch grundsätzlich an der Individualität des Menschen auf der Grundlage der Lehre von den drei Doshas, die jeweils unterschiedliche geistige und körperliche Aufgaben erfüllen und daher auch unterschiedliche Bedürfnisse anmelden. Alle Eigenschaften der Nahrungsmittel beeinflussen die Doshas: kalt fördert Vata und Kapha, warm beruhigt diese Doshas und stärkt Pitta. Roh fördert Vata, kühlt Pitta und bringt Kapha in Schwung. So hat zunächst jede Zubereitungsart ihre Berechtigung, die Frage ist nur, in welcher Situation, unter welchen Bedingungen und in welchem Zusammenhang wir Gekochtes oder Rohes zu uns nehmen. Einer der wichtigsten Grundsätze der ayurvedischen Gesundheitslehre ist dabei, niemals gegen die eigene Natur zu handeln und keine gewaltsamen Veränderungen herbeizuführen. Wenn über einen gewissen Zeitraum das natürliche Verlangen nach Rohkost besteht, dann entspricht das einem körperlich-geistigen Streben nach Balance, dem jedoch nur so lange nachgegeben werden sollte, als dieses Bedürfnis wirklich vorhanden ist. Verlangen Körper und Geist warmes und gekochtes Essen, dann sollten wir dem ebenfalls ganz natürlich nachgeben. Oberstes Ziel ist, Wohlbefinden und Leistungsfähigkeit herzustellen. Die Entdeckung des Feuers ist eine den Menschen kennzeichnende Besonderheit, und das Zubereiten, Verfeinern und Kochen von Speisen entspricht daher nach ayurvedischer Auffassung einer verfeinerten Bewußtseinsqualität.

Wie steht Ayurveda zu Zucker und Honig?

Da weißer, raffinierter Zucker erst in der Neuzeit hergestellt wird, verwendet Ayurveda schon traditionell natürliche Süßungsmittel wie Vollrohrzucker oder Jaggery, das ist der getrocknete und zerstoßene Rohzucker aus Zuckerrohrsaft. Honig gilt als wertvolles konzentriertes Nahrungsmittel mit den Eigenschaften eines natürlich vorkommenden Rasayanas, eines Nahrungsmittels also, das allgemein stärkende und zellverjüngende Eigenschaften besitzt. Honig sollte jedoch nach ayurvedischer Empfehlung nicht erhitzt werden, da er dadurch nicht nur an Qualität verliert, sondern auch schwerverdauliche Eigenschaften annimmt und besonders in den feinsten Srotas, den Kanälchen der Mikrozirkulation, schwerlösliches Ama (S. 128) erzeugen soll.
Die Empfehlung des Ayurveda, Honig nicht über 37 °C zu erhitzen, gründet sich auf der subtilen Beobachtung der ayurvedischen Ärzte über einen Zeitraum von mehreren tausend Jahren. Bereits im ältesten Grundlagentext des Ayurveda, der Caraka-Samhita, werden die differenzierten

Wirkungen einzelner Honigarten im menschlichen Körper unter verschiedenen Umständen genau beschrieben. So soll bereits die Gabe von Honig bei Fieber, wenn also die Körpertemperatur gegen 40 °C geht, ungünstige Wirkungen auf den Heilverlauf haben, da durch die Körperhitze der Honig so verändert wird, daß er Ama-Eigenschaften annimmt. Obwohl es meines Wissens heute noch keine wissenschaftlichen Belege für die Ama erzeugende Eigenschaft von erhitztem Honig gibt, teile ich diese Auffassung aufgrund eigener Beobachtung und auch aufgrund der Erfahrung, daß mit Honig gebackene Speisen oft schwerer bekömmlich sind und Verdauungsstörungen wie Blähungen oder Appetitstörungen hervorrufen können. Man weiß heute immerhin, daß Honig ab etwa 40 °C seine enzymatischen Eigenschaften verändert. Möglicherweise hängen damit die genannten Beobachtungen zusammen.

In der aktuellen Vollwerternährung wird statt Vollrohrzucker nur noch Honig zum Kochen und Backen verwendet, da Zucker in Verbindung mit Rohkost zu Gärung im Darm mit Blähungen führen soll. In der ayurvedischen Küche treten nach bisheriger Erfahrung bei der Verwendung von Zucker im Zusammenhang mit Vollkornprodukten solche oder andere Unverträglickkeiten nicht auf. Ein wichtiger Grund dafür dürfte in der besonderen Art der Speisenzubereitung und der Kombination der verschiedenen Komponenten des ayurvedischen Essens liegen.

Abschließend gebe ich noch zu bedenken, daß enorme Honigmengen erforderlich wären, um die gesamte Bevölkerung eines Landes damit zu versorgen. Schon jetzt werden die Bienen mit Zuckerwasser gefüttert, um einen ausreichenden Honigertrag zu erzielen. Eine starke Ausweitung der Honigproduktion und die damit verbundene erhebliche Vermehrung der Bienenvölker wäre aus meiner Sicht ökologisch unausgewogen.

Ist ayurvedisches Essen auch für Leute mit herkömmlichen Ernährungsgewohnheiten geeignet?

Nicht zuletzt durch die Verwendung der vielen Gewürze und Kräuter ist die ayurvedische Küche köstlich, rundherum zufriedenstellend, gesund und in allen Bereichen vollwertig und bekömmlich. Überraschend ist der Zuspruch der Männer, seit wir die ayurvedische Küche in Kochkursen lehren und die Patienten sie während der Aufenthalte in den Maharishi Ayur-Veda-Gesundheitszentren genießen können. Wenn es um neue Kostformen geht, reagieren Männer eher konservativ zurückhaltend. Bei der ayurvedischen Küche hingegen ist die Akzeptanz – man kann es nicht anders ausdrücken – überwältigend. Die pikanten süß-scharfen Chutneys, aromatisch zubereiteter Basmatireis, gekonnt und appetitanregend gewürzte Gemüse, Kräuterdhals, gewürzte Lassis, fruchtige Desserts und knusprige Puris, kräftige Chapatis oder duftiges Fladenbrot aus dem Ofen berauschen den Geschmackssinn von Mann und Frau gleichermaßen und machen immer mehr Menschen zu Liebhabern der ayurvedischen Küche. Vor allem und gerade Leute mit festen traditionellen Ernährungsgewohnheiten, die sonst nicht für vegetarische Kostformen zu begeistern sind, loben den ayurvedischen Gaumenschmaus, und sei es auch nur gelegentlich als köstliche Abwechslung zur sonst gewohnten Kost. Überzeugend ist auch immer die Bekömmlichkeit dieses Essens. Nach einem ayurvedischen Menü, wenn es richtig und liebevoll zubereitet und mit der nötigen Freude und Entspannung genosssen wurde, fühlen Sie sich leicht, energievoll, zufrieden, leistungsfähig, regeneriert und »wiederhergestellt«: Die Doshas sind in Harmonie.

Obwohl ich mich genau meinem Dosha entsprechend ernähre, vertrage ich das Essen nicht.

Sie kennen sicher diese Situation: Sie haben Verlangen nach irgend einem Nahrungsmittel, essen dieses, vertragen es jedoch nicht. Hier besteht also eine scheinbare Diskrepanz zwischen dem klar erkennbaren Wunsch auf der einen Seite und der Reaktion des Körpers auf der anderen. Fast immer ist Ama der Grund für diesen Widerspruch. Ama bewirkt auch einen Verlust von »Selbstrückbezug«. Wir erkennen nicht mehr vollständig, was für uns gut oder schädlich ist, lassen uns täuschen von vordergründigem Geschmack oder von alten Erfahrungen und wählen verkehrte Speisen, was zur Verstärkung vorhandener Störungen und Ungleichgewicht führt. Häufiger Grund für angesammeltes Ama im Verdauungstrakt und in den Körpergeweben sind unregelmäßige Essenszeiten, ungesunde Verlagerungen des Schwerpunkts der Mahlzeiten von Mittag auf den Abend, ungesunde Naschereien, Zwischenmahlzeiten und ungesunde Nahrungsmittel als solche. Auch Streß, psychische und körperliche Krankheiten, Medikamente und vieles mehr können unser Verdauungssystem so schwächen und stören,

daß es nur noch unvollständig seine Arbeit verrichtet und im Verdauungsprozeß Fehlprodukte und krankmachende Stoffe – Ayurveda nennt sie Ama – entstehen. Die beste Art damit umzugehen ist, das Verdauungssystem erst einmal zu entlasten, nur leicht verdauliche Speisen zu sich zu nehmen oder etwas zu fasten und gleichzeitig durch viel heiße Flüssigkeit die Ausscheidung von Ama anzuregen. Leiden Sie unter den Folgen von Streß, nervlicher oder körperlicher Überlastung, dann gönnen Sie sich als erste Maßnahme mehr Entspannung und Erholung und lassen auf diese Weise erst einmal den inneren Motor zur Ruhe kommen. Nach einer solchen Pause ist Ihre Wahrnehmung wieder geschärft für ein gutes, bekömmliches, balanciertes Essen, und Sie fühlen wieder ganz natürlich, was dem Körper und den Doshas hilft, ins Gleichgewicht zu kommen. Heißes Wasser, in kleinen Schlucken zum Essen genommen, unterstützt diesen Vorgang, klärt den Geschmack und die Zunge und öffnet die Pforten der Wahrnehmung. Es hilft dem Magen und erleichtert die Verdauung.

Ich finde es schwierig, mich den Doshas gemäß zu ernähren. Wie kann ich damit umgehen?

Das Konzept von den Doshas ist lediglich eine intellektuelle Hilfe, die eigenen Bedürfnisse und Essenswünsche zu verstehen. Eine Liste mit den Nahrungsmitteln für die einzelnen Doshas kann allenfalls als Bestätigung dienen, daß Sie mit Ihren Essenswünschen richtig liegen. In erster Linie dient dieses Wissen dem ayurvedischen Arzt, der im Einzelfall vor dem Hintergrund seiner Diagnose unter Berücksichtigung der Doshas und der Verdauungskraft gezielte Ernährungsempfehlungen ausspricht, wenn der Patient selbst das natürliche Empfinden für die richtigen Nahrungsmittel verloren hat oder spezielle Anweisungen benötigt. Im täglichen Leben richten wir uns dagegen nach unseren spontanen Wünschen und halten uns an die allgemeinen Empfehlungen zur Ernährung und gesunden Lebensweise.
Sich ayurvedisch zu ernähren, ist vor allem eine Schulung der inneren Wahrnehmung und kein Diktat von Vorschriften und Ernährungstabellen. Wenn wir die ayurvedischen Verhaltens- und Lebensregeln befolgen, lernen wir im Einklang mit den Naturgesetzen zu leben. Vor allem können wir wieder mehr die inneren Bedürfnisse spüren und uns – wenn es ums Essen geht – natürlich und unbefangen verhalten. Der Geschmackssinn verfeinert sich, und wir spüren daher mehr, was uns bekommt, oder auch, was uns schadet. Dadurch, daß wir besser spüren, wie die einzelnen Nahrungsmittel auf Körper und Geist wirken, entwickeln wir ein ganzheitliches Gefühl für die gesundheitliche Bedeutung von Essen und Trinken. Das gilt vor allem auch dann, wenn unser Körper einmal nicht in Ordnung ist oder wir geistig aus dem Gleichgewicht geraten sind. Beispielsweise bei einer Erkältung oder nach verdorbenem Magen, im Streß oder nach außergewöhnlichen körperlichen oder psychischen Belastungen. Besonders dann ist es wichtig, seiner inneren Wahrnehmung zu folgen und zu den richtigen Nahrungsmitteln zu greifen. Gut ist auch, der eigenen Verfassung und Natur angemessen, einmal zu fasten oder zumindest durch leichte und geeignete Kost den Stoffwechsel zu entlasten. Die Doshas, die unsere Konstitution und die aktuelle Situation bestimmen, leiten dieses feine innere Meldesystem und liefern die zuverlässigen Informationen, vorausgesetzt, wir beachten sie und handeln danach. Dazu ist es nicht einmal nötig, die genauen Eigenschaften und Merkmale der Doshas zu kennen.

Kinder lehnen gewürzte Speisen oft ab. Was ist der Grund, und wie soll man damit umgehen?

Kinder haben noch einen sehr feinen, sensiblen und unverfälschten Geschmackssinn. Körper und Geist sind sehr viel zarter als der des Erwachsenen und außerordentlich empfindungsfähig. Zu intensive Gewürze sind für Kinder daher meist zu stark und unbekömmlich. Es gibt jedoch Gewürze, die Kinder meist sehr gerne mögen, wenn man sie dezent und angemessen einsetzt, wie Zimt, Kardamom, Muskat, Nelken und Vanille.
Ein weiterer Grund für die Abneigung gegen scharfes Essen ist, daß sich Kinder in der Wachstumsphase befinden. Ihr Stoffwechsel ist entwicklungsbedingt groß, um Körpergewebe aufzubauen. Da Gewürze den Stoffwechsel zum Teil erheblich anregen, besteht eine natürliche Abwehr dagegen.
Vieles ist aber auch eine Sache der Gewöhnung. Wo traditionell intensiver, sogar scharf gewürzt wird, wie in Indien, Asien oder in den südeuropäischen Ländern, hat sich der kindliche Körper an diese Art der Speisenzubereitung gewöhnt. In diesen Ländern ist schärferes Würzen allerdings auch erforderlich, da wegen der äußeren Hitze das innere Feuer der Verdauung kleiner gehalten wird, um nicht zu-

sätzliche Verbrennungswärme zu produzieren. Das führt zu einer gewissen Verdauungsschwäche, die durch stärkeres Würzen kompensiert wird.
Für die heimische Küche empfiehlt es sich, Kindergerichte im allgemeinen nur mild und ihrem Geschmack entsprechend zu würzen. Beim gemeinsamen Mittagessen bietet die Hausfrau zunächst die Speisen dezenter gewürzt an. Die Erwachsenen können dann entsprechend ihrem Geschmacksempfinden, ihrer Veranlagung und Dosha-Situation nachwürzen. Ältere Kinder mögen es meist schmackhaft gewürzt und lieben appetitanregende Kräuter in den Speisen.
Die Hausfrau sollte darüber hinaus ihrem persönlichen Empfinden und ihrem inneren Gefühl folgen, wenn sie für die Familie kocht. Entsprechend der unterschiedlichen Jahreszeiten und klimatischen Bedingungen werden auch unterschiedliche Bedürfnisse beim Essen bestehen. Bei typischem Vata-Wetter, also kalt, trocken oder windig sowie bei Föhn oder bei Wetterwechsel, werden alle Familienmitglieder, unabhängig von ihrem Konstitutionstyp, ganz natürlich ein Bedürfnis nach Vata beruhigenden Speisen haben. Entsprechend werden mehr schwere, sättigende, deftige, süße oder ölige und warme Nahrungszubereitungen und heiße Getränke bevorzugt, um Vata auszugleichen. Entsprechendes gilt für heiße Sommertage, an denen Pitta vorherrscht, oder für feuchtkalte Kapha-Zeiten, wo wiederum andere Bedürfnisse herrschen und sich tendenziell bei allen Konstitutionstypen bemerkbar machen.

Müssen bei jeder Mahlzeit alle sechs Geschmacksrichtungen enthalten sein?

Wer gelernt hat, den inneren Bedürfnissen zu folgen und in sich hineinzuhorchen, wird von selbst für den richtigen Ausgleich sorgen und sich während eines Tages, in welcher Form auch immer, die sechs verschiedenen Geschmacksnuancen zuführen. Manchmal sind wir gezwungen, geschmackseinseitig zu essen, und dann kennt jeder das typische Verlangen, bei der nächsten Mahlzeit für den nötigen Ausgleich und Ergänzung zu sorgen. Zumindest während eines Tages sollten, alle Mahlzeiten zusammengenommen, die sechs Geschmacksrichtungen vertreten sein.

Ayurveda empfiehlt für einen ausgewogenen Ernährungsplan Milch und Milchprodukte. Was ist die Ursache für Milchunverträglichkeit?

Milch galt nicht nur in der vedischen, sondern auch in anderen alten Hochkulturen als wertvolles Nahrungsmittel. Nach der vedischen Lehre leben Mensch, Tier und Pflanzenwelt in einer Symbiose, bei der jeder zur Evolution des anderen beiträgt und dadurch seine eigene Entwicklung segnet. Vor diesem Hintergrund gilt die Milch als Geschenk der Kühe an den Menschen. Vor allem in Phasen körperlichen, geistigen und spirituellen Wachstums kommt ihr eine wichtige Bedeutung zu. Ähnlich wie bei Honig und anderen, sehr konzentrierten und vollwertigen Nahrungsmitteln bedarf es jedoch einer gesunden Verdauungskraft, um in den vollen Genuß des Nährwerts der Milch zu kommen.
In den letzten Jahren leiden immer mehr Menschen an Milchunverträglichkeit, die sich unter anderem durch saures Aufstoßen oder Verschlimmerung von Haut- oder Gelenkerkrankungen zeigt. Manchmal ist die Störung nicht so vordergründig erkennbar. Erst durch den Verzicht auf Milch kann der Betreffende eine deutliche Besserung seines Befindens spüren. Diese Beobachtungen führten zuweilen zu dem falschen Schluß, daß Milch als Nahrungsmittel für den Menschen nicht geeignet sei. Aus der Sicht des Ayurveda hat die Unverträglichkeit jedoch im wesentlichen drei andere Ursachen: ein schwaches oder gestörtes Verdauungssystem, Qualitätsverluste der Milch und eine falsche Kombination mit anderen Speisen.
Ein so konzentriertes Nahrungsmittel wie die Milch erfordert ein gesundes Agni (S. 127 f.), das viele Menschen heute durch die moderne Lebensweise und ungesunde Ernährungsgewohnheiten nicht mehr haben. Auch im Säuglings- oder Kleinkindalter wird Nahrung oft nicht mehr vollständig verwertet. Milch braucht offene Kanäle, Srotas, um »fließen« und nähren zu können. Die Blockierung der Srotas durch Ama, das durch die gestörte Verdauungskraft entsteht, ist einer der Hauptgründe für Milchunverträglichkeit. Die ärztliche Erfahrung zeigt, daß nach ayurvedischen Reinigungstherapien Milch und andere Nahrungsmittel, die vorher Probleme bereitet haben, wieder gut vertragen werden.
Die modernen Verfahren der Milchverarbeitung, vor allem das Pasteurisieren und Homogenisieren, verändern die Qualität der Milch und fördern die Bildung schädlicher Ver-

dauungsgifte. Dazu kommen Rückstände durch Umweltbelastung und die oft unnatürliche Haltung der Kühe.
Wenig beachtet, dennoch von großer Bedeutung ist die falsche Kombination mit anderen Nahrungsmitteln. Sie sollten Milch nie zusammen mit Salz, salzigen oder sauren Speisen trinken, etwa zu einem Butter- oder Käsebrot, oder mit saurem Obst. Auch nicht zu Bananen, denn die bei uns erhältlichen sind durch Konservierungsmaßnahmen unterschwellig gärig (sauer). Nicht Milch ist also für die Unverträglichkeit verantwortlich, sondern das durch falsche Kombination gestörte Agni führt zu einer Fehlverdauung und daraus resultierend zu einer Ansammlung von Ama, Schlackenstoffen und Körpergiften.

Ayurveda empfiehlt, frische Milch kurz aufzukochen, denn dadurch verbessert sich ihre Bekömmlichkeit. Bestimmte Gewürze können Qualitätsverluste aufgrund der Verfahren zur Haltbarmachung und Schadstoffrückstände zum Teil ausgleichen. Diese Gewürze stimulieren die verschiedenen Agnis im Verdauungsstoffwechsel, erleichtern daher die Resorption und reinigen die Srotas. Auch die schleimbildende Wirkung der Milch, vor allem bei Kapha-Menschen unerwünscht, wird dadurch reduziert. Einige typische ayurvedische Mischungen sind
Milch mit Ghee, Zimt, Vanille, Kardamom, Kurkuma oder Milch mit Ghee, Ingwer, Pfeffer oder Milch mit Ghee, Kokos, Ingwer, Kardamom, Kurkuma, Rohrohrzucker.

ZUM NACHSCHLAGEN

ZUM NACHSCHLAGEN

GLOSSAR – AYURVEDISCHES LEXIKON

Vedisches und klassisches Sanskrit
Sanskrit (samskrta) bedeutet »vervollständigt« oder »zusammengesetzt« (setzen/tun = krta und zusammen = sam). Sanskrit ist die alte indische Hochsprache und die Sprache der vedischen Literatur. Es unterteilt sich in vedisches und klassisches Sanskrit und wird in der devanagari-Schrift geschrieben, in der es keine Groß- oder Kleinschreibweise gibt. Devanagari bedeutet Heimstatt (nagari) der Naturgesetze (deva).

Zur Aussprache der Sanskrit-Wörter
Die übliche Sprechweise der Sanskrit-Wörter ist englisch-phonetisch: Die Vokale werden wie im Deutschen ausgesprochen. A, i, u sind kurz, à, ì, ù sind lang, e und o werden immer lang ausgesprochen

श »Sh« als »sch« (Shiva = Schiva)

व »V« als »W« (Vata = Wata)

छ »Ch« als »Tsch« (Churna = Tschurna)

ज »J« als »Dsch« (Rajas = Radschas)

य »Y« als J (Yoga = Joga)

ह H wie das deutsche H mit einem leisen Nachklang des vorangehenden Vokals

Die Betonung erfolgt nach der Quantität der vorletzten Silbe. Ist diese lang, so hat sie den Akzent, ist sie kurz, so liegt der Ton auf der drittletzten Silbe.

A

Agni: Verdauungsfeuer, gleichbedeutend mit einem ausgewogenen Stoffwechsel (S. 127 f.)
Ama: Stoffwechselschlacken und Giftstoffe, die durch eine schlechte Verdauung in den Zellen des Körpers abgelagert werden. Geistiges Ama entsteht durch negative Gedanken und Gefühle oder »unverdaute«, unterdrückte Emotionen. Ama ist das negative Pendant zu Ojas (S. 128)
Amrit Kalash: Ein Rasayana mit zahlreichen Heilwirkungen. Amrit Kalash besteht aus einer Paste und Tabletten, die einzeln oder zusammen eingenommen werden (S. 125)
Apana-Vata: Ein Sub-Dosha von Vata, mit Hauptsitz im unteren Bauchraum, in den Unterleibs- und Geschlechtsorganen (S. 133)

D

Dosha: Grundlegendes Regulationssystem, das die Funktionsweise unseres Organismus bestimmt. Ayurveda unterscheidet die Doshas Vata, Pitta und Kapha. Alle drei sind im Menschen vorhanden, jedoch von Geburt an in einem für jeden charakteristischen Verhältnis angelegt. Das jeweils dominierende Dosha prägt mit seinen Eigenschaften die körperlichen und geistigen Merkmale des betreffenden Menschen und damit seine Konstitution oder Natur (S. 125)

G

Ghee: Erwärmtes und zerlassenes Butterfett. Neben Milch und Honig ist Ghee eines der drei naturgegebenen Rasayanas und gilt im Ayurveda als Lebenselixier (S. 32)

K

Kapha: Das aus den Elementen Wasser und Erde abgeleitete Dosha. Es ist für die Körperstrukturen und den Flüssigkeitshaushalt verantwortlich und steht für biologische Stärke und Ausdauer (S. 126 f.)

O

Ojas: Feinstoffliches Stoffwechselendprodukt, entsteht bei richtiger und vollständiger Verdauung (S. 128)

P

Pachanas: Verdauungsstärkende Aperitifs (S. 133)
Pancha Karma: Ayurvedische Reinigungstherapien, die den Körper von schädlichen Ablagerungen befreien und das Gleichgewicht der Doshas und damit auch das geistig-körper-

liche Gleichgewicht wieder herstellen (S. 125)

Pitta: Das aus dem Element Feuer abgeleitete Dosha. Es gilt als Stoffwechselprinzip und ist zuständig für Verdauungs- und Stoffwechselvorgänge sowie den Wärmehaushalt (S. 126)

Prana: Lebensspendende Atem- und Nervenenergie (S. 110).

R

Rasayana: Traditionelles ayurvedisches Kräuter- oder Mineralstoffpräparat zur Regeneration und Verbesserung des körperlichen Allgemeinzustands (S. 125)

S

Sattva: Reinheit, angeborener Impuls, sich zu entwickeln (S. 12)

V

Vata: Das aus den Elementen Luft und Raum abgeleitete Dosha. Es steht für Bewegung und Fluß und ist verantwortlich für alle Bewegungsabläufe im Körper. Zudem steuert Vata das Wachstum, regelt die Aktivität von Körper und Geist und kontrolliert die beiden anderen Doshas (S. 125 f.)

Veden: Die Veden, von veda, vollständiges Wissen, gelten als die ältesten Belege der indischen Kultur und werden auch als das älteste überlieferte Wissensgut der Menschheit betrachtet. Bei diesen in Sanskrit verfaßten Texten handelt es sich nicht um ein einzelnes Werk, sondern um eine eigene Literaturgattung. Ihre Niederschrift wird in die Zeit vom 3. Jahrtausend v. Chr. bis zum 8. Jahrhundert n. Chr. datiert (S. 124)

SACHREGISTER

REZEPTREGISTER

ADRESSEN

Für Deutschland
Maharishi Ayur-Veda Gesundheitszentrum
Rothenbaumchaussee 26
20148 Hamburg
Tel.: 040/45 20 80
Fax: 040/44 76 97

Maharishi Ayur-Veda Gesundheitszentrum
Wilhelm-Busch-Str. 1
49661 Cloppenburg
Tel.: 04471/8 12 18
Fax: 04471/8 12 19

Maharishi Ayur-Veda Gesundheitszentrum
Am Berg 11
49143 Bissendorf
Tel.: 05402/7 50
Fax: 05402/75 46

Maharishi Ayur-Veda Gesundheitszentrum
Elsen, Raiffeisenstr. 6
33106 Paderborn
Tel.: 05251/7 23 67
Fax: 05251/7 23 67

Parkschlößchen Bad Wildstein
Wildbadstr. 201
56841 Traben-Trarbach
Tel.: 06541/705-0
Fax: 06541/70 51 20

Maharishi Ayur-Veda
Gesundheits- und Seminarzentrum
Am R.-Kampe-Sprudel
56130 Bad Ems
Tel.: 02603/22 20
Fax: 02603/31 22

Maharishi-Institut für Ayur-Veda
Kurhotel Breitenbrunn
77887 Sasbachwalden
Tel.: 07841/68 20
Fax: 07841/2 31 22

Maharishi Ayur-Veda
Am Starnberger See GmbH
Hindenburgstr. 21
82343 Pöcking
Tel.: 08157/71 33
Fax: 08157/70 68

Maharishi Ayur-Veda
Gesundheitszentrum Regensburg
Hans-Sachs-Str. 9 b
93049 Regensburg
Tel.: 0941/2 67 71
Fax: 0941/2 22 94

Für Österreich
Maharishi Ayur-Veda Gesundheitszentrum
Biberstr. 22/2
A-1010 Wien
Tel.: 0043-1/5 12 78 59
Fax: 0043-1/5 13 96 60

Maharishi Ayur-Veda Gesundheitszentrum
Bahnhofstr. 19
A-4910 Ried
Tel.: 0043-77 52/8 81 10
Fax: 0043-77 52/86 62 24

Maharishi Ayur-Veda Gesundheitszentrum
Hotel Schloß Pichlam
A-8952 Irdming
Tel.: 0043-36 82/22 84 10

Für die Schweiz
Maharishi Ayur-Veda Gesundheitszentrum
Pilgerheim
CH-6377 Seelisberg
Tel.: 0041-43/31 27 96

Die Adressen von Ärzten mit ayurvedischer Zusatzausbildung erhalten Sie bei der:

Deutschen Gesellschaft für Ayurveda
Sekretariat: Wildbadstr. 201
56841 Traben-Trarbach
Tel.: 06541/58 17
Fax: 06541/70 51 20

Transzendentale Meditation (TM)
Grundkurse für Transzendentale Meditation schließen neben der eigentlichen Meditationstechnik auf Wunsch auch Yoga-Asanas und ayurvedische Körper- und Atemübungenein. Die Kurse werden in allen Maharishi-Ayur-Veda-Gesundheitszentren und zusätzlich in mehr als 100 Städten im deutschsprachigen Raum angeboten.

Die genaue Anschrift des TM-Lehrinstituts in Ihrer Nähe erhalten Sie in:

Deutschland
GTM
Gesellschaft für Transzendentale Meditation
Deutscher Verband e.V.
Am Berg 2
49143 Bissendorf
Tel.: 05402/85 59 + 84 83
Fax: 05402/87 38

Schweiz
TM Info Service
CH-6377 Seelisberg
Tel.: 0041-43/33 11 44

Österreich
Internationale Meditationsgesellschaft (IMS)
Österreichischer Verband
Biberstr. 22/2
A-1010 Wien
Tel.: 0043-1/5 12 78 59

Wissenschaftliche Auskünfte und Literatur zur Transzendentalen Meditation:

Dokumentationsdienst der
Deutschen MERU-Gesellschaft
Am Berg 2
49143 Bissendorf
Tel.: 05402/88 33
Fax: 05402/71 49

Lieferanten für alle genannten ayurvedischen Produkte und Gandharva-Ved-Musikaufnahmen

Indian Art
Traum der Maharani
Uhlandstr. 47
10719 Berlin
Tel.: 030/8 81 15 63
Fax: 030/8 85 44 26

Ayurveda-Shop
Hans-Sachs-Str. 9 b
93049 Regensburg
Tel.: 0941/2 67 71
Fax: 0941/2 22 94

Hannemann-Versand Lothar Tusche
Ayurvedische Produkte und Literatur
Naturwaren – Vedische Schriften
Max-Pechstein-Str. 2
22115 Hamburg
Tel.: 040/7 15 79 78

Klosterhof Naturversand Lothar Herweg
Klosterhof
41844 Wegberg
Tel.: 02436/1915
Fax: 02436/2474

Ayurveda-Produkte
Kunigunda Schönleben
Adalbert-Stifter-Str. 22
85098 Großmehring
Tel.: 08407/1617

Sattva-Naturkost
Am Berg 7
49143 Bissendorf
Tel.: 06402/74 30

Indu-Versand
Helmut Shomber
Ebsdorf, Turmstr. 7
35083 Ebsdorfergrund
Tel.: 06424/39 88
Fax: 06424/

MTC Holland
Postbus 8811
NL-6063 ZG Vlodrop
Tel.: 0031-4742/42 42
Fax: 0031-4742/40 55

Postanschrift Deutschland
Postfach 1417
41840 Wegberg
Tel.: 02432/23 18 oder 24 94

Für Österreich
MA GmbH
Biberstr. 22/2
A-1010 Wien
Tel.: 0043-1/31 27 96
Fax: 0043-1/31 52 86

Ayurvedische Kochkurse bieten alle Maharishi Ayur-Ved-Gesundheitszentren an

Ayurveda für jeden Tag

Dr. med. Ernst Schrott
Ayurveda für jeden Tag
176 Seiten, farbig
Gebunden mit Schutzumschlag
ISBN 3-576-10199-3

Überall dort, wo es Bücher gibt.

Ebenfalls von Dr. med. Ernst Schrott und in gleicher Ausstattung wie „Die köstliche Küche des Ayurveda" gibt es bereits das grundlegende Buch „Ayurveda für jeden Tag". Praxisbezogen, leicht verständlich und übersichtlich aufgebaut, führt dieses Buch in Ayurveda ein. Es behandelt Kräuteranwendungen, die spezielle Ernährungsweise, wohltuende Ölmassagen, Bäder, Aromatherapie oder auch Yoga und Meditation. Dabei spricht das Buch jeden an, der einen ganzheitlichen Weg zu Gesundheit, Ausgeglichenheit und Wohlbefinden sucht. Das richtige Ayurveda-Praxisbuch für den Alltag mit einem ausführlichen Teil zur Selbstbehandlung von Krankheiten und Beschwerden sowie einem Glossar, in dem die verwendeten Sanskritbegriffe erklärt werden.

Mosaik

Bücher fürs Leben